"塞北江南"

地域文化探考

SAIBEI JIANGNAN
DIYU WENHUA TANKAO

鲁人勇 著

黄河出版传媒集团
宁夏人民出版社

图书在版编目（CIP）数据

"塞北江南"地域文化探考 / 鲁人勇著. -- 银川：宁夏人民出版社，2023.12
ISBN 978-7-227-07914-9

Ⅰ．①塞… Ⅱ．①鲁… Ⅲ．①宁夏—地方史—文集 Ⅳ．①K294.3-53

中国国家版本馆CIP数据核字（2024）第020381号

"塞北江南"地域文化探考　　　　　　　　　　　　　　　鲁人勇　著

责任编辑　周淑芸
责任校对　闫金萍
封面设计　张　宁
责任印制　侯　俊

 出版发行

出 版 人	薛文斌
地　　址	宁夏银川市北京东路139号出版大厦（750001）
网　　址	http://www.yrpubm.com
网上书店	http://www.hh-book.com
电子信箱	nxrmcbs@126.com
邮购电话	0951-5052104　5052106
经　　销	全国新华书店
印刷装订	宁夏银报智能印刷科技有限公司
印刷委托书号	（宁）0028905

开　　本	720 mm×1000 mm　1/16
印　　张	22.75
字　　数	310千字
版　　次	2023年12月第1版
印　　次	2023年12月第1次印刷
书　　号	ISBN 978-7-227-07914-9
定　　价	59.00元

版权所有　侵权必究

前　言

　　我生在国难中，长在红旗下，从走出校门算起，63年全部在宁夏度过。其中在基层摸爬滚打20年，挨过饿，吃过苦，混过了迷茫的"文化大革命"。到40岁时，才开始做学问，研究地方史。

　　纵观宁夏历史，最为辉煌而且感受最深的是"塞北江南"地域文化。1960年从交通部重庆航务学校毕业，我们学校共9位同学被分配到西北五省区，学的是轮船机器管理和驾驶两个专业。因为都是南方人，分到陕、甘、青、新的同学都"不服水土"，几年后全部申请调回南方。只有我和葛正鹏分配到宁夏，这里没有轮船，所学非所用，但仍在这里扎下根来。也曾有过调回南方搞专业的绝佳机会：1984年因论文入选，参加郑和下西洋学术研讨会，长江航运管理局的党委书记看过我的论文后，想调我去写《长江航运史》，但我仍未动心。能够坚守下来，主要是两个原因：其一，这里的地域环境极佳，田连阡陌，有两千年古渠流润；湖沼密布，不是江南而胜似江南。大米比老家的好吃，鱼比老家的多。我又酷爱打鱼钓鱼，只要出门，便有渔获，可以乐在其中。其二，宁夏有"塞北江南"为底蕴的地域文化史，早在1400多年前就以"号塞北江南"写入《隋图经》《太平寰宇记》《武经总要》等史籍。到近代，又有"天下黄河富宁夏"之民谚流传。作为史学爱好者，40多年探秘其中，乐此不疲。如果离开这一方热土，也就失去研究对象，必将一事无成。功夫不负有心人，毕生除了十来本专著，还写了百余篇论文。

人生如朝露，日晞即挥发。这些论文，自感亦曾润之于草木，故将原来漏收论文，加上这4年新作，汇集成第二本文集，称《"塞北江南"地域文化探考》，以存滴露之润，或供后人茶余饭后当闲话材料。

这本文集，主要来源于五个方面：

第一，对隋唐五代史系统研究后形成的论文。2011年后，我花了6年时间，专攻隋唐五代史，通读了从南北朝到五代的9部正史及《资治通鉴》、数十部相关古籍，参阅近现代学者的研究成果，将其中涉及宁夏的亮点，分别写成9篇论文，加上其他朝代的10篇，收在卷一，称"历史论文"。

第二，地名文化的研究成果。早在1981年开始的第一次全国地名普查，我就作为专家参加了宁夏的普查工作。普查结束后，又作为《中国地名词典》宁夏卷编委会成员，参加此书的编纂工作，撰写了历史地名、交通地名词条，还在《宁夏日报》发表了多篇探索历史地名的文章。2014年第二次全国地名普查开始后的8年间，投入了大量心血转换普查成果，为全国《地名志》宁夏卷撰稿，写了70万字的《宁夏标准地名志》。其间有感而发，又撰写了一批阐述地名文化的文章，本书第二卷共收录其中的10篇。

第三，记实考察文章。史学界研究历史地理，不少人从文献到文献，实地考察不多，其著述难免有闭门造车之嫌。多读书不能尽信书，必须做实地考察，才能去伪存真，作出准确判断。我从1980年到今天，每年都要做几次实地考察，走遍宁夏山山水水，相邻的陕西、甘肃、内蒙古，凡有重要古迹的，也都去过。考察过程中，自然要做笔记。将笔记予以整理，形成15篇文章，其中8篇集中在第三卷。由于有当时的记录，对其具体位置、遗址保存状况记录比较真实，加之有一些细节描述，对后人的研究必将有所裨益。

第四，研究交通、水利设施的文章。我毕生在宁夏交通系统工作，又写过《宁夏交通史》《宁夏交通史话》《宁夏通志·交通邮电卷》，其中亮点，自然要形成一批论文。宁夏的水利事业，辉耀千古，也是我研究人文地理的重点之一。本书共收录这两类论文11篇，列在第四卷。

第五，网上杂议。2005年后，博客、微博、微信流行，闲来无事之时，也参与其中，甚至发表过系列微博文章《丝路小辞典》，偶尔也在"今日头条"发表文章。这些文章短小，不能登大雅之堂，但都有一定的知识性和趣味性，所以也筛选一部分列入附录。

这本集子中，多数文章曾在宁夏的期刊、报纸发表过，少数未曾发表，也有全国知名刊物的约稿。如：《从甘肃兰州到宁夏银川，黄河险峡今安在？》一文，就是中国科学院主办期刊《中国国家地理》的约稿，作为2021年第12期的主打文章发表，近6000字。也许有人会问：为什么还有未发表的论文？说实在话，这十多年来，由于评职称、读博都要求有若干论文发表，各种学术期刊成了他们的平台，其他学者如果不是名人名家，又没有"门路"，论文再好，也很难挤进这些学术刊物。但是，我又耻于为发表论文低三下四地托关系找门路，所以，手中有十几篇存稿未曾发表。

还需说明，由于所收文章发表的时间跨度太大，有的发表时，国家对出版物的一些规范性标准尚未出台，所以本书在计量单位、数字使用等方面，只能遵从原文，不作改动。

现在个人出书难，像我这种既无名气的作者又无销路的文集，要在正规出版社出书就更难。这本文集能够公开出版，全仗宁夏文史研究馆的鼎力相助。特借此机会，表示衷心的感谢。

宁夏文史研究馆馆员　鲁人勇
2022年12月

目 录

卷一 历史论文

从甘肃兰州到宁夏银川，黄河险峡今安在？……………………（003）

宁夏别号：塞北江南…………………………………………………（011）

宁夏黄河湿地文化变迁与保护利用研究……………………………（013）

银川市最早的城池：塞外浑怀障……………………………………（025）

隋文帝在中国历史上的贡献…………………………………………（032）

突厥的起源……………………………………………………………（038）

唐初的灵州道行军大总管与朔方军…………………………………（045）

盛唐时的朔方节度使…………………………………………………（050）

唐代朔方军镇的由盛转衰……………………………………………（059）

唐末五代朔方军镇的割据势力………………………………………（079）

唐代在宁夏的屯田……………………………………………………（086）

唐代在宁夏设置的民族羁縻州………………………………………（092）

《西夏地形图》的参考价值…………………………………………（100）

宁夏长城研究中的两个问题……………………………………（109）

昭武九姓及六胡州置废……………………………………………（114）

明代宁夏镇的军事屯田……………………………………………（121）

康熙赐宁夏《圣训碑》的蛛丝马迹………………………………（131）

王维《使至塞上》新解……………………………………………（138）

班彪过高平作《北征赋》…………………………………………（146）

卷二　地名文化

宁夏及所属市县地名渊源…………………………………………（155）

宁夏地名中的方言与乡音…………………………………………（170）

贺兰山得名考………………………………………………………（172）

以数字命名的地名…………………………………………………（180）

青铜峡之名的由来…………………………………………………（185）

白寺高僧……………………………………………………………（188）

刁雍与"刁公城"…………………………………………………（192）

郦道元在《水经注》中记述的宁夏历史地名……………………（194）

通智修渠对地名的影响……………………………………………（204）

银川平原源自人名的地名…………………………………………（213）

卷三　实地考察

红城水古城承载的历史文化及遗址考察……………………（221）

实地考察回忆录两则………………………………………（227）

对银川平原黄河重要水利设施的实地考察………………（233）

凉殿峡考察记………………………………………………（240）

1981年对固原地区几处古遗址的考察……………………（246）

1989年对固原地区部分古城遗址的考证…………………（251）

宁夏仍有温泉………………………………………………（257）

对固原三关口道路的考察…………………………………（259）

卷四　交通水利

宁夏著名古道辑要…………………………………………（265）

宁夏历史上独具特色的五座老桥…………………………（275）

刁雍开发黄河水利事业的创举……………………………（280）

宁夏古代的雄关……………………………………………（290）

横城古渡……………………………………………………（300）

六盘鸟道成坦途……………………………………………（302）

明清两代的宁夏驿道………………………………………（304）

宁夏境内的蒙古"站赤"……………………………………（306）

六盘山驿道行记节录……………………………………………（308）

宁夏境内的高速公路……………………………………………（319）

宁夏公路桥梁中的"第一"………………………………………（332）

附录　网上杂议

关于修史的三点感悟……………………………………………（339）

民谚"宁夏有天下人，天下无宁夏人"…………………………（341）

民谚"天下黄河富宁夏"…………………………………………（343）

清水河有320公里长吗…………………………………………（344）

丝路小辞典………………………………………………………（345）

何谓"牛轭湖"……………………………………………………（354）

卷一

历史论文

从甘肃兰州到宁夏银川，黄河险峡今安在？

（《中国国家地理》2021年第12期 总第734期主打文章）

引言：黄河甘肃兰州至宁夏银川段，属黄河上游，近500公里流程，百转千回，有险山峡谷无数。从兰州市东流后，较大的峡谷即有小峡、大峡、乌金峡、红山峡；到宁甘省界，有黑山峡；进入银川之前，还有青铜峡。1936年《大公报》著名记者范长江实地考察后，认为其中的大峡、红山峡和黑山峡险峻非常，可与长江三峡相提并论。在黄河上游梯级开发、水库群接连出现的今天，这段黄河峡谷面貌如何呢？

兰州以下黄河，在离城六七十里后，有长六十里的大峡，险水最多，故普通水手不易通过，于是应运而产生一种专门驾驭大峡一段险水为职业的水手，名峡把式……河面有时非常的窄逼，水急而常有巨滩，与近乎直角的转道……皮筏必须对石崖放去，同时又须于未接触之一刹那，转筏下流，生死存亡之际，其间不能容发，筏上水手与搭客至此皆屏息肃静，以待命运之降临！

——范长江《中国的西北角》

1980年，我开始为撰写《黄河上游航运史》搜集资料。黄河上游航运主要在甘、宁、内蒙古三省区，写航运史首先要了解黄河航道。这方面的资料，宁夏、内蒙古两个自治区较多，但甘肃兰州到宁夏中卫段黄河，多为高山峡谷，有的峡谷无人居住，连羊肠小道也不通其中，探险家也很难进去，所以清代以前的纪实文献极少，查遍《水经注》和历代的地理著作，很多都是一笔带过。直到我查到了《中国的西北角》一书——1936年4月24日，《大公报》著名记者范长江在兰州乘皮筏，经过5天的航行，抵达宁夏中卫，并将这段经历收入了书中。

书中不但描述了黄河的自然风貌、皮筏运输的特点，还以小标题的形式，总结了兰州至银川段黄河最险的三大峡谷，即"大峡""红山峡和黑山峡"，并将此三峡与长江三峡相提并论。作者笔下这段亲身历险，形象生动，读后让人有身临其境之感，此段黄河三峡之险峻神奇，也由此给我留下了深刻的第一印象。

后来我在某单位未整理的文书档案中，偶然发现一份资料，封面大字《黄河水运工作总结报告》（以下简称《报告》），下方落款为"石嘴山煤矿筹建处"并用印，时间为1956年11月1日。纸张尺寸近似今之A4纸，全部为手刻蜡版油印，全文约1.4万字，并插有10幅示意图。文中首先说："今年6月，石咀[嘴]山电厂（注：在今石嘴山市惠农区）2×1500瓩电机设备陆续由满洲里用火车运到兰州。由于体积过大，汽车不能载送，问题长期无法得到解决。在此情况下，我们开始对黄河水运性能进行细致的调查、研究，经过一个多月的工作，掌握了黄河水运的基本情况。"作者进行了一个多月的详细调查，又亲自从兰州分4次用12组排筏运机电设备至石嘴山，因此对黄河航道介绍得系统而详尽。《报告》中重点提及的航道险恶段亦为大峡、红山峡和黑山峡，与范长江的观点不谋而合。《报告》的另外三部分介绍用排筏运输大型设备的经过和效益，尤其是运输4台蒸汽锅炉，令人称奇叫绝，实属航运史上的一段佳话，因不属本文范畴，故略去不书。

老照片：1956年用牛皮筏从兰州往石嘴山电厂运锅炉的装货情形

大峡：从"险水最多"到"黄河小三峡的龙头工程"

黄河出兰州市区，平静东流13公里，过雁儿湾后便进入了峡谷地带。小峡，是所过的第一处险要峡谷，最窄处宽度仅75米，兰州人因此戏称其为黄河的"小蛮腰"。"峡长六十余里，石岸壁立，河流曲折，有曰黄崖、蛤蟆石、米面舌头者，皆险地也。"（《甘肃通志稿》）

过了小峡，在榆中县和平镇西坪村，黄河突然来了个大转向，由东流变成北流，形成出兰州后的第一拐，而河道则变宽，形成一片平坦的川地。皋兰县什川镇就位于这片川地上，此地自明代起广种梨树，目前为止，梨园面积达12000余亩，现存百年以上的古梨树共有9200余株，平均树龄在300年，号称"世界第一古梨园"。

黄河在川地上穿行10余公里后，即进入大峡。大峡长约30公里，两岸山峰连绵，属祁连山的余脉。范长江在《中国的西北角》一书中对其着墨甚多，《报告》中的记录则更为详尽。

"骆驼石、河马石"：位于大峡入口处的明礁石，以形似而名。骆驼石在入口处的河中心，其南侧为浅水沙滩，北侧为主河床、高山悬崖。枯水时皮筏必须走主河床。骆驼石下游约500米即河马石，位于主河道拐弯处，加之北岸有石嘴突出，形成波涛汹涌的激流，排筏通过时难以操控，容易造成"淌水"（专业术语，指船筏失控）。

"煮人锅"：在大长拐下游约500米，河床中并列两个大漩涡，直径30米左右，如锅中之水沸腾。排筏只能在"两锅"之间穿过。尤其是农历五至七月洪水季节，漩涡吸力巨大，一旦误入，排筏必被吞没，故名煮人锅。

"月亮石"：距大峡入口27公里，为大峡出口，航道急拐弯，水势凶险，南岸突出石嘴。排筏过此，筏工们长吐一口气，紧张的气氛顿时缓解。

此外，大峡之中还有大长拐、狼舌头、绞牛坝等众多险地。

不过这都是20世纪90年代之前的情形了。现在，小峡水电站、大峡水电站以及下游的乌金峡水电站，共同组成了"黄河小三峡"水利工程，其中大峡水电站为其"龙头"。大峡水电站，坝高72米，库容0.9亿立方米。1996年第一台机组发电，1998年电站4台机组全部投运，总装机容量为4×75兆瓦。2018年开始进行增容改造，计划从75兆瓦增容至90兆瓦，工期预计到2022年5月完成。

库区里穿行的游船画舫，取代了昔日的皮筏。骆驼石孤单地凸起于水面中心，南侧的浅滩以及不远处的河马石都已没入了水中。两岸断崖依旧峭立，但不见了白浪汹汹，其森然之意骤减，身处舟中再不复惊惧，反倒可以悠然欣赏两岸奇峰嵯峨之美了。而且随着库区蓄水，涨落的河水在一些曾经布满乱石的浅滩上沉淀了一层层淤泥，蒲草和芦苇不知何时在上面扎下根来，险滩变成了绿意盎然的湿地，让这西北大河平添了几分神似江南的柔美。

红山峡：汇聚人文奇景、地貌奇观的观景长廊

虽说范长江笔下大峡的惊险今日已再难体验，但红山峡和黑山峡，相较

当日却变化不大。黄河自乌金峡水电站至沙坡头水利枢纽间，川峡相间，依次有靖远川、红山峡、五佛川和黑山峡，长约140公里，天然落差约137米，干流上再无任何水坝、水电站，是黄河上游最后的未开发河段。

从白银市靖远县城沿河而下30多公里，即到红山峡，因两岸崖石多偏黄红色，故名。红山峡与大峡、黑山峡相比，激流险滩略少，但在景观丰富度和文化遗存方面却另有一番精彩。

进入红山峡不远，在河北岸有一处名为撞水崖的峭壁，在离地约10米的高度上，有面积约8平方米的岩画。画面中心是一只羊的形象，体态健硕，与出没于此间的岩羊颇类，颈部刻划有缰绳，似是在表现先民驯养的场景。顺河而下，在南岸野麻滩的山石上，还有24幅岩画，由家庭图、狩猎图、农耕图三部分组成，画面生动，细节丰富。

老照片：20世纪50年代在兰州黄河码头待货的大型牛皮筏

野麻滩对岸，是一个名叫空心楼社的自然村，以河岸边渡口处原有一座塔楼而得名。今日塔楼虽不得见，但此处确为历代城防构筑的主要场所，史载有秦、汉时期的长城，现存遗址则以明长城为主，依山而建的长城遗址在黄河东岸的群山间绵延，其间还有6座烽火台呼应相接。

《报告》中记载了红山峡两处奇景："洋人招手"，河左岸一侧有一孤立巨礁石，远望如人招手；"观音崖"，高数十丈的红色崖壁顶部，石峰凸起，好似一尊观音像，尤其是头部，轮廓清晰，阴阳线条分明，面部各器官比例协调，略带微笑，慈眉善目，真可谓鬼斧神工。这正抓住了这段峡谷的最大特点——有着奇特的石柱、石峰景观。这里沉积的黄红色沙砾岩层，在历经地壳抬升挤压、河床下切、风化雨蚀、重力坍塌等地质作用后，最终发育形成了造型千姿百态的石柱、石峰。

遗憾的是撰写《报告》的人只关注了黄河干流，未曾去一旁的支沟探察一番——过观音崖不远，黄河转向形成了一段"Ω"弯——老龙湾，在老龙湾凹岸一侧有两条大支沟：饮马沟和老龙沟，沟内就藏着后来声名赫赫的"黄河石林"。到20世纪90年代后，这片奇景终于被地质工作者发现并从欣赏景观的角度提出开发建议，呈现于世人眼前。

红山峡之下的五佛川，其上土地肥沃，村庄人口稠密，灌渠成网，农业发达。在黄河西岸陡坎的断面上还开凿有一处单体石窟，石窟进深9米，面宽7米，高3米。窟内现存西夏时期造像1尊、明代造像2尊、清代造像2尊，还有模制泥影塑约千尊。石窟前的寺庙，名为五佛沿寺，始建于北魏时期，现存前三层楼阁为清乾隆五十九年（1794年）重修。

黑山峡：最后的"世外桃源"

黄河在靖远县兴隆乡大庙村再次进入峡谷区，穿越了丰台山、老君台山、大草堆山和夜明山后，从宁夏中卫市沙坡头区出峡，是为黑山峡。黑山峡全长 70 多公里，宽 100—300 米，谷深 200—400 米。对黑山峡的得名，范长江在《中国的西北角》中有记载："黑山峡全由带青黑色的坚硬石崖组成，崖势亦较高峻，风景比红山峡为奇丽……两山壁立，黑压压的一对对山峰，高耸云表，峡势颇不减于长江三峡中巫山峡的作风。"我也曾在春夏之交乘冲锋舟进入黑山峡下段，只见奇峰连绵，怪石嶙峋，野树镶嵌崖上，山桃盛开于壁，令人心旷神怡。

黄河在黑山峡中急弯多，常见超过 180 度的大回转，时而东折，时而西转。而且据《报告》记载，在 71 公里的河段中，仅 V 字形的峡谷，就占去 31.5 公里。还有些地方为 100 米以上直立石壁。所以南长滩以上，至今多数为无人区，也无路可走，唯见岩羊攀缘、野鸡腾飞。

南长滩，是黄河进入宁夏后向北转了个大弯，在南岸形成的一个月牙形的长滩，滩连山地，在空中看就像一个半岛。黄河臂弯中的这块绿洲，面积 195.4 平方公里，耕地 1962 亩，现有 256 户人家 1012 人。这里的人多姓拓，据老人讲，他们的祖先姓拓跋，是西夏灭亡后的党项遗民，逃到这里后，过着与世隔绝的生活。南长滩民风淳朴，无盗无欺，路不拾遗；人以勤劳为本，户以助人为乐。村里有一大片梨园，上千棵古梨树，有的树龄达 400 多年。每到春末，千树万树梨花开，美不胜收。至入夏，掩映民居的枣树又花香弥漫，令人沉醉。后来，南长滩人开始走出去，在中卫沙坡头景区展示他们的传统技艺——划羊皮筏子。到 2000 年以后，南长滩村实现了通车、通电、通电话，开展起乡村旅游，吸引大批游客前来，700 多年的世外桃源般生活，悄然发生了改变。

不仅曾经是南长滩村民的世外桃源，黑山峡也是鱼类的"世外桃源"。黄河水资源保护科学研究所的高级工程师韩艳利，在 2011 年根据实地捕捞并结合以往的调查结果，认为在黑山峡河段中分布鱼类 26 种，其中有 12 种属于保护鱼类，最珍稀的为北方铜鱼。在 2021 年新版的《国家重点保护野生动物名录》中，它是新增的国家一级保护动物，保护级别和国宝大熊猫、长江江豚、穿山甲、雪豹等明星濒危物种同级！

　　北方铜鱼，俗称"鸽子鱼"，是中国黄河水系的特有物种，主要分布于上游的青海、甘肃、宁夏段，性喜在峡谷激流中觅食、戏水，洄游至峡谷外有石块及缓流的地段产卵繁殖，但绝不入湖沼。1970年春，我在银川平原仁存渡口（青铜峡下游20余公里）的黄河中，与几名渡工用拉网捕鱼，一网捕得一百多条黄河鲤鱼，另有十几尾北方铜鱼，尾重都不超过1公斤，离水后咕咕叫，声似鸽鸣，放入水缸中不到半小时即死。但到20世纪末，由于彼时黄河的污染问题，再加之黄河上水利工程越建越多，将其栖息地不断压缩，到现在，北方铜鱼已濒临绝迹。唯有黑山峡人迹罕至、生态完整的现状，可以令人尚怀希望地猜测，这里可能还保存着完整的属于北方铜鱼的栖息环境，还有北方铜鱼在未被人们发现的激流中自在生活。

　　在关注黑山峡奇丽的景观、原生态的环境同时，我们也不能忽视另外一点：作为兰州以下水利资源最丰富的峡谷，黄河黑山峡河段的开发利用，早在20世纪50年代就进行了勘查研究。据论证，如在宁夏中卫市大柳树建水利枢纽，实施高坝一级开发方案，年发电量可达77.9亿千瓦时，扩灌农田近期600万亩、远期2020万亩。但是，要淹没甘肃省白银市以下的平原地区，移民任务繁重。所以，甘肃省提出四级低坝开发方案，优点是没有淹没区，不存在移民搬迁问题，缺点是只有径流发电效益，没有调节功能，更无水利灌溉效益。

　　因为各方意见不一，长期存在分歧，开发计划就搁置了下来。但在2020年7月，黄河黑山峡河段开发被列入国家2020—2022年推进的150项重大水利工程，在2021年宁夏的"十四五"规划中，"实施黄河黑山峡河段开发"也被再次明确提出。怎样才能在满足社会经济发展多种功能需求基础上，维持黄河的健康生命，将工程开发对环境的不利影响降到最低，让人们安居、让美景长存、让生灵不被伤害，这可能是现在以及未来我们面对黑山峡时，所要考虑的最重要的问题。

宁夏别号：塞北江南

人，除了名、字，还有别号，如诸葛亮号卧龙，陶渊明号五柳先生，苏轼号东坡，李白号青莲居士，李清照号易安居士。地名也一样，除了本名，还有简称，很多还有独特的别号，如四川号天府之国，武汉号九省通衢，苏州、杭州号称人间天堂。人的别号有自称的，也有别人流传而广泛使用的。地名的别号，往往是知名学者根据其特色总结，然后被广泛使用的。

宁夏也有自己独特的别号：塞北江南。由于"北"与"上"相通，今人改作"塞上江南"。全国自称"塞北江南"的地方不少，如呼和浩特，河北承德的宽城、蓟县，但都缺历史文献佐证。

唯宁夏的别号"塞北江南"，有充分历史文献记录在案。首先说唐诗。晚唐诗人韦蟾有《送卢潘尚书之灵武》，首句为"贺兰山下果园成，塞北江南旧有名"，意思说，贺兰山下的宁夏平原，早就以"塞北江南"闻名遐迩了。后面还有"水木万家朱户暗"等句，描写的是一派水乡和富足景象。

既然唐诗说宁夏号"塞北江南"早就有名，那就应当考证一下早到何时。

有文字记载的"号塞北江南"，最早见于《隋图经》，系官书，学者考证为郎茂编撰。可惜，这本书已佚失，但在北宋成书的《太平御览》《册府元龟》《太平寰宇记》中有转载，给我们留下了珍贵资料。

《太平寰宇记》由北宋的乐史编撰，是仅次于《元和郡县图志》的地理名著。其中的卷三十六灵州"风俗"有这样的记述："本杂羌戎之俗。后周宣政二年破陈将吴明彻，迁其人于灵州，其江左之人尚礼好学，习俗相化，因谓之塞北江南。"文中的后周，即南北朝时的北周。此时的灵州，辖有今宁夏同心县以北至惠农区各地，主体是宁夏平原。当时，北周统治黄河流域，陈国据有长江流域及其以南地区，双方常以兵戎相见。北周破陈将吴明彻之战的时间，此处记载有误，应为宣政元年（578年），因为北周"宣政"年号只有一年。对此，几部正史都有记载。如《北史·周本纪》卷第十："（宣政元年三月）上大将军王轨破陈师于吕梁，擒其将吴明彻等，俘斩三万余人"。《资治通鉴·陈纪》卷一百七十三："（太建十年二月）明彻为周人所执，将士三万并器械辎重皆没于周"。陈太建十年，即北周宣政元年。这三万被俘的江左（江东）籍士兵，被安置在灵州境，带来了长江流域的传统文化，尚礼好学，也改变了这里原有游牧民族的风俗习惯。宁夏原来不种水稻，史籍中直到唐代才有大面积种水稻的记载。水稻何时传入？应当是这批"江左之人"。

以上是形成"塞北江南"的文化风俗说。还有一说，可称为"地理风貌"说。北宋庆历四年（1044年）由宰相曾公亮编撰的《武经总要》，是中国最早的军事百科全书。此书编撰时，宁夏平原已属西夏境土，故将灵州各地列入军事地理的"西蕃地界"。其中的前集卷十八在怀远镇（今银川市）下说："有水田、果园……置堰分河水溉田，号为塞北江南即此也。"这里主要说农田水利、果园，一派江南风貌，并明确使用了"号为塞北江南即此"的定语。

以上两说，并不矛盾，代表的都是一方地域文化。近代有"天下黄河富宁夏"之说，古代号称"塞北江南"，有权威著作的记述，有丰富的地名文化内涵，而且有准确的时间、渊源，距今已1440年。但是，现在介绍宁夏的各种著述，往往不使用这个响亮的别号。1993年的《地名词典》，也同样遗忘。因此建议，在这次新修《地名志》《地名词典》的"宁夏回族自治区""宁夏平原"词条时，一定要加上一句："自南北朝后号塞北江南。"至于"塞上江南"这个称号，虽然意思未变，但与历史权威著作不符，最好不用。

宁夏黄河湿地文化变迁与保护利用研究

（原载《黄河文化高质量发展研究》，宁夏人民出版社 2021 年 12 月出版）

习近平总书记 2020 年 6 月视察宁夏时指出："要把保证黄河长治久安作为重中之重……统筹推进生态保护修复和环境治理，努力建设黄河流域生态保护和高质量发展先行区。"黄河流经宁夏 397 公里，由于有丰厚的黄河湿地文化，因而自南北朝开始，就被誉为"塞北江南"。"湿地"是地球上具有多种独特功能的生态系统，也是建设黄河流域生态保护和高质量发展先行区的"重中之重"。湿地的类型，通常分为天然湿地和人工湿地两大类。本文将就宁夏黄河天然湿地的历史变迁、现状，湿地的功能，湿地的重要意义及保护利用作简要论述。渠沟、稻田、鱼塘等人工湿地点到为止。

一、黄河干流的改道与游荡

宁夏平原降雨少，平均约 200 毫米，而蒸发量达 1500 毫米甚至更高。水资源基本靠黄河的上游来水。因此，黄河是湿地之本。研究湿地变迁，首先要研究黄河的历史变迁。

（一）汉代的黄河流向

黄河宁夏段，河道变迁较大的在青铜峡至平罗县的 105 公里。汉代时，其主流走向与今天的走向大不相同。

黄河之名，始见于《汉书》卷十六《高惠高后文功臣表第四》前言："封爵之誓曰：使黄河如带，泰山若厉〔砺〕，国以永存，爰及苗裔。"

今天的青铜峡，汉代称青山峡，又名上河峡。将《水经注》卷三中桑钦《水经》原文和郦道元的注文对照，汉代黄河主流走向是清楚的：河水出青铜峡后，东流至富平县城（今利通区金积镇附近），便分成主流和支流。主流改变方向，折向正北，经西汉的灵武县城（青铜峡市邵岗镇）；继续正北流，经永宁县西，入银川市金凤区；再北至西汉的廉县东侧（约今暖泉农场），折向东至月牙湖乡。《水经》的作者及成书年代，学术界有多种说法，早至东汉，晚到晋代，其中倾向东汉的较多。据此，我们可以把上述走向当作两汉黄河主流所经。

汉代黄河在富平县城分出东支，又名"枝津"，东流经吴忠市（北魏在此置薄骨律镇），到今兴庆区月牙湖乡（秦置塞外浑怀障）与主流汇合。枝津的走向，大致与今天的黄河相同。郦道元注枝津"以溉田圃"，可作灌溉之用。

（二）东汉至两晋的黄河改道

到北魏时，东支变成主流，原来的"西河"及洲岛已经消失。由于这300多年间中原朝廷无力控制这一地区，亦无郡县建制，主流改道具体时间史籍缺载。这次改道的结果，是给后代留存了大量的湖泊湿地。包括唐代的五十里长湖"千金大陂"，清代的"七十二连湖"，今天的阅海公园、七子连湖等，后面将专门介绍。

（三）历代的黄河游荡

黄河流经平原地区，由于岸线、河床全系沙土，所以会形成局部改道，称游荡型河床。宁夏民谚称"三十年河东，三十年河西"。银川平原有十几座古城，均因黄河游荡而被毁。如秦浑怀障、北周历城郡，毁于仁寿元年（601年）；北魏至隋朝的怀远县城，毁于仪凤二年（677年）；明洪武十六年（1383年），有千年历史的灵州古城被河水冲毁，曾三迁其城，最后落脚在今灵武市。

清顺治初（1644年），黄河洪水危及灵州（今灵武市）城，官府组织民力在今河忠堡之西开沟，以分水势。灵州城是保住了，但河水主流却顺沟西移，原属河西宁夏县的河忠堡，被黄河切割到河东的灵州；原来由汉延渠引水灌溉，只好另修天水渠从汉渠引水。1931年，为便于管理，便把河忠堡划属给灵州。这是历史文献记录最清楚的一次黄河游荡（见民国《宁夏省水利专刊》第143页），使一个乡的位置从河西变成河东。

黄河的游荡和局部改道，其故道都会形成大片湖泊沼泽。

二、黄河洲岛与滩涂

从水力学的观点看，大江大河从峡谷进入平原，流速变缓，泥沙沉降淤积，必然形成洲岛和滩涂，皆属湿地。宁夏段黄河，因为有黑山峡、卫宁平原及青铜峡、银川平原，所以洲岛较多。从古至今，有4个著名的洲岛。

（一）西汉眴卷县洲岛

西汉眴卷县城在今中宁县宁安镇古城村。黄河出黑山峡，大量泥沙沉积，形成洲岛。其北部为黄河主流，南部为岔河，即《汉书·地理志》所记"河水别出为河沟"。洲岛西起今宁安镇，东至白马滩，长约30公里，宽1—4公里。至当代，大的洲岛消失，但仍有小的河心滩数十个。

（二）西汉灵洲岛

前文已论及，西汉黄河主流在西，称西河，即今青铜峡市邵岗镇、银川金凤区阅海公园、贺兰县暖泉农场一线；支流在东，称枝津，走向与今天的黄河相近。西河与枝津在今月牙湖乡汇合，中间形成洲岛。《汉书·地理志》卷二十八下记载，汉惠帝四年（前191年），置灵州（此据中华书局点校本，上海古籍出版社未点校本写作［洲］）县。县在黄河洲岛上，"随水高下，未尝沦没，故号灵州［洲］"。朝廷设牧马苑二，称号非苑、河奇苑。河奇之名，与灵州同出一辙。颜师古注曰："苑谓马牧也。水中可居者曰州。此地在河之州，随水高下，未尝沦没，故号灵州，又曰河奇也"。《水经》记载更为详细。查《汉书·地理志》，全国共设有5个牧马苑，而灵州县就占了两个，说明这个洲岛的面积相当大，估算有2000多平方公里。

（三）近代洲岛

俗称为滩。如吴忠与青铜峡市之间，清末至民国年间有马家滩、陈袁滩、中滩、唐家滩、杨家滩，系主流、西河分割而成。其中的陈袁滩、中滩面积最大，40多年前分别成立公社。多数为湿地，少数可种水稻。陈袁滩过去属吴忠市管辖，后因西河断流而与河西陆地相连，故划属青铜峡市。

（四）现有洲岛滩涂

现有黄河滩涂33869公顷。分为三种类型。

一为河心滩，由主流、岔河分割而成。以中卫市沙坡头区、中宁县，吴忠市利通区、青铜峡市，贺兰县，平罗县为最多，因水位高低而变幻无常，一场洪水，就发生增减、位移，故很难准确统计。枯水时约有300个，大小不等，小的仅几亩地大。其中以青铜峡鸟岛为最大。1967年，青铜峡水利枢纽工程建成后，原广武城区淹没成为水库区，由于黄河泥沙沉积，逐步形成南北长7.5公里、东西宽约3公里、总面积4000余公顷的湿地，湖沼相间，草灌密布，为候鸟栖息、繁衍极佳之地，被称为青铜峡黄河鸟岛湿地。鸟岛之东为黄河主流，岛之西为岔河，宽约30米，在广武旋风槽东交汇于主流。

二为河边滩涂。分布在平原地段黄河两岸，在防洪堤与河槽之间。左岸长约270公里，右岸长约230公里。滩涂宽500米至3000多米不等。正常水位时，湖沼、草地、林木、稻田相间。城市所在地段，多已开发为湿地公园或水道景观。一遇洪水，则大部成为水域。

三为滨河大道外侧湿地。滨河大道，又称"黄河金岸"，是在原有黄河防洪堤基础上建成的一级公路。2010年7月6日建成通车，投资19.4亿元。其左岸北起惠农区石嘴山黄河大桥西桥头，南至中卫市沙坡头水利枢纽；右岸北起灵武市临河镇石坝村，西南至中卫市下河沿；沿岸连接宁夏平原10

个县级政区。除个别段落，大多数建在旧防洪堤上，全长508公里，沥青混凝土路面，宽24米，设机动车6车道。路内侧为河边滩涂。外侧除建成50—100米的绿化带，还有宽度不等的湖泊、沼泽100万余亩。

三、湖泊沼泽的变化

（一）唐代的千金大陂

唐人李吉甫的地理名著《元和郡县图志》卷四，在灵州所属灵武县下，有这样一段记载："黄河自回乐县界流入。千金陂，在[灵武]县北四十二里。长五十里，阔十里。汉渠……从汉渠北流四十余里始为千金大陂……"唐灵武县在今青铜峡邵岗镇。同书的怀远县下又有记载，县西北四十里有千金堡，在今银川市西湖农场到芦花台之间。根据这两条记载可以确定：这个长湖，南起永宁县望洪镇靖益村海子湖，北至阅海公园，走向与西汉的黄河主流相同，也与今天的典农河相近。显然，它就是西汉的黄河故道。

（二）七十二连湖

《乾隆宁夏府志·艺文》卷二十一以《连湖渔歌》为题，列有5首诗。其中第二首为田霖作："闲说连湖七十二，沧波深处聚鱼多。不知罢钓何村宿，一棹青苹欸乃歌。"这是七十二连湖最早的出处。从诗中可以看出，当时的七十二连湖，已成为人们茶余饭后的话题。今天的各种著作均说在"银川周围"，实际在老银川城之西、唐徕渠与包兰铁路之间。南起今连湖农场，为"龙头"，有一个"周围数十里"的大湖，名叫"老鹳湖"，又名连湖。北端到了今阅海公园，当时叫西湖。中间数十湖或断或连。《乾隆宁夏府志》卷三共记载有49个湖名，分布在永宁县玉泉堡、宋澄堡、靖益堡、曾刚堡、宁化寨、杨显堡、丰盈堡至贺兰县丰登堡，其中：驾马湖、鹰食湖、张家湖、段子湖、上湖、瓦一湖、官湖、孟家湖、周家湖、化牙湖、下湖，皆在丰盈堡、丰登堡一线。最多的丰盈堡有11个，其次为丰登堡7个。还有几十个无名小湖，都是唐代千金大陂深处留下的遗存。

（三）民国年间的湖泊

1935年，宁夏建设厅派人实测，按比例尺绘成渠道、沟道等多幅地图，将面积在1000亩以上的湖泊大都绘入图中，收入次年出版的《宁夏省水利专刊》。此后十多年变化不大。因此，民国年间宁夏黄灌区的湖泊情况比较清楚。湖泊密度最大的是3个地带：

唐徕渠西15公里地带，南起今连湖农场，北至暖泉农场，其中今金凤区境内水域、陆地各占一半。

惠农渠两岸狭长地带，宽10公里左右，南起永宁县鹤泉湖，北至平罗县灵沙乡，基本是一湖连一湖，多是黄河改道形成。

吴忠市汉渠以东狭长地带。汉渠地势高，其东皆洼地，故形成诸多湖泊，南起关马湖，北至涝河桥。1936年《宁夏省水利专刊》记载："巴浪湖，在金积县城东约十里至二十里之间，周围约二十余里，既为各湖汇归之，亦为境内最大之湖。"按民国二十四年实测后所绘地图估算，巴浪湖水面超过15万亩。《宁夏省水利专刊》还记录有牛毛湖、苏盖湖、温渠湖、北官湖、南官湖、杨家湖、吕家湖、套子湖、方家湖、鞑子湖、冯家湖共11个湖名，面积在2000—3000亩，都在巴浪湖周围，人们称"河东七十二连湖"。1953年扩建排水沟，水域变成可耕地，遂成立国营巴浪湖农场至今。灵武农场耕地，民国年间称水滩，是一个面积约10万亩的湖沼。

四、现有湿地

2016年底，宁夏共有湿地235567公顷。其中天然湿地64705公顷，包括：河流水面21535公顷，湖泊水面9301公顷，滩涂33869公顷。人工湿地170862公顷，包括：水库水面6091公顷，池塘17679公顷，沟渠72040公顷，稻田75052公顷。其中的湖泊统计数可以和1936年对照，从130万亩减至 14 万亩。

湿地分布状况：中部干旱带及南部山区湿地极少，只有 2.3 万公顷。其中河流约 15000 公顷，水库 6091 公顷，鱼塘约 1100 公顷。其余湿地都在宁夏平原，共 21.34 万公顷，占平原总面积（1.7 万平方公里）的 12.55%。

现存各类湿地的数据统计，以银川市最为详细，但对湿地单体、其他各类湿地的情况并不清楚，只对湖泊作过详细调查统计。至 2016 年，银川市共有湖泊 43 个，面积 5.31 万公顷，占全市面积的 7.65%。

银川城市建设控制区（绕城高速内）主要湖泊

单位：公顷

序号	湖泊	区域位置	面积	备注
1	燕鸽湖	兴庆区燕庆路东、石油城	13.7	已建公园
2	孔雀湖	兴庆区石油城、银横路南	33.1	已建公园
3	章子湖	兴庆区银古路南、塔桥队	143.5	已建生态园
4	阁第湖	兴庆区燕庆路西原锅底湖	34.1	已建公园
5	丽景湖	兴庆区丽景街东、银横路北	13.3	已建公园
6	银湖、荷花湖	兴庆区中山公园内	8	已建公园
7	南塘湖	兴庆区凤凰南街唐徕渠间	3	已建公园
8	海宝湖	兴庆区凤凰北街东	225	建海宝公园
9	小苑湖	胜利南街东、南环高速北	32	宁夏医科大学
10	宝湖	正源南街东、六盘山路北	92	建宝湖公园
11	七子连湖	金凤区唐徕渠西、六盘山路南	479.9	
12	化雁湖	亲水大街东、六盘山路北原化一湖	16	已建公园
13	龙眼湖	金凤区贺兰山路北、万寿路东	81	已建生态园
14	西滩湖	金凤区王家渠东	28	

续表

序号	湖泊	区域位置	面积	备注
15	杨家庄湖	沈阳路以南、唐徕渠以西	17	
16	森林公园湖	金凤区森林公园内	36	开发住宅
17	阅海	金凤区贺兰山路北、西湖农场	1932	建湿地公园
18	流芳园	北京西路南、解放公园东	3	已建公园
19	碧波公园	西夏区北京西路南、宁朔街西	9	已建公园
20	文昌双湖	西夏区文昌南路、铁路线北	24	已建公园
21	金波湖	西夏区宁夏大学内、市体育馆西	13	已建公园
22	兴庆湖	西夏区宁夏大学西校区	6	已建公园
23	文萃湖	西夏区宁夏大学内	2	已建公园
24	西夏公园湖	西夏区西夏公园内	2	已建公园
25	西林带湖	西夏区宁朔北街、北方民族大学西墙外	40	已建公园

银川城市建设控制区外主要湖泊

单位：公顷

序号	湖泊	区域位置	面积	备注
1	鸣翠湖	兴庆区掌政镇东1公里	666.7	已建公园
2	春林湖	兴庆区掌政镇春林村	33.1	已建公园
3	碱湖	兴庆区掌政镇碱富村	81.3	
4	犀牛湖	西夏区镇北堡镇同庄村	180	已建生态园
5	清水湖	贺兰县金贵镇	284	
6	西湖	灵武市东塔镇	52	
7	如意湖	贺兰县习岗镇	63	
8	北大湖	贺兰县	157	

续表

序号	湖泊	区域位置	面积	备注
9	三丁湖	贺兰县常信乡	500	
10	金泉湖	贺兰县暖泉农场	150	
11	鹤泉湖	永宁县杨和镇	214	
12	叶家湖	永宁县杨和镇	86.5	
13	王家广湖	永宁县望远镇	37	
14	珍珠湖	永宁县胜利乡	107	
15	银子湖	永宁县望远镇	153	
16	海子湖	永宁县望洪镇靖益村	134	
17	梧桐湖	灵武市梧桐树乡	226	

到2016年，银川市辖区内湖泊面积只有9661.28顷，比1936年减少5.7万亩，减少85.5%。

五、湿地保护的重要意义

地球上有三大生态系统，即森林、海洋、湿地。森林，是"地球之肺"。海洋，是"地球之心"。湿地，则被称为"地球之肾"，具有涵养水源、抗御水旱灾害和土壤沙化、维系生物多样性、降解水域污染、生产各种水产品等多种功能。湿地，是人类进化的摇篮，是孕育和传承人类文明的重要载体。人类出现以后，都临水而居，依水而作。没有湿地，就失去了生存的条件。人类在与湿地相互依存的漫长历史过程中，创造了灿烂的文明世界。湿地的功能，主要体现在以下方面：

储存涵养水资源，为人类和其他生物提供生存的基本条件。

调节气候，减少水旱灾害。湖泊湿地有很强的分洪能力。如1964年7

月 28 日的洪峰流量，在中卫下河沿为 6050 米^3／秒，流经 300 多公里，30 日到达石嘴山，沿途有几条支流汇入，尤其是清水河流域也下暴雨，流量本应增加 300 多立方米，但洪峰到达石嘴山水文站，反而下降到 5440 米^3／秒。减少的 610 米^3／秒，都被各种湿地吸纳。湿地还防止了土地沙化，隔断了沙漠的侵袭。

维持生物多样性。湿地是水生动物、水生植物的生存场所，也是多种珍稀濒危野生动物，特别是水禽的栖息、迁徙、越冬和繁殖地。

降解污染，优化水质。湿地能滞留沉积物、有毒物。湿地中的水草，能大量吸收营养物质，降低水体的富营养化，从而改善水质，防治污染。

提供养殖基地和丰富的水产品。

改善人居环境。

六、湿地保护与利用

长期以来，人们对湿地的意义认识不足，认为湖泊会造成土壤盐渍化，是农业生产的一大害。所以，宁夏从 1936 年开始修建西大沟、黄阳沟等排水沟。新中国成立后，为解决粮食自给问题，又修建了许多排水沟，把一些著名的大湖撤干，建成农场。如连湖农场、西湖农场、潮湖农场、巴浪湖农场、暖泉农场、灵武农场……其耕地原来都是湖泊。2000 年后，自治区决策部门认识到问题的严重性，采取了一系列措施，遏制湖泊减少趋势，并修复、开挖了一批湿地。但是，湿地退化现象仍然严重，水质污染情况没有好转，青蛙已在各湿地中消失，很多排水沟已是鱼虾不存。

因此，加强湿地保护，合理利用现有湿地，具有十分重要的现实意义。

（一）加强宣传教育，使湿地保护形成全民意识

湿地受到破坏的主要原因，是很多人不懂得湿地对人居环境的重要意义。所以，要采取各种形式，利用各种媒介，加强宣传教育。一是湿地科普教育。

在世界湿地日、世界环境日、宁夏爱鸟周等节日，开展全民教育。二是建立教育平台。各湿地保护区、湿地公园、湿地旅游景区都应设立湿地宣教中心或宣传专栏，有条件的应建立湿地博物馆。在中小学，应在相关课程中加入湿地保护教育内容，或开办湿地知识讲座。三是法制教育。国务院早已颁布《湿地保护条例》。宁夏人大常委会也于2018年11月29日通过了《宁夏回族自治区湿地保护条例》。但是，多数群众并不知晓，对各种违法行为熟视无睹。要通过宣传教育，依靠群众监督违法行为。通过湿地的景观效果和美学价值，宣传湿地保护政策，唤起人们爱护湿地、保护动植物的意识，尤应重视对青少年的环境保护意识教育，尝试建立"湿地学校"，扩大社会影响，形成湿地保护的良好社会氛围。

（二）制定湿地保护利用规划

各级政府、各个湿地自然保护区，都应制定中长期湿地保护利用规划，明确湿地范围、远景目标、湿地修复项目、湿地保护措施、允许开发利用的地块及项目等，经专家论证，由政府批准后长期执行。

（三）加强现有湿地监管保护

对现有湿地调查登记，建立保护名录，明确保护工作责任。各地对河流、排水沟已建立河长制，对湖泊，也应建立"湖长制"，对环境保护及污染治理包干负责、责任到人。自治区湿地办及沿河4个地级市的湿地办，应建立湿地监控网络，及时变更各监控点水深、水质、施工场景，掌握自然变化和人为破坏活动。

（四）实施一批湿地修复工程

近10年中，沿河各市县都已实施一批湿地修复工程，如永宁县的鹤泉湖、吴忠市的滨河湿地、石嘴山市的红树林湿地公园等，对改善生态环境效果明显。但有些著名湖泊，仍在退化，如永宁的海子湖，面积在逐年缩小。金凤区的七子连湖，是七十二连湖的中段，正向沼泽退化。典农河建成已15年，河道淤积严重，水草疯长。因此，各地应及时实施一批湿地修复项目，防止湿地退化。

（五）建立湿地水资源管理和生态补水长效机制

由于近30年宁夏平原浅层地下水位大幅下降，湖泊、沼泽之水下渗严重，加之国家对黄河水量实行统一调度分配，湖泊的水源补充已成为亟待解决的难点问题，涉及水务、环保、农牧、建设等部门，应作为一项重要课题进行专门研究。首先要做好湿地水资源普查工作，查清湿地生态用水现状，然后科学配置湿地水资源。在此基础上，最好能通过立法制定湿地生态补水长效机制，确定重点湿地生态补水的水权指标。

（六）加强水环境保护

近20年，对水环境的保护受到高度重视，城市工业废水、生活污水得到治理，湿地水质有所改善。但是，有两个问题仍然存在：一是乡镇居民生活污水、部分乡镇企业工业废水仍排入排水沟或湖沼。二是种植业大量使用农药、化肥造成水体污染。尤其是稻田的除草剂，其有害成分进入水体，会将鱼卵、青蛙卵全部杀死。应大力提倡原生态种植业，不用农药，尤其不能用劣质廉价除草剂。

（七）正确处理湿地利用与保护的关系

湖泊湿地有美丽的景观，有丰富的水产资源，所以，宁夏一些大的湖泊，都已开发为旅游景观或公园，如沙湖、阅海公园、鸣翠湖、黄沙古渡等。有些湿地，还有很大的利用空间，如典农河，河道很长，绿化也不错，但人造景观不尽如人意。精心设计，可以打造成一个美丽的旅游景观带，从中获取商业利益。湿地的开发利用，应坚持"三不三要"原则：不降低湿地功能、不减少湿地面积、不排放污水污油；要经过专家科学论证、要呈报环保部门及湿地办审批、要签订湿地保护责任书。

银川市最早的城池：塞外浑怀障

（原载《宁夏文史》2020 年第 2 期）

公元前 221 年秦始皇统一六国之时，银川全境尚属匈奴牧地。秦始皇三十二年（前 215 年）巡北边，过了上郡，遇燕人卢生出海寻长生不老之药返还。卢生言以鬼神事，曰"亡秦者胡也"。秦始皇认为"胡"就是匈奴，乃使将军蒙恬发兵三十万北击胡，取得"河南地"，即河套地区的黄河以南各地。[①]至此，银川平原的黄河以南地区归入秦王朝版图。第二年，蒙恬在黄河沿岸因河为塞，筑城障据守，其中在银川市境内的叫浑怀障，或称塞外浑障。这是一座军事要塞，也是一座规模较大的城池，在西汉时仍在使用，故被列入《汉书·地理志》。南北朝至隋朝，这里又先后设置有历城、历城郡、建安县、大润县、广润县、灵武县，有厚重的历史文化。从蒙恬筑浑怀障算起，距今已有 2223 年历史。因此，浑怀障应是银川建城之始。本文要讨论的，是这座城池的始建时间、具体位置和建置沿革。

一、浑怀障的始筑时间

关于塞外浑怀障，《水经注》卷三的《河水注》记载："河水又东北迳廉县故城东，王莽之西河亭，《地理志》曰：卑移山在西北。河水又北与枝津合，水受大河，东北迳富平城，所在分裂，以溉田圃……河水又东北迳浑怀障西。"②文中的廉县，《汉书·地理志》有记载，说王莽时更名西河亭。由此可见，当时的黄河干流，就在其东面不远。廉县的遗址，我在"文化大革命"中找见。1986年曾给牛达生、许成两位文物大家当向导到现场踏勘，发现有不少汉代绳纹灰陶罐残片，并拾得汉代五铢钱一枚。询问作业的拖拉机手，得知耕地虽属暖泉农场六队，但行政区划属平罗县下庙乡（今已并入崇岗镇）暖泉村界。很多著述，至今仍写作"贺兰县暖泉乡"，实误。黄河由廉县改变方向，折向东偏北，在塞外浑怀障与枝津汇合。也就是说，秦朝时浑怀障在黄河东岸，即内侧。这与当时"河南地"的其他城市一样，都在黄河内侧，与匈奴以黄河为界。

《水经注》没有说浑怀障的修筑时间及性质，但李吉甫在《元和郡县图志》卷四中有记："其城本蒙恬所筑，古谓之浑怀障，即浑怀所理道。"蒙恬发兵30万击匈奴是在秦始皇三十二年（前215年），战争取得胜利，匈奴退到黄河外，不敢南下而牧马，士不敢弯弓而抱怨。打下的疆土需要设防固守，第二年，秦始皇便下令"自榆中并河以东，属之阴山，以为三十四县，城河上为塞"③。也就是说，从甘肃榆中经阴山到今晋陕间的黄河沿岸，筑城为塞，屯兵戍守。其中在宁夏境筑县城1座，即富平县，在今吴忠市利通区金积镇附近；筑城障2座，浑怀障为其一，另一座名"神泉障"，在今青铜峡市峡口镇。由此可以确定：浑怀障筑于秦始皇三十三年，即公元前214年。障，军事防御工程；塞外，长城以外；道，在这里指军事机构，设都尉管理；浑怀，是都尉的姓名。因此，浑怀障的性质，属军事防御要塞。

二、设在浑怀障的郡县

到西汉，浑怀障仍在使用。《汉书·地理志》："富平，北部都尉治神泉障。浑怀都尉治塞外浑怀障。"④这部史书的《地理志》特别简略，记入今宁夏平原的城名，只有富平、灵州[洲]、灵武、廉、眴卷5个县名和2个障名，其他史籍记载的上河城、南典农城、北典农城，都未记入。浑怀障能在《地理志》中出现，说明城池规模与县城差不多。卫青击败匈奴后，筑卫朔方，汉武帝又下令斥塞卒70万开展军事屯垦，也包括塞外浑怀障。

从东汉后期到东晋十六国，中原朝廷内战不休，无力控制宁夏平原，没有郡、县等行政建制，浑怀障也从史籍中销声匿迹。北魏统一黄河流域后，它才在史书中再次出现，并更名为郡、县。首先是郦道元在《水经注》卷三中写道："……河水又东北迳浑怀障西，地理志浑怀都尉治塞外者也。太和初，三齐平，徙历下民居此，遂有历城之名矣"。三齐，古地区名，泛指今山东省的大部分地区。历下，即今山东省济南市，北魏时设县，称"历城"，属齐州济南郡。今济南市设有历下区，位于全市的核心地带。北魏政权建立后，"三齐"仍由南朝的宋刘政权控制。按《魏书·显祖纪》的记载，皇兴元年（467年）秋八月，魏献文帝派慕容白曜攻下历城，到皇兴三年（469年）正月才"平三齐"。此后，将三齐的原住民大规模迁往其他地方。其中历下是人口大县，于太和初年（477年）徙民于浑怀障，更名为历城，属"地名搬家"。[⑤]郦道元出生时间失考，卒于北魏孝昌三年（527年）。《水经注》的这段记载，比其他文字记载更为真实，因为郦道元有两个优势：第一，当朝人记当时事，不必寻根稽考；第二，他在去世的前一年，被任命为黄门侍郎，奉诏持节，到薄骨律镇全权处置撤镇改灵州及郡县设置事宜。薄骨律镇原属军政合一机构，管辖今天的宁夏平原及周边，不领郡县。改为灵州后，要增设一批郡、县、城邑，要择地、取名、划界，很是麻烦。所以，他"访诸耆旧"，亲自调查。调查经过，在《水经注》中也有记载。所以，他对灵州境域的历史、山水，都相当熟悉。

到北周时，由于人口太多，又将历城升格为历城郡，同时设建安县。对此，《太平寰宇记》卷三十六有记载："废灵武县……本汉富平县。汉置浑怀都尉理所。《水经注》云：'河水又东北迳浑怀障西。'是也。后魏太和初，平三齐，后徙历下人处于此，遂有历城之名。后周因置历城郡于此。"

隋朝废除北周的州、郡、县三级建制，改为州、县两级，历城郡被裁撤。保留建安县，但曾三次更名。《隋书·地理志》卷二十九载："灵武，后周置，曰建安，后又置历城郡。开皇三年郡废"。而《元和郡县图志》记载更详：北周天和年间（566—572年）置建安县；隋开皇十八年（598年）改为大润县，旋改广润县；仁寿元年（601年），为避太子杨广名讳，又改为灵武县，并迁移至胡地城（西汉灵武县故址，在今青铜峡市邵岗镇）安置。⑥

至此，浑怀障的历史中断，成为无人居住沙荒之地，直到民国年间，才划属陶乐设治局，后为陶乐县域。

三、浑怀障故址考证

对浑怀障故址，近现代史学界一直用"陶乐县西南"予以注释，虽然模糊，但也挑不出毛病。陶乐县全境都在黄河东岸与鄂尔多斯台地之间的狭长地带。2003年12月31日，国务院批复撤销此县，原辖乡镇多数划属平罗县，只有最南端的月牙湖乡划属银川市兴庆区。月牙湖乡也属"陶乐县西南"范畴，它是不是浑怀障故址所在呢？

2010年，由国家文物局主编的《中国文物地图集》宁夏分册出版，是文物古迹方面的权威著作。其中的《文物单位简介》，第一个词条就是"兵沟遗址"，记在月牙湖乡的黄里岗之南1.5公里。其释文说："以地望推测，可能为汉代的浑怀障遗址。面积约5000平方米，地面散布有绳纹板瓦和陶片。"我认为，这种可能性不大，理由是：第一，遗址面积太小，7.5亩之地，容不下秦汉时期一个都尉统领的士兵（西汉都尉统一郡之兵，秩同郡守，为二千石），更不能充作郡城、县城。第二，浑怀障城址从秦朝使用到隋朝，历800多年，文物应该是分层叠加，而遗址只是地表有单一的西汉瓦片、陶片，不合情理。第三，黄里岗原名黄泥岗，其遗址在月牙湖乡之南19公里，距今银川黄河大桥17公里，到银川市兴庆区老城只有32公里，与其他史籍记载的距怀远县里程（后详）不符。但也有一点可取：浑怀障在今兴庆区月牙湖乡境内。

对浑怀障方位有确切记载的，仍是唐李吉甫所著《元和郡县图志》。此书成于唐宪宗元和年间，将浑怀障记在怀远县下，说"在［怀远］县东北隔河一百里"。此时的怀远县城，即今银川市兴庆区老城。今天宁夏运输管理局发布的"道路营运里程表"，有下述里程可作借鉴：沿203省道向南，头道墩至月牙湖乡政府驻地6公里；再南至银川黄河大桥35公里；折向西沿青银高速至兴庆区老城南门广场16公里。这就是说，月牙湖乡至兴庆区老城为51公里，减去黄河大桥长度1219米，为49.78公里。唐代的二华里，比今之1公里略大一点，误差可忽略不计。这就是说：月牙湖乡至兴庆区老城，正好是"隔河一百里"。由此可得出结论，浑怀障故址，必在月牙湖乡政府驻地附近。前面介绍的黄里岗兵沟汉代遗址，只是浑怀障外围的小堡。此外，黄里岗还有兵沟汉墓群，现存墓葬40余座[7]；再南又有横城汉墓群，面积达2平方公里。这些墓葬都有砖砌墓室和随葬物品，一般士卒不可能享受这种厚葬待遇，应该是埋葬军官的墓穴，也从侧面印证了汉代浑怀障驻军人数之多。

但是，浑怀障的确切遗址在哪里，至今仍是个谜。要解开这个谜，首先要分析一下浑怀障的地理环境变迁。

按《水经注》的描述，浑怀障在西汉时位于黄河主流和支流的汇合处。考证当时黄河走向，是一项复杂的大课题，非本文任务，只能简言之。按桑钦原著《水经》和郦道元的注文对比分析，汉代黄河出青山峡（今青铜峡）后先向东，在富平县城（今吴忠市利通区金积镇略西）分为两支：西为干流，又名西河、上河，折向正北流，经当时的灵武县城（今青铜峡市邵岗镇）之东，正北流至廉县之东，再折向东北至塞外浑怀障。从富平向东分出岔河，又名枝津、东枝，其走向与今天的黄河干流近似，到浑怀障与主流汇合。西河水量大，引水困难。枝津流量小，可以筑坝引水，所以《水经注》说它"水受大河……以溉田圃"。将这些情况加以分析，浑怀障所处环境就清楚了：它居于黄河冲积平原中，有大片土地可供耕垦；它有岔河流过，并当作灌溉干渠使用，"以溉田圃"。到北魏平三齐，从历城迁来上万户农民，在黄河之滨，仍然有数十万亩良田，靠引黄河水自流灌溉。

然而，到隋朝以后，这里的情况就发生了巨变。隋朝仁寿元年（601年），为什么要把由历城郡、建安县演变而来的灵武县迁到河西？从此之后，这里为何再无行政建制，变成荒凉之地？到近现代，这里的环境极度恶化，除少量河滩地，基本都属鄂尔多斯台地范畴，土壤沙化，植被稀疏，干旱缺水，虽濒临黄河，也只能望河兴叹。直到20多年前，为安置六盘山区贫困移民，修建扬黄灌溉工程，靠电力提输黄河之水，使沙漠变绿洲，环境才大为改善。

鉴于上述环境变迁情况，笔者不妨对浑怀障城址作一大胆臆测，供同仁参考。愚意以为，浑怀障故城应在月牙湖乡政府的西北方向。它的城池和数万亩农田，在隋朝末就因黄河干流东移而被冲毁了。古代人们临水而居，宁夏平原的古城都建在黄河岸边。而这里的黄河又经常改道、游荡，故有民谚曰"三十年河东，三十年河西"。从秦汉至明代，有大小20多座古城，除一座廉县存留遗址，其余都被洪水冲毁。如唐怀远县，于仪凤二年（677年）被河水"汛损"；古老的鸣沙州，于明初冲毁；规模宏大的古灵州城，在明代就因黄河三次改道而三迁其城。

沉舟侧畔千帆过，病树前头万木春。浑怀障遗址已消失在历史长河中，但它书写了银川建城史的开篇，续修了从历城郡、建安县到广润县的续篇。它所在的月牙湖乡，经20多年的开发，已成为银川市的花卉、蔬菜种植基地，林木葱郁，春意盎然，正在书写继往开来的新篇。

注释

①《史记·秦始皇本纪》卷六，中华书局，1982年，第252页。

② 王国维：《水经注校》，上海人民出版社，1984年。

③《史记·秦始皇本纪》卷六，中华书局，1982年，第253页。

④《汉书·地理志》卷二十八下，中华书局，1962年，第1616页。

⑤《魏书·显祖纪》卷六，中华书局，1974年，第128页。参见《魏书·慕容白曜传》卷五十。据以上记载，北魏"平三齐"的时间为皇兴三年，与《水经注》的"太和初（477年）"相差8年。

⑥《元和郡县图志》卷四灵武县条。

⑦《中国文物地图集·宁夏分册·文物单位简介》：兵沟墓群［兴庆区月牙湖乡黄里岗村南1.5公里·汉代·自治区文物保护单位］面积约6000平方米，地面有大小墓冢40余座，呈馒头形。最大的底径16米……保存完整。出土随葬品有铜车马具和陶壶、仓、灶等。

隋文帝在中国历史上的贡献

中国历史上有400多位皇帝。谁的贡献最大，众说纷纭。史学界意见比较集中的有4位：秦始皇，功在统一，不但统一了六国，还统一了文字、度量衡、货币、车辆轨距等；汉武帝，开疆拓边，不但击败匈奴，还收复河西、岭南，派张骞远通西域开辟丝绸之路；唐太宗，创建"贞观之治"的社会治理典范，为"盛唐"成为世界强国奠定了基础；康熙，巩固疆土强国富民，收复台湾，平定分裂，为"康乾盛世"奠定了基础。

但我认为，还应增加一位，即隋文帝杨坚。他在位24年，结束了西晋之后300多年的分裂、战乱；改革吏治，创立三省六部制；改革行政建制，裁郡减县，创立科举制度，形成人才选拔机制；发展经济，轻征薄赋，使全国人口登上中国历史的第一个高峰。其中的中央政府"六部制"及科举制度，一直使用到封建社会被推翻。可以这样说，隋文帝的贡献，功在锐意改革。

隋文帝杨坚（541—604年），弘农郡华阴（今陕西省华阴市）人，隋朝开国皇帝，开皇元年（581年）至仁寿四年（604年）在位。其父杨忠是西魏和北周的军事将领，北周武帝时封为隋国公，杨坚承袭父爵。北周宣帝继位，以杨坚为上柱国、大司马、左丞相，位高权重，已实际掌控朝政。大定元年（581年），北周静帝禅让，杨坚以篡位方式夺取政权，虽经改朝换代，但百姓未受战乱影响。

一、轻徭薄赋，促进社会经济发展

隋朝实行均田制，百姓受田标准与北齐相同，只是把丁男的受田年龄从18岁改为21岁，每丁受田80亩，至66岁退田；妇人受田40亩；耕牛每头受田60亩，每户限4头；每户另受桑田或麻田20亩。一个5口之家，如老父不超过65岁，再有2头耕牛，可受田320亩。如果只有一丁一妻，再有一牛，可受田200亩。隋朝人口高峰时，平均每户受田500余亩。①

隋实行租庸调法。租，即朝廷按丁授田，受田者以粮纳租，每一对夫妇称一床，每年纳租粟3石，比北周的5石减少40%；无偶之丁减半，老、幼、寡免租。庸就是服劳役。开皇三年（583年）正月，杨坚推行新政，削减百姓的"庸""调"负担，将"丁"的年龄范围，从北周的18—65岁，改为21—60岁，一生少服8年劳役，减少1/6。北周时，每丁每年要服劳役30天，隋改为20天，又减少1/3。调是征实物。北周时，养蚕造丝的南方征调绢1匹（4丈）、绵8两，北方征调布1匹（4丈）、麻10斤。隋减为绢、布各2丈，南方调绵3两，北方调麻3斤，减少一半还多。②这些措施，大大减轻了民众负担。

历代王朝，都把盐税作为财政收入的重要来源，将盐池、盐井收归国有，严禁百姓开采。开皇三年正月，为了不与民间争利，隋文帝下令取消原来的禁令和对盐、酒的征税，允许百姓开采池盐、井盐。新令一下，"远近大悦"。③

以上这些措施，大幅减轻了民间负担，也刺激了社会经济的发展。在古代，经济发展最重要的指标是户口数量。《隋书·地理志》记载，开皇元年（581年），全国户口462万户，人口约2300万人。到隋炀帝大业五年（609年），达到890.75万户4602万人，而耕地增加一倍半。唐朝经济发展的鼎盛时称"开元盛世"。开元二十八年（740年），全国户口841.29万户，人口4814.37

万人。④二者相差无几，但唐朝达到这个水平用了 123 年，而隋朝只用了 28 年。更何况，隋朝的版图，比唐朝要小，所统计的户籍人口，既不包括今新疆地区，也不包括今黑龙江、吉林和辽宁的大部。唐朝人口的最高峰，按杜佑《通典》统计，为天宝十四载（755 年），全国共 8914709 户 52919309 人，平均每户 5.94 人。与隋大业五年相较，户口持平，户型增大，总人口多出 600 余万。如果把统计州、县改为相同，隋、唐人口高峰的水平基本一致。

二、撤郡并县，改革行政建制

开皇三年（583 年）四月，隋文帝推行第二项新政，改州、郡、县三级建制为州管县两级。隋立国的前两年，沿用北周的行政建制，为州、郡、县三级，全国郡县林立，"百室之邑，便立州名，三户之民，空张郡目"⑤。全国共设州 211、郡 508、县 1124。导致的后果是冗官吏卒，民少官多，资费日增，百姓负担沉重。隋文帝意识到问题的严重，下令废除郡级建制，实行州、县两级制。又将县级建制或撤或并，减少约一半。北周的一个中等郡，有官、吏 246 人，差承、杂役、士卒 300 余人。废除 508 个郡，裁员 25 万余人。一个中等县，过去也有 100 多人吃"皇粮"。裁掉 500 多个县，又省去一大笔开支。撤郡并县，减少了行政管理层次，提高了办事效率，更重要的是减轻财政负担，为轻敛薄赋奠定了基础。开皇九年（589 年）二月，又完善基层的乡里制度，规定 500 户以上为乡，设乡正 1 人；100 户为里，设里正 1 人。

三、兴兵灭陈，实现全国统一

自西晋后期，中国出现五胡十六国及南北朝对峙局面，分裂割据，战乱不息，百姓处于水深火热中，历时 300 余年。隋文帝统一黄河流域后，于开皇七年（587 年）九月灭掉江陵的西梁萧氏政权。开皇八年（588 年），以晋王杨广出六合、杨俊出襄阳、杨素带领水军出永安，共52万大军伐陈。是年十二月，杨素沿长江击破陈的沿江守军，顺流而东。次年正月攻入建康，生擒陈主陈叔宝，长江流域各地望风而降，唯岭南地区有冼夫人保境据守。开皇十年（590年）八月，隋派使臣韦洸等安抚岭南，冼夫人率众迎接隋使，岭南诸州悉为隋地。至此，实现天下一统，结束了300年分裂战乱局面。

四、创六部制，改革中央机构

秦始皇统一全国实行中央集权制后，各个王朝对中央的政权管理机构不尽一致，并无定规。秦朝实行三公九卿制，又设内史，在少府下设尚书。东汉时称尚书台。中书省和门下省形成于三国时，目的在于分割和限制尚书省的权力。北魏实行三公、三师、二大（大将军、大司马）、丞相制。

隋文帝登基后，在中央确立三省六部制，即皇帝之下设中书省、尚书省和门下省。中书省负责起草政令，门下省负责审核政令，尚书省负责执行。

尚书省是最高政务机构，"事无不总"。置尚书令及左右仆射各一人。在尚书省之下，设立吏、户、礼、兵、刑、工六部。吏部，掌管全国官吏的任免、考核、升降；户部，掌管全国的土地、户籍以及赋税等财政收支；礼部，掌管祭祀、礼仪和外交事务；兵部，掌管武官的选拔和兵籍、征兵出兵、军械等；刑部，掌管全国的刑律、断狱；工部，掌管各种工程、工匠、水利、交通等。各部的最高行政长官称尚书，其下有侍郎、郎中、主事等职官。隋文帝创立的中央机构"六部"制，分工明确，组织严密，加强了中央集权，成为后代封建国家中央政权的固定制度，一直实行到清朝晚期，长达1300多年。

五、创科举制，建立人才选拔机制

《新唐书·选举志》专记科举制度，开篇曰："唐制，取士之科，多因隋旧"。

开皇七年（587年）正月，隋文帝正式设立分科考试制度，取代九品中正制，自此选官不问门第。设国学、州县学。科举制度初期实行诸州岁贡，规定各州每年向中央选送贡生3人，参加秀才、明经科的考试。国子学的生员，最多达千人。仁寿元年（601年）七月改为太学，定学生人数70人。后来，隋文帝又下令，京官五品以上，地方官刺史，要由有德有才的举人担当。这种选拔政府官员的制度，使各个阶层有才华的人都有机会为政府效力。606年隋炀帝增设进士科。当时秀才试方略，明经试经术，进士试时务策，形成一套完整的国家分科选才制度。

《隋书·儒林列传》称赞隋文帝创立的科举制度说："于是四海九州强学待问之士靡不毕集焉。天子乃整万乘，率百僚，遵问道之仪，观释奠之礼……于是超擢奇秀，厚赏诸儒，京邑达乎四方，皆启黉校。齐、鲁、赵、魏，学者尤多，负笈追师，不远千里，讲诵之声，道路不绝。中州儒雅之盛，自汉、魏以来，一时而已"。

杨坚开创建立的科举制度，在中国历史上施行长达1300多年，直到清朝末年才废除。

隋文帝除以上五大功绩，还有勤于政事、节约俭朴等优点为史家所推崇。司马光在《资治通鉴》中评价隋文帝："令行禁止，勤于政事。每旦听朝，日昃忘倦。虽啬于财，至于赏赐有功，即无所爱；将士战没，必加优赏，仍遣使者劳问其家。爱养百姓，劝课农桑，轻徭薄赋。其自奉养，务为俭素，乘舆御物，故弊者随令补用；自非享宴，所食不过一肉；后宫皆服浣濯之衣。天下化之，开皇、仁寿之间，丈夫率衣绢布，不服绫绮，装戴不过铜铁骨角，无金玉之饰。故衣食滋殖，仓库盈溢。受禅之初，民户不满四百万，末年，逾八百九十万"。范文澜在《中国通史》中评价："隋文帝主要的功绩，在于统一全国后，实行各种巩固统一的措施，使连续三百年的战事得以停止，全国安宁，南北民众获得休息，社会呈现空前的繁荣。秦始皇创秦制，为汉以后各朝所沿袭，隋文帝创隋制，为唐以后各朝所遵循，秦、隋两朝都有巨大的贡献，不能因为历史短促，忽视它们在历史上的作用。隋文帝在力求巩固国家统一的方针下，行政，定制度，对待敌国等方面，都取得了成就，西晋以来将近三百年的动乱，到隋文帝时，确实稳定下来了。"

而隋文帝最大的错误是：晚年重用佞臣，听信谗言，杀太子杨勇，错选杨广为接班人，给隋朝的灭亡种下祸根。但总体看，他执政的功绩"名垂青史"，应当列为中国历史上贡献大的皇帝之一。

注释

①《通典》卷二记载：开皇九年，耕垦田一千九百四十万四千二百六十七顷，户口八百九十万七千五百三十六。按定垦之数，每户合垦田二顷有余，即平均每户200多亩。另：《隋书·食货志》说，实际至大业中，天下垦田五千五百八十五万四千四十顷，有户八百九十万七千五百三十六，则每户五顷多。

②《隋书·食货志》卷二十四，中华书局，1973年，第680、681页。

③《隋书·食货志》卷二十四，中华书局，1973年，第681页。

④《新唐书·地理志》卷三十七，中华书局，1975年，第960页。

⑤《北齐书·文宣帝纪》卷四。参见王仲荦：《北周地理志·序言》，中华书局，1980年，第3页。

突厥的起源

（原载《宁夏文史》2023 年第 3 期）

突厥，是中国古代继匈奴、鲜卑、柔然之后又一个强大的北方游牧民族，形成于 5 世纪中期，552 年建立突厥汗国。555 年灭柔然，西破嚈哒国，东驱契丹，北吞契骨，其境土东自辽东半岛临海，西跨中亚至西海（咸海），南北跨大漠五六千里。有独立的突厥语和文字，到隋朝建立时，有劲骑 40 万，成为中原王朝的劲敌。此后分裂为东突厥、西突厥。唐贞观四年（630 年）东突厥亡，唐高宗时又形成后突厥。至天宝四载（745 年），后突厥灭亡。突厥从兴起到灭亡近 200 年，对中国历史影响亦不小。本文要探讨的，是突厥在南北朝时期 100 多年的历史，包括起源、兴起到强盛的历程。

一、关于突厥起源的错误说法

对突厥的起源，正史出现三种法。

一说为匈奴人与狼繁衍之"别种"，载于《周书·异域下》卷五十《突厥传》。原文是：

突厥者，盖匈奴之别种，姓阿史那氏。别为部落。后为邻国所破，尽灭其族。有一儿,年且十岁,兵人见其小,不忍杀之,乃刖其足,弃草泽中。有牝狼以肉饲之。及长,与狼合,遂有孕焉。彼王闻此儿尚在,重遣杀之。使者见狼在侧,并欲杀狼。狼遂逃于高昌国之北山。山有洞穴,穴内有平壤茂草,周回数百里,四面俱山。狼匿其中,遂生十男。十男长大,外讬妻孕,其后各有一姓,阿史那即一也。子孙蕃育,渐至数百家。经数世,相与出穴,臣于茹茹。居金山之阳,为茹茹铁工。金山形似兜鍪,其俗谓兜鍪为"突厥",遂因以为号焉。

这段记载,先说突厥的族源是匈奴,倒也没有错误,因为中国北方的很多游牧民族,都与匈奴有关。最后两句说形成一个民族后世居金山之南,为茹茹(柔然)族铁工。金山(今阿尔泰山)形似兜鍪(头盔),其俗称兜鍪为"突厥",各种史籍也多为采信。但是,中间多数文字,是说匈奴的一个十岁小儿,被剁掉双足弃于草泽中。一头母狼捕兽肉将其饲养大,成年后与母狼交配,母狼怀孕,又生下十个男孩,其中的一个姓阿史那,子孙繁育至数百家,形成一个民族。这种说法,既无事实根据,也不科学。

第二种说法,突厥出于索国的"狼种",同样出自《周书·异域下》。原文是:

或云突厥之先出于索国,在匈奴之北。其部落大人曰阿谤步,兄弟十七人。其一曰伊质泥师都,狼所生也。谤步等性并愚痴,国遂被灭。泥师都既别感异气,能征召风雨。娶二妻,云是夏神、冬神之女也。一孕而生四男。其一变为白鸿;其一国于阿辅水、剑水之间,号为契骨;其一国于处折水;其一居践斯处折施山,即其大儿也。山上仍有阿谤步种类,并多寒露。大儿为出火温养之,咸得全济。遂共奉大儿为主,号为突厥,即讷都六设也。讷都六有十妻,所生子皆以母族为姓,阿史那是其小妻之子也。讷都六死,十母子内欲择立一人，乃相率于大树下，共为约曰，向树跳跃，能最高者，即推立之。阿史那子年幼而跳最高者，诸子遂奉以为主，号阿贤设。此说虽殊，然终狼种也。

这种说法认为"突厥之先出于索国，在匈奴之北"。匈奴之北那么广袤，这个索国到底在哪里，其他史籍再无记载。随后的大段文字，说突厥部落大人阿谤步，有兄弟17人，大多愚痴，所统部落都被兼并。只有一个叫伊质泥师都的，是狼所生，不但聪慧，还能征召风雨。伊质泥师都娶二妻，是夏神、冬神之女，一孕生四男，共奉长兄为主，号为突厥。

以上两说，把突厥族的起源归结为"终狼种也"。古代很多北方游牧民族以狼为图腾，牙帐门前都建狼头纛，还留下关于狼的诸多神话传说，"狼种"是其一。传说并非史实，更无科学根据，而把一个民族说成是"狼种"，显然是封建史学家笔下的糟粕。对此，应持批判态度，更不能采信。

二、突厥由平凉郡的多个民族融合而成

应该采信的是第三种说法："突厥之先，平凉杂胡也"。《隋书·突厥传》开篇就是这句定语，其后才收录"狼种"传说中的第一种说法。[①]

《旧唐书·突厥传》不写突厥的起源，只说"《隋书》载之备矣"，当是完全赞同"平凉杂胡"一说。《新唐书·突厥传》只言"突厥阿史那氏，盖古匈奴北部也。居金山之阳，臣于蠕蠕，种裔繁衍"，也未使用"狼种"之说。

这里要首先搞清"平凉"这个地名。有人理解为今甘肃省平凉地区，即北周、隋唐的平凉县。一县之地，怎能孕育一个强大的民族？《隋书》的主编是唐朝名臣魏徵，他笔下的"平凉"，是指隋朝行政建制中的平凉郡。《隋书·地理志》卷二十九："平凉郡，旧置原州，后周置总管府，大业初府废。

统县五，户二万七千九百九十五。平高、百泉、平凉、会宁、默亭"。隋朝的平凉郡，即北魏的高平镇、北周的原州，治今宁夏固原市原州区，辖宁夏南部山区及甘肃平凉市，即当时的陇山北段周边地区。而平凉郡所辖平凉县，则在今甘肃省平凉市的市区及周边。

再说"杂胡"。在北魏时期，陇山地区属多民族杂处之地，汉族之外，还有鲜卑、敕勒、匈奴、高车、柔然等北方游牧民族，统称"杂胡"。如北魏后期的高平农民起义，发起人赫连恩是匈奴族。正光五年（524年），敕勒族人胡琛被高平镇（今宁夏固原市）各族拥立为高平王，起义军势力逐渐强大，北攻灵州，南下泾州。后胡琛死，继任者万俟丑奴是鲜卑族（一说为匈奴族）人。北魏建义元年（528年）七月，万俟丑奴在高平自称天子，置文武百官。正赶上波斯国向北魏朝廷进献异兽狮子，路过高平镇，丑奴便将其截留下来，以之为祥瑞，于是置百官，定年号为"神兽"。②这些民族长期共处，甚至互相通婚，还与农耕文化交融，掌握铁器锻造技术，形成一个新的民族，即突厥族。其中最强盛的阿史那氏，在魏太武帝拓跋焘执政时以五百家北奔茹茹，世居金山，工于铁器制作。金山状如兜鍪，俗呼兜鍪为"突厥"。

综上所述，追溯突厥的起源，应以《隋书》为准，即北魏初期，由陇山北段周边（今宁夏六盘山区及甘肃平凉市）的多个游牧民族融合而成。后来迁至金山，发展壮大，形成突厥族。

三、突厥在漠北的兴起

按《隋书》记载，突厥兴起于北魏太武帝拓跋焘时期，大约在太延二年（436年）置高平镇（后改原州，即今固原市）之前。此前，北魏在高平消灭了匈奴人所建赫连夏政权的残余势力赫连定。阿史那也属匈奴后裔，遂率五百家北逃至柔然境内，居金山（阿尔泰山）洞穴中，世为铁工。后有阿贤设（设，突厥可汗之下的官名），率部落走出金山洞穴，臣服于柔然。此时，北方最强大的游牧民族是柔然（亦作茹茹、蠕蠕），控制整个漠北到新疆的伊吾。

突厥至大叶护时，已经强大起来。546年，突厥首领土门率兵击铁勒，大败之，收复降众五万余帐，变得更加强盛，遂求婚于柔然。柔然主阿那瓌大怒，遣使骂之，双方结下仇恨。552年春正月，土门率兵攻柔然，大破于怀荒（北魏军镇名，在今河北省张北县）北。柔然头兵可汗阿那瓌自杀，其弟登注俟利等率余众投奔北齐。土门遂自号伊利可汗③，是突厥的第一位可汗，也是突厥汗国建立的标志。

553年土门可汗卒，其子科罗立，号乙息记可汗，为与北魏政权交好，遣使献马五万匹。与此同时，乙息记又率兵攻击柔然新立的邓叔子可汗，大破于沃野（北魏军镇名，在今内蒙古伊克昭盟杭锦旗南）北木赖山。是年乙息记可汗卒，舍其子摄图，而立其弟俟斤，号木杆可汗。木杆状貌奇异，性刚勇，多智略，善用兵，威震四邻。④555年，木杆再击柔然，灭其国。又西破嚈哒（中亚强国），东驱契丹，北吞契骨（在今叶尼塞河流域）。其境土东自辽海西，至西海，南北跨大漠五六千里。⑤木杆在突厥中实行三可汗制，563年，除木杆为大可汗，还有地头、步离可汗。

568年，木杆可汗送其女与北周联姻。至长安，周武帝宇文邕行亲迎之礼。

北周建德元年（572年），木杆可汗病死，在位20年。他没有把权位交给儿子大逻便，而是立其弟他钵为可汗。他钵仍实行三可汗制，以摄图为尔伏可汗，统其东面；以其弟之子为步离可汗，居西面。北周灭齐，齐定州刺史、范阳王高绍义投奔突厥。577年，他钵公然立绍义为齐帝，召集所部，声言为之复仇。大象元年（579年），他钵请求和亲。北周宣帝册封赵王招女为千金公主嫁之。

在木杆和他钵的治理下，突厥强盛起来，常有凌侵中原之志，不把北周和北齐政权放在眼里。北周为笼络突厥，每年赐给丝绸十万段，对经常逗留京师的上千名突厥人，均待以优礼，供给衣锦酒肉。北齐惧其寇掠，更是"倾府藏以给之"。他钵甚至骄横地对部属说："但使我在南两个儿孝顺，何忧无物邪。"⑥

隋立国之年（581年）十二月，突厥他钵可汗病死，在位10年。摄图继任可汗，号沙钵略可汗，居郁都斤山。此时突厥已有控弦之士40万，成为隋朝劲敌。

分析突厥迅速强盛的原因，主要有：一是占天时。公元535—580年，黄河流域先后分裂为东魏、西魏和北齐、北周政权，相互攻伐，争战不休，无力北顾。突厥即于此间在漠北兴起、强盛起来。二是求人和。数十年间，突厥内部团结，没有发生过内乱。每位可汗去世，都未采取世袭制度，而是选贤任能，选上的不排除异己，未选上的也能听从调遣。三是重文化。在民族形成进程中，与汉族的农耕文化融合，不但学会了铁器锻造技术，种植粮食，还创造了本民族的语言、文字。四是讲策略，在与各个政权的交往中，避强攻弱，不与最强的中原朝廷争锋。

四、突厥的风俗

突厥的风俗与匈奴等北方游牧民族大同小异，事畜牧，随逐水草，居无恒所。"穹庐毡帐，被发左衽，食肉饮酪，身衣裘褐，贱老贵壮。"⑦设三可汗，甚至四可汗，其中一个为大可汗，常择优而立。其余可汗分领各地，其下有叶护、设、特勤、俟利发、吐屯发等职官，多达28个等级，都为世袭。善骑射，常用兵器有角弓、鸣镝、甲、槊、刀、剑。有突厥语和文字。谋反、杀人者皆处死，淫者先割掉生殖器再杀死。争斗伤人眼者，要将女儿作为赔偿，无女儿则送妻妇或财产。偷盗者按赃物之数十倍偿还。葬俗较为特殊，停尸帐中，家人亲属多杀牛马而祭，以刀划面，血泪交下，绕帐号呼，七度而止，然后择日置尸马上而焚之，取灰而葬。表木为茔，立屋其中，图画死者形仪及其生时所经战阵之状。常待月亮将圆，结队四出抄掠，杀一人，则竖立一石。父、兄死后，其子、弟可以续继母、兄嫂为妻。五月中，族人聚会，杀羊马祭天，男子好樗蒲，女子踏鞠，饮马酪取醉，歌呼相对。敬鬼神，信巫觋，重战死而耻于病终。

但突厥终属游牧民族，生产力低下，想要强大就需要更多的资源，尤其是大面积旱灾年份，想要求得生存，就要通过掠夺，取得牛、马、羊"六畜"及粮食。在南北朝时期，大规模南下掳掠的情况极少，到隋唐时，因人口逐渐增加，掳掠的次数增多，规模也更大。

注释

① 《隋书》卷八十四《突厥传》，中华书局，1973年，第182页。《北史》卷九十九《突厥传》，中华书局，1974年。收录了全部三种说法。其中，将"平凉杂胡"排列在第二位。

② 此事在《魏书》《北史》均有多处记载。《洛阳伽蓝记》卷五对此事记载甚详。《资治通鉴》系在北魏建义元年（528年）。

③ 《资治通鉴》卷一六四，第5077页。

④ 《资治通鉴》卷一六五，5097页。

⑤ 《资治通鉴》卷一六六，第5140页；《北史·突厥传》卷九十九，中华书局，1974年，第3287页。

⑥ 《周书·突厥传》卷五十，中华书局，1971年，第911页。

⑦ 《隋书·突厥传》卷八十四，中华书局，1973年，第1864页。

唐初的灵州道行军大总管与朔方军

(原载《宁夏文史》2023年第4期)

唐初，灵州地处北边，十多年间，一直是唐朝与突厥交战的军事前沿阵地。灭东突厥后，又与薛延陀对峙十余年。延载元年（694年）至开元三年（715年），在默啜统治下，东突厥死灰复燃，史称后突厥，战火又延续了近20年。这120多年间，兵之戍边者，大的叫军，小的叫守捉、城、镇，而总称为道。全国共设平卢、范阳、河东、关内、河西、北庭、安西、陇右、剑南、岭南、江南、河南共十二道。宁夏戍边之兵都属关内道，辖九军、六城、一守捉，即朔方经略军（驻灵州城）、丰安军（今中宁县老石空堡）、定远军（今平罗姚伏）、新昌军（今平罗县东北）、天柱军（待考）、宥州经略军（驻老宥州，今内蒙古乌审召旗城川古城）、横塞军（待考）、天德军（今内蒙古包头西北）、天安军（待考）；东、中、西三受降城（皆在今内蒙古中部黄河北岸）、丰宁城（今中宁石空）、保宁城（待考）、乌延城（陕西靖边县南境）；新泉守捉（甘肃靖远县北）。其军、城、镇、守捉皆置使，每个道都派大将一人，称大总管。[①]有重大战役时，派一员大将统率驻军出征，称灵州道、灵武道或朔方道行军大总管。后来去掉"行军"二字，改称朔方军大总管，有稳定的驻军，为后来朔方节度使的成立奠定了基础。

一、贞观年间的灵州道行军大总管

唐太宗时,把统领部队行军征讨的主帅称"行军大总管",把管理本道的主将称"大都督"。

由于灵州面对的是突厥、回纥等强悍游牧民族,既是关内道的屏障,又是京畿捍蔽,所以派名臣猛将镇守,也经常在大的战役中另派大将担任行军大总管。据不完全统计,曾担任灵州道(或称灵武道、朔方道)行军大总管的有李道宗、李靖、李大亮、薛怀义、契苾明、王孝杰、魏元忠、宗楚客、姚崇(姚元之)、沙吒忠义、张仁愿、唐休璟、解琬、郭元振、赵彦昭、王晙、薛讷、韦抗等。

灵州道行军大总管经历了很多大的战事:

武德九年(626年),突厥寇边,征李靖为灵州道行军总管,败之于硖石(今青铜峡峡口)。②

贞观元年(627年),唐太宗部署击突厥战事,以任城王李道宗为灵州都督。三年,李道宗率灵州兵马北出大同(包头市西北)道,为行军总管,实际是灵州道行军总管,与东路的李靖夹击突厥。李道宗战功显赫,灭东突厥,俘获颉利可汗,赐封六百户,迁任刑部尚书。③

贞观十五年(641年)十一月,薛延陀之子大度设以八万骑进攻唐朝扶持的突厥新首领李思摩。李世民诏李勣为朔州道行军总管,④右卫大将军李大亮为灵州道行军总管,将兵四万,骑五千,屯灵州共3年。

贞观十九年(645年),复任李道宗为灵州道行军大总管,深入漠北,直捣薛延陀牙帐,斩首千余级,逐北200里,一举灭掉薛延陀。

此后50年,关内道北面无战事,故少任行军道大总管。

二、武周时的朔方道、灵武道行军大总管

武则天当政时期，后突厥在默啜统治下兴起，不断经灵州南下掳掠。二十多年间，战事频繁，任朔方道、灵武道行军大总管之职者也经常变更：

天册万岁元年（695年），以王孝杰为朔方道行军大总管。

久视二年（701年）五月，以魏元忠为灵武道行军大总管。

长安四年（704年）九月，以姚崇任灵武道行军大总管。姚崇（651—721年），字元之，陕州硖石（今河南陕县）人，是唐代著名政治家，历仕则天、中宗、睿宗、玄宗四朝，两次为宰相。

神龙二年（706年），以契丹人沙吒忠义任灵武道行军大总管。当年十二月，默啜率兵南下至鸣沙县（今中宁鸣沙镇），沙吒忠义领兵阻击。见形势不利，沙吒忠义先逃，唐军大败，《旧唐书·中宗纪》记载"死者三万"。突厥兵突破唐军防线，长驱直入原、会等州，掳劫陇右监牧（驻原州）的良马万余匹后，才收兵北退。

三、朔方军的常设

延载元年（694年）二月，武则天任命僧人薛怀义为伐逆道行军大总管，领曹仁师、沙吒忠义等十八将击默啜。三月，默啜率众寇灵州，杀掠吏人。武则天又以薛怀义为朔方道行军大总管，昭德为朔方道行军长史，味道为司马，率兵出灵州御突厥。[5]这是"朔方"作为军事机构冠名之首次出现，但只是一路大军的指挥机构，并非常设。这里的"朔方"，显然是指唐京畿的北方，也就是关内道的北部。中央民族大学李鸿宾在所著《唐朝朔方军研究》中认为，"延载元年朔方道行军大总管的出现，是朔方军确立的开始"。[6]

景龙元年（707年），以御史大夫张仁愿代理朔方军大总管。将"朔方道"

改名为"朔方军",说明在灵州已常驻军队,而不是战时调集,这给后来朔方节度使的设置奠定了基础。张仁愿(?—714年),本名仁亶,华州下邽(今陕西渭南市)人,唐朝名将。当时,默啜在鸣沙(唐县,治今中宁县鸣沙镇)大败唐军,并南下陇右监牧抢劫牧马。张仁愿到灵州时,突厥兵正在撤退。张仁愿引兵踵击,夜袭其营,取得大捷。以前,朔方军与突厥在今内蒙古包头、五原一线以黄河为界。河北岸有拂云祠,突厥每犯边,必先到祠祷告,然后发兵。景龙二年(708年),张仁愿探知默啜已将兵力西调,于是尽发朔方兵,乘虚攻取漠南之地,于黄河之北筑东、中、西三受降城,断绝突厥南寇之路。又上表请求留下当年服役期满的士兵,参加筑城。其中有咸阳兵二百人偷逃,张仁愿派兵捕获,尽斩于城下,军中股栗,人人尽力,六旬而三城筑就。以拂云祠为中城,在夏州正北;西城在灵州正北;东城在榆林正北。三城之间,各相距四百余里,北面则都是沙漠。又沿黄河外侧筑烽堠一千八百所。张仁愿用一年时间,构筑起关内道北边防御的系统工程,包括城障、烽燧、哨所。从此,突厥不敢逾阴山牧马,灵、夏、盐、原等州再无烽警,"岁损费亿计,减镇兵数万"[7]。此时朔方军的兵力有多少?李华的《韩国公张仁愿庙碑铭》说为"介胄之士,垂十万人"[8]。景云二年七月,解琬任朔方军大总管,他考察后上奏说,可减兵十万人。[9]后来,朔方军的实际编制为六万多人。这些记载表明,朔方军的总兵力因时而异,在十万至十六万。

　　景云元年(710年),唐休璟任朔方军大总管,以防御突厥。唐休璟(627—712年),本名唐璿,京兆始平人,唐朝名将,曾在丰州、凉州等边镇任军职,谙练边事,屡胜吐蕃。后四任宰相。永淳中(683年),突厥包围丰州,都督崔智辩战死,朝廷议弃丰州保灵、夏州。唐休璟以为不可,上疏曰:"丰州控河遏寇,号为襟带,自秦、汉以来,常郡县之。土田良美,宜耕牧。隋季丧乱,不能坚守,乃迁就宁、庆,戎羯得以乘利而交侵,始以灵、夏为边。唐初,募人以实之,西北一隅得以完固。今而废之,则河傍地复为贼有,而灵、夏亦不足自安,非国家利也。"唐高宗采纳了他的意见。垂拱年间(685—

688年），唐休璟任灵州都督。神龙元年（705年）加封辅国大将军，升尚书右仆射。[10]景云二年七月，以解琬任朔方大总管至次年六月。

先天元年（712年）六月，以郭元振任朔方军大总管。郭为名将，在任的主要业绩是筑丰安（今中宁县老石空堡）、定远（今平罗县姚伏镇）两座军城，使兵得保顿。次年，任兵部尚书同中书门下三品。[11]

开元二年（714年）二月至次年九月，以王晙任朔方道行军大总管。开元四年十月，复任朔方道行军大总管至开元八年六月。

开元三年（715年）十月，以薛讷任朔方道行军大总管。

开元八年六月，王晙第三次任朔方道行军大总管，也是最后一任。开元九年，朔方节度使成立，此后再无行军大总管一职。

注释

[1]《新唐书·兵志》卷五十，中华书局，1975年，第1329页。

[2]《旧唐书·李靖传》卷六十七，中华书局，1975年，第2478页。

[3]《新唐书·李道宗传》卷七十八，中华书局，1975年，第3514页。

[4]《新唐书·李勣传》卷九十三，第3819页为"朔方道行军总管"。查《新唐书·太宗纪》第41页、《新唐书·回鹘下》第6135页及《资治通鉴》，均为"朔州道行军总管"。

[5]《资治通鉴》卷二〇五，中华书局，1956年，第6494页。

[6] 李鸿宾：《唐朝朔方军研究——兼论唐廷与西北诸族的关系及其演变》，吉林人民出版社，2000年，第10页。

[7]《新唐书·张仁愿传》卷一一一，中华书局，1975年，第4152页。

[8]《全唐文》卷三一八，第1426、1427页。

[9]《资治通鉴》卷二一〇，中华书局，1956年，第6666页。

[10]《新唐书·唐休璟传》卷一一一，中华书局，1975年，第4150页。

[11]《新唐书·郭元振传》卷一二二，中华书局，1975年，第4365页。

盛唐时的朔方节度使

唐朝的开元、天宝年间，国强民富，史称"开天盛世"，亦称盛唐时期。此间，在军事上的重大举措是在缘边地区设立节度使。其中的朔方节度使驻灵州，在天宝末年有盛兵十余万、战马三万多，可谓兵强马壮，是唐肃宗灵武登基、收复长安及洛阳"两京"的主要力量。

一、朔方节度使的成立

唐高宗登基后，凡大都督带使持节者，始称节度使，但未正式列入职官序列。景龙元年（707年），将朔方道行军大总管改为"朔方军大总管"，去掉"道"和"行"二字，有了"朔方军"的称谓，成为常驻戍边军队。这是向"朔方节度使"的过渡阶段。

唐睿宗景云二年（711年），始以贺拔延嗣为河西节度使，驻凉州。随后到天宝初年，又在边境地区设9个节度使，其中包括设在灵州的朔方节度使。这是唐朝在军事上的一项重大改革。节度使又称军镇、节镇，相当于今天的大军区。节度使之下设副大使知节度事、行军司马、副使、判官、支使、掌书记、推官、巡官、衙推各一人，同节度副使十人，馆驿巡官四人，府院法直官、要籍、逐要亲事各一人。[①]节度使授职时赐给双旌双节，总揽防区的军、民、财政，有诛杀大权，辖区内的各州刺史均为其下属。

史籍对朔方节度使的始置时间，有多种记载。《新唐书·方镇表一》列在开元九年。《资治通鉴》记在开元九年（721年）："是岁……置朔方节度使，领单于都护府，夏、盐等六州，定远、丰安二军，三受降城。"[②]《唐会要》为："朔方节度使。开元元年十月六日敕：朔方行军大总管，宜准诸道例，改为朔方节度使。"[③]对照其他史籍，《唐会要》的"开元元年"，显然是"开元九年"之笔误。因此，李鸿宾先生认为，朔方节度使的设置时间，应为开元九年十月六日。[④]首任朔方节度使是谁，史籍缺载。《资治通鉴》记，开元十年四月己亥（二十九日），以张说兼知朔方节度使。[⑤]此前的半年中，节度使一职不能空缺。它既然是在朔方行军大总管基础上成立的，首任节度使很可能是王晙。他在开元九年九月仍为朔方行军大总管，率朔方兵平定六胡州叛乱。后因叛乱再起，被贬为梓州刺史。这次被贬，责任在郭知运，本来就是一桩冤案。胡三省注《资治通鉴》认为，王晙虽被贬官，但"未必离任"。因为在开元十一年夏，王晙复职，《旧唐书·王晙传》的表述是"代张说为兵部尚书……仍充朔军节度大使"。

　　张说上任后，首先彻底平定了六胡州的叛乱，生擒首领康愿子。接着，又上奏朝廷，将全国60万边兵裁减20万还农，另招募强勇13万分补诸卫，以加强京师防卫。

　　此时的灵州，尚未升为大都督府，朝廷为什么把重要的节度使设在此地呢？综合当代学术界的观点，其原因有四：第一，灵州在关中的正北方（即朔方），距都城长安仅1200百余里，交通便利，无高山险阻及大河阻隔，故与中央的联系较其他北面诸州更为密切。第二，设节度使的任务是"式遏四夷"。隋唐的北方劲敌是突厥、回纥、铁勒、党项等游牧民族，灵州是其南下的要冲。隋唐军队反击，也多为路出灵州。朔方节度使设在此处，可以外御强敌、内捍京畿。第三，灵州地处富庶的河套平原，自秦汉以来引黄河水自流灌溉，田连阡陌，谷稼殷实，有"兵食完富"之誉，可以就地解决数万大军的粮秣需求。第四，灵州交通便利。向南，有经庆州、原州的两条驿道通长安；向北，有千里驿道至弥娥川水入参天可汗道维系漠北；东至夏州、西至凉州，也有驿道。境内的黄河，自北魏以来就有长途水运之利，可行驶30吨左右的木帆船，以很少的人力，即可轻松解决军需、兵员的运输问题。最重要的一条是：此时唐军在关内道北面的防御体系，全部构建在河套地区的黄河外侧，就像一把保护伞，以黄河为天然屏障，"河外六城"是伞面，灵州是伞把，组成进可取、退可守的军事系统工程。

二、朔方节度使的权限

朔方节度使堪称封疆大吏，权力很大，除管理防区军事，还兼管关内道的很多政事：开元十四年（726年），领关内道支度营田使；十五年，兼关内道盐池使；十六年，兼检校浑部落使；二十年，增领押诸蕃部落使及闲厩宫苑监牧使；二十二年，兼关内道采访处置使；二十九年，兼六城水运使；天宝八载（749年），兼陇右兵马使。[6]以上所兼各职中，军事、行政、经济无所不包，尤以关内道采访处置使权力最大，相当于西汉的十三州刺史，负责监察关内道（不含京畿）的州、县官吏，可罢免州刺史、县令，除变革旧制须报请朝廷批准，其余皆可自行处理，先行后奏。

三、朔方军镇的防区与兵力部署

朔方节度使初置时，领单于大都护府及夏、盐、绥、银、丰、胜六州，定远、丰安二军，东、中、西三受降城。开元十年（722年），增领六胡州中的鲁、丽、契三州，二十二年（734年），增领泾、原、宁、庆、陇、鄜、坊、丹、延、会、宥、麟十二州。天宝元年（742年），增领邠州。至此，朔方节度使的防区东至晋、陕间黄河，西至甘肃靖远、景泰，南至陕西黄陵、彬县，北含蒙古国全境。整个关内道，除京兆府和同、华、岐三州，皆属朔方军镇辖区，包括今天的宁夏全境，内蒙古中部、西部，整个河套地区，陕西大部及甘肃陇东地区。

按《元和郡县图志》卷四"灵州"条的记载，朔方节度使所辖七军及兵力部署为：

朔方节度，管兵64708人，马24300匹。

经略军，驻灵州城内，管兵27000人，战马3000匹，既是主力，又是机动部队。

丰安军，万岁通天初（696年）置，为开元八年（720年）之前朔方道九军府之一，驻今中宁县老石空堡，先天元年（712年）朔方大总管郭元振筑城[7]，兵得保顿。管兵8000人，战马1300匹，置营田27屯，垦田1350余顷。

定远军，先天元年（712年）朔方大总管郭元振筑城置军，驻今平罗县姚伏镇东。开元九年（721年）将新昌军并入，管兵7000人，战马3000匹，置营田40屯，垦田2000顷。

东受降城，驻今内蒙古托克托县南，黄河北岸，隔河与胜州相对，管兵7000人，战马1700匹，置营田45屯，垦田2250顷。812年城为黄河所毁，825年在绥远烽南侧构建新城。

中受降城，驻今包头市西敖陶窑子，管兵6000人，战马2000匹，置营田41屯，垦田2050余顷。

西受降城，驻今内蒙古杭锦后旗北乌加河（古黄河）北岸，后两次被黄河冲毁，移筑于今乌拉特中旗乌加河镇奋斗村。管兵7000人，战马1700匹，置营田25屯，垦田1250余顷。

振武军，驻今内蒙古托克托县西北，管兵9000人，战马1600匹。

以上合计，总编制兵力64700人。每年光做军衣需布料200万匹。唐制，一名士兵日食粟米2升，全年7.2石。光军粮供应，每年需47万余石。这只是正常时期的"原额"，实际兵力更多，《旧唐书·郭子仪传》说，开元天宝间，朔方军有战士十万，战马三万。而到战时，实有兵力要超过原额一倍。

记述朔方节度使最详细的史籍是《通典》和《元和郡县图志》。《通典》

成书于唐德宗贞元十七年（801年），《元和郡县图志》终稿于唐宪宗元和年间（806—820年），采用资料大体相同，所记管兵人数是开元九年朔方节度使成立时的原额，统计数字不应有大的错误。《元和郡县图志》所记管兵六万四千七百八人，按后文数字相加，实为六万四千七百人。其中"八"字多余，系后世再版的错误。所以，两书对军丁编制人数的记录很准确。但是对战马的数量，两书却互相矛盾。一是战马总数，《元和郡县图志》记为二万四千三百匹，而《通典》记作"万四千三百"，疑是最前脱漏"二"字。可是，《元和郡县图志》又自相矛盾，在后面所记分布在经略军及6个军城的马匹数，合计才一万四千三百匹，与合计数少一万匹，反而印证了《通典》的记载。其中，灵州城经略军管兵二万七百人，为直属机动部队，战马才三千匹，似乎太少。丰安军驻军人数为八千人，战马才一千三百匹，比驻军七千人的定远军少1700匹战马，似乎也不尽合理。因此，对朔方节度使的战马数，按两说并存处理，即24300匹或14300匹。

四、开元、天宝间的朔方名将

开元、天宝间，有许多名臣猛将担任朔方节度使，如张说、萧嵩、信安王李祎、牛仙客、李光弼、王忠嗣、张齐丘、李林甫、安思顺等，连唐肃宗李亨在刚成年时，也曾担任此职。其中，以张说、王忠嗣最负盛名。

张说（667—730年），字道济，原籍范阳（今河北涿县），世居河东（今山西永济）。举贤良方正，武则天主考策对，张说为第一，授太子校书，曾三度为相，是唐开元盛世的功臣及文坛领袖。54岁时以宰相、兵部尚书身份，兼任朔方节度使。离京时，唐玄宗亲自在望春楼为其赋诗饯行，并命其他大臣吟诗赠别。张说到灵州，在掌握了边兵的实际情况和兵役制度后，于723年向唐玄宗提出两项兵役制度的重大改革：一是削减边兵、加强京师，将60余万边兵中的20万裁减"还农"，在京城诸卫中增加13万卫兵。第二项是将北魏以来长期实行的府兵制改为募兵制,新增的13万卫兵全部为"募勇强士"。唐玄宗对这两项重大改革,最初疑之不决,张说"以阖门百口为保",遂付诸实施。府兵制起源于北魏的鲜卑兵制,时为兵农分离。北周宇文泰、隋文帝杨坚改革为兵农合一。唐承隋制,除灵州等少数边境之州使用番兵番将,内地皆为府兵制,士兵从农户中年满二十岁的丁男中征调,至六十岁免役,其间全家免除杂役,仍是"兵农合一"。《新唐书·兵志》说,府兵"居无事时耕于野,其番上者,宿卫京师而已。若四方有事,则命将以出,事解辄罢,兵散于府,将归于朝"。府兵平时在地方训练,宿卫或战时应召,是轮番更替。改为募兵制后,士兵是招募的,要发给薪饷。张说的建议,对唐代乃至五代、宋朝的军事制度影响极大。唐玄宗开元十年,府兵制已名存实亡,所以《资治通鉴》说:"兵农之分,至此始矣"。[8]到天宝八载(749年),府兵制"名实俱亡",全部改为募兵制。[9]

王晙(653—732年),沧州景城(今河北沧县)人,科举以明经入仕,任殿中侍御史。时逢朔方军元帅魏元忠讨突厥兵败,劾奏副将韩思忠按律当诛。王晙为其力辩,认为只是偏将,既无兵权,则事不由己,且其人勇智可惜。在他力争下,韩思忠得释。景云二年(711年),以鸿胪少卿充任朔方军副大总管,安北大都护府及丰安(中宁县老石空)、定远(平罗县姚伏镇)等城并受其节度,又任太仆少卿、陇右群牧使。开元二年(714年)二月至开元八年九月,曾三次任朔方道行军大总管。开元三年(715年),突厥默啜可汗被拔曳固杀死,朝廷将其降唐部众安置在河套,随即出现叛逃者。王晙上奏书说:

突厥向以国乱,故款塞,与部落无间也。延袤北风,何尝忘之?今徙处河曲,使内伺边衅,久必为患。比者不受要约,兵已屡动,擅作烽区,闭障行李。虏脱南牧,降帐必与连衡,以相应接,表里有敌,虽韩、彭、孙、吴,无所就功。请至农隙,令朔方军大陈兵,召酋豪，告以祸福，啖以金缯，且言南方麋鹿鱼米之饶，并迁置淮右、河南宽乡，给之程粮。虽一时之劳，然不二十年，渐服诸华，料以充兵，则皆劲卒。议者若谓降狄不可以南处，则高丽旧俘置沙漠之西，城傍编夷居青、徐之右，何独降胡不可徙欤？臣复料议者必曰："故事，置于河曲，前日已宁，今无独异。"且往者颉利破亡，边鄙安定，故降户得以久安。今虏未殄灭，此降人皆戚属，固不与往年同已。臣请以三策料之：悉其部落置内地，获精兵之实，闭黠虏之患，此上策也；亭障之下，蕃华参处，广屯戍，为备拟，费甚人劳，下策也；置之朔塞，滋成祸萌，此无策也。不然，前至河冰，且必有变。⑩

奏疏尚未送达，而突厥大批降众已经反叛，朝廷命王晙率并州兵渡河征讨。王晙取间道冒雪而进，大胜，斩首三千，以功升迁左散骑常侍、兵部尚书、朔方行军大总管。开元九年（721年），兰池都督府昭武九姓康待宾率众反叛，攻陷六州。朝廷诏令王晙与郭知运率兵平定。开元十一年（723年），王晙代张说为兵部尚书、同中书门下三品，充朔方军节度大使，河北、河西、陇右、河东之军都由其统帅。是年冬，有人告许州刺史王乔谋反，王晙因沾亲牵连下狱，经审"谋反"之罪属诬告，但仍贬为蕲州刺史。开元十四年（726年），起任户部尚书，复为朔方节度使。开元二十年（732年）八月终于任上，年已79岁。王晙三起三落，执掌朔方军镇帅印10年，史家评价其"气貌伟特，时谓为熊虎相。感慕节义，有古人风。其操下肃一，吏人畏爱"。

王忠嗣（705—749年），初名训，祖籍山西太原祁县，年少时即勇敢自负，成年因赫赫战功升至节度使。天宝四载（745年）二月任朔方节度使，同时兼任河东节度使。他管理军镇，以持重安边为重，常言："太平之将，但当抚恤训练士卒而已，不可疲中国之力以邀功名。"有漆弓150斤，常贮之囊中，以示不用。军中日夜思战，忠嗣派很多侦察兵细探敌情，见有机可乘，然后出兵，"故出必有功。既兼两路节制，自朔方至云中，边陲数千里，要害之地，悉列置城堡，斥地各数百里。边人以为自张仁愿之后，将帅皆不及"。⑪次年春正月，王忠嗣又身兼朔方、河东、河西、陇右四镇节度使。王忠嗣派人在朔方、河东的互市上购马，故意抬高马价。突厥等游牧民族闻讯，争相驱马就市，王忠嗣全部买下。从此，胡马益少，唐兵益壮，并从朔方、河东两镇向陇右、河西调拨军马九千匹。王忠嗣"杖四节控制万里，天下劲兵重镇皆在掌握，与吐蕃战于青海、积石，皆大捷。又讨吐谷浑于墨离军，虏其全部而归"⑫。宰相李林甫以王忠嗣功名日盛，恐危及自身相位，心生忌意。安禄山阴谋不轨，以御寇为名，修筑雄武城，广贮兵器，请王忠嗣派兵支持筑城工程，实际是想留下朔方兵，以壮大势力。王忠嗣先期前往范阳了解实情，安禄山避而不见。王忠嗣见情景异常，不但未派兵支持，还数次密奏朝廷，言安禄山必反。由此，引起李林甫更加不满，顿起歹意。王忠嗣见朝廷不表态，于天宝四载辞去河东、朔方两个节度使职务。但李林甫仍不罢休，暗使人诬告"忠嗣尝养宫中，云吾欲奉太子"。唐玄宗大怒，召三司讯验，定为死罪，经哥舒翰力争，才贬为汉阳太守，不久卒于汉东郡，年仅44岁。王忠嗣是开元、天宝间的名将，威震四方，而且在政治上心明眼亮，在武将中极其少见。但晚年的唐玄宗，重用奸臣，偏信谗言，致使一代名将遭受迫害。《新唐书》的评价是："以忠嗣之才，战必破，攻必克，策石堡之得不当所亡，高马直以空虏资，论禄山乱有萌，可谓深谋矣。然不能自免于谗，卒死放地。自古忠贤，工谋于国则拙于身，多矣，可胜咤哉！"⑬

牛仙客（675—742年），泾州鹑觚（今甘肃灵台）人，早年曾为县中小吏，后为陇右营田使吏，历任洮州司马、河西节度判官、河西节度使。开元二十四年（736年）四月，调任朔方节度使，赐封陇西郡公，后入朝升任侍中，兼兵部尚书，兼领朔方、河东节度使，至开元二十八年罢去兼领两节度职务。⑭牛仙客为相后谨小慎微，皇帝赏赐皆存而不用，深得玄宗信任，后又升为左相。

注释

① 《新唐书·百官四下》卷四十九下，中华书局，1975年，第1309页。

② 《资治通鉴》卷二一二，第6748页。

③ 王溥：《唐会要·诸使中·节度使》卷七十八"朔方节度使"。

④ 李鸿宾：《唐朝朔方军研究——兼论唐廷与西北诸族的关系及其演变》，吉林人民出版社，2000年，第111、116页。

⑤ 《资治通鉴》卷二一二，中华书局，1956年，第6746页。《唐大诏令集》卷五十二，中华书局，2008年，第249页《张说兼知朔方军节度使制》，制文下发时间为开元十年四月己亥即二十九日。《新唐书·张说传》卷一二五，第4407页记为开元十年兼任朔方节度使。

⑥ 《新唐书》卷六十四《方镇表一》，中华书局，1975年，第1760—1765页。

⑦ 时间按《新唐书·郭元振传》卷一二二。《元和郡县图志》卷四为先天二年。此时郭已回朝为相。

⑧ 《资治通鉴》卷二一二，开元十年九月。

⑨ 王永兴：《唐代前期军事史略论稿》，昆仑出版社，2003年。

⑩ 《新唐书·王晙传》卷一一一，中华书局，1975年，第4153—4158页。

⑪ 《资治通鉴》卷二一五，第6863页。

⑫ 《资治通鉴》卷二一五，第6871页。

⑬ 《新唐书·王忠嗣传》卷一三三，中华书局，1975年，第4551—4554页。

⑭ 《旧唐书》《新唐书》牛仙客本传均记为开元二十四年"代信安王祎为朔方行军大总管"，入朝为相后"遥领河东节度副大使"。此时已无朔方行军大总管之职，宰相也不可能遥领节度副使低职。故此处采用《资治通鉴》卷二一四第6822页、6843页的记载。

唐代朔方军镇的由盛转衰

唐肃宗灵武登基后，朔方军镇进入极盛时期，任命的节度使位高权重，又有 10 多万雄兵，猛将如云，在平定"安史之乱"中攻城略池，尽显主力军风范。广德元年（763 年）后，朔方军主力调往关中护卫京畿，时称"朔方行营"，由朝廷直接调遣，时而用作平叛，时而抵御吐蕃。唐代宗、唐德宗之后，逐步将朔方节度使辖区缩小，朔方行营的将士也被分派到增设的邠宁、河中、振武等军镇防区中。至贞元末，朔方军镇防区东至盐州，西至贺兰山，南至甘肃环县及同心县北境，北至内蒙古乌海市，比今宁夏平原面积略大。与天宝末年相较，防区、职权十去八九，将士当年雄风不复存在，战斗力亦大为逊色。

一、平定"安史之乱"的主力

平定"安史之乱"，朔方军功不可没。

"安史之乱"刚爆发，中原唐军节节败退，朔方军即已展露战无不克雄风，兵锋指向安禄山大后方。天宝十四载（755 年）十一月，任命朔方右厢兵马使、九原太守郭子仪为朔方节度使。十二月，安禄山进犯振武军（内蒙古和林格尔县），郭子仪率兵迎头痛击，使叛军死伤七千余，然后乘胜东进，克云中，挺进山西，突破井陉（河北井陉县）、太行山东麓防线，开辟第二战场。此时，安禄山正进攻潼关，不得不抽出兵力支援河北。朔方军则兵分两路，在郭子仪、李光弼率领下攻入安禄山老巢河北，取得常山（河北正定）、恒阳大捷，河北十余郡民众皆响应。随后潼关失守，叛军攻入长安，朔方军的光辉战绩也淹没在主战场惨败的阴霾中。

唐肃宗灵州登基后，朔方军主力五万人在郭子仪率领下，从河北返回灵州护驾。一月后，朔方军十多万人马，除少量留守部队，其余都护送唐肃宗南下关中的凤翔。至德二载（757年），大军东向攻克潼关、蒲津关、安邑，打通关中与中原的通道，随后在收复长安、洛阳的战斗中立下奇功。此后，在主要战场设各军镇士兵组成的行营，其中，能征惯战的朔方军行营，是攻城略地的主力。实际指挥这些行营的"天下兵马副元帅"，一般由朔方节度使兼任。

朔方健儿立下头功，骄横之风渐生。上元二年（761年）二月，朔方军行营驻扎绛州（山西新绛县）。此时，整个河东只有一万石陈腐之粮，而绛州民间正闹饥荒，更加缺粮。朔方行营节度使李国贞（原名李若幽，上任时赐名李国贞）多次将实情上奏，但朝廷毫不理会。担任突击的将军王元振因食陈腐之米而反，一呼百应，杀掉李国贞。镇西、北庭行营随之响应，也杀掉节度使，另推他人代之。接着，河东节度使邓景山也被部下所杀，整个前线一片混乱，士兵四处抢劫。万不得已，唐肃宗只好重新起用郭子仪。二月，封郭子仪为汾阳王，总揽朔方、河中、北庭、潞泽节度行营。在郭子仪的请求下，朝廷运去米6万石、绢4万匹、布5万段。三月，郭子仪到绛州。朔方军将士多是他的老部下，行营立即安定，王元振等叛乱骨干被处死。太原的河东节度使辛云京不敢怠慢，也将祸首诛杀。四月，经郭子仪整肃后，河东诸镇行营乱象解除，军心稳定，军纪肃然。[①]是年四月，唐肃宗驾崩，代宗登基。七月，以郭子仪统领朔方、河东、北庭等九节度行营，统一指挥平定"安史之乱"的军事行动。此时宦官程元振专权，忌郭"功高任重"，屡进谗言。[②]郭子仪不安，回朝上表请求解除全部职务，唐代宗竟然诏准，让其闲居京城。

十月，代宗任命皇子李适为天下兵马大元帅，欲以郭子仪为其副，但遭宦官程元振、鱼朝恩竭力阻止，最后决定以朔方节度使仆固怀恩为副元帅，统领诸节度行营。从此，朔方军在仆固怀恩率领下，再复洛阳，攻克滑州（河南滑县）、卫州（河南汲县），一路扫荡向北，决战下博（河北深县西南），最后于广德元年（763年）正月在范阳大败史朝义，迫其自缢于林中，彻底平息了"安史之乱"。

后来仆固怀恩因被诬陷，公开举兵反叛。叛乱被平息后，朔方军主力回到郭子仪麾下。大历三年（768年）十一月，郭子仪从邠州带领朔方军刚回到河中府（唐以蒲州改置，在两京之间，故号中都，今山西永济市），元载"以吐蕃连年入寇，马璘以四镇兵屯邠宁，力不能拒，而郭子仪以朔方重兵镇河中，深居腹中无事之地，乃与子仪及诸将议，徙璘镇泾州，而使子仪以朔方兵镇邠州，曰：'若以边土荒残，军事不给，则以内地租税及运金帛以助之。'诸将皆以为然"。十二月，己酉，徙马璘为泾原节度使，以邠、宁、庆三州隶朔方节度使。③这样，朔方军部分主力又从行营回到原来的防区。

二、精锐之师朔方行营

朔方军镇防区缩小，还有另一客观原因，即朔方行营的建立。为平定"安史之乱"，唐肃宗、代宗将朔方军大部及主力调走，留下的兵力很少，自然不能分布到北至贝加尔湖、南至鄜坊邠宁这一广袤地区。

"安史之乱"爆发后，李光弼分一万朔方兵进入河北，郭子仪领朔方军主力护送唐肃宗南下关中，投入平叛战争。史载："吐火罗……乾元初，与西域九国发兵为天子讨贼，肃宗诏隶朔方行营。"④此时唐肃宗刚离开灵武郡到达凤翔。由此可知，朔方军主力刚南下，就已正式称作朔方行营，即离开本镇防区到其他地方的作战部队。天宝十四载（755年）十二月壬辰日，朝廷下令：朔方、河西、陇右三镇之兵，除留守城堡，全部调往行营与安禄山叛军作战。河西、陇右两镇之兵在防御叛军入关的潼关之战已损失大半，所以，这个行营的兵力主要是朔方军。

朔方行营先参加了收复关中、长安、洛阳及叛军老巢河北的战斗。乾元元年（758年），在相州（河南安阳市北关区）讨安庆绪，以仆固怀恩领朔方行营，次年正式任命为朔方行营节度使。相州之战结束，朔方行营先屯驻河中府（山西永济市），仍以郭子仪兼节度使。上元二年（761年），移驻绛州（山西新绛）。宝应元年四月，仆固怀恩复任朔方行营节度使。十月，在天下兵马元帅李适（后为唐德宗）统帅下，朔方行营再度收复东都洛阳及河南诸州，然后转战至河北，彻底平息"安史之乱"。次年七月，任命仆固玚（仆固怀恩之子）为朔方行营节度使，移驻汾州。仆固怀恩反叛后，朔方行营复归郭子仪指挥。大历十四年（779年）五月，朝廷担心郭子仪权高位重，唐代宗"欲分其权"，表面尊为尚父，又加官位、增封地，实则削去兵权，任命朔方都虞候李怀光为节度使，统领朔方行营。⑤事实证明，这个任命是错误的，五年后李怀光即拥兵反叛。贞元元年（785年）九月，李怀光为部下所杀，浑瑊回镇河中府，尽得李怀光之众。自此，朔方行营分屯两地：驻蒲州的由河中节度使浑瑊统帅；驻邠州的由邠宁节度使韩游瓌统帅。⑥前者在长安之东，后者在长安西北，成为长期护卫京都的"禁卫军"，朔方行营也就不复存在。吐蕃多次兴兵进袭京畿，都被这支军队击溃。

朔方行营成为中唐的精锐之师，有两个重要原因：第一，这支军队参加过无数重大战役，如常山大捷、收复两京、再克洛阳、歼灭安庆绪及史思明等，将士都历经战火洗礼，有丰富的实战经验。第二，军队的构成，是一个民族大家庭。初立时的朔方军镇防区内，有很多北方游牧民族子弟投军从戎，他们中的一些人，后来都成为骁勇善战的将军。郭子仪刚任节度使，手下四名大将中，李光弼、仆固怀恩、浑释之三人皆属"番将"。贞观四年（630年）后，唐太宗首创羁縻府州制度，在灵州及其周边设立数十个少数民族州，其中的铁勒十一部,有的史籍又称作"铁勒九姓",英勇尚武,擅长骑射。他们的子孙长大成人,纷纷加入朔方军中,被称作"六番子弟"。唐诗中有薛蓬的《送灵州田尚书》,在回顾初唐时安置铁勒九姓、置六胡州的历史后写道:"九姓羌浑随汉节,六州蕃落从戎鞍"。

三、朝廷对朔方军镇的肢解

朔方节度使是唐朝最早设立的军镇之一,也是关内道唯一的军镇,至天宝十三载(754年),其防区、权力都达到顶峰,唐肃宗以朔方军为后盾登基。但从此之后,朔方军镇的防区、职权却日渐变小。朝廷采取的具体措施有:

至德元载(756年),将朔方节度使原领关内道采访处置使收回,在安化郡(唐天宝元年改庆州为安化郡,治合水县)另置关内节度使,行使采访使职权。由此,朔方节度使被削去关内道各府、州、县职官的人事任免权。

乾元元年(758年),将朔方军镇原辖镇北大都护府、麟州、胜州及振武军析出,另设振武节度押蕃落使(广德二年一度回归朔方节度使)。

次年,将原辖邠、宁、庆、泾、原等九州析出,另置邠宁节度使治邠州(大历三年回归朔方节度使)。

上元元年(760年),析出原领鄜(陕西富县)、坊(陕西黄陵)、丹(陕西宜川)、延(陕西延安)四州,在坊州另置渭北鄜坊节度使。

永泰元年(765年),又将绥州(陕西绥德)划出。

大历九年(774年),郭子仪上奏唐代宗陈说备御吐蕃利害,一开头便诉说朔方军镇的急剧衰落:"朔方,国之北门,西御犬戎,北虞狁狁,五城相去三千余里。开元、天宝中,战士十万,战马三万,才敌一隅……今吐蕃充斥……以朔方减十倍之军,当吐蕃加十倍之骑,欲求制胜,岂易为力!"[7]

大历十四年(779年),为了削夺郭子仪的实权,又"析置河中、振武、邠宁三节度"[8]。朔方军镇只领灵、盐、夏、丰四州及定远军、天德军、西受降城。这次大的调整，延续到兴元元年（784年）三月，朝廷平息原朔方节度使李怀光叛乱，以浑瑊继任此职，统管朔方军留守部队及驻河中、邠宁的朔方行营；四月，以邠宁兵马使韩游瓌为邠宁节度使；八月，以浑瑊为河中节度使，杜希全为灵州大都督、西受降城、天德军、灵盐丰夏节度营等使。此后，朔方行营亦不再受朔方节度使节制。

贞元三年（787年），又将盐、夏二州划出，另置夏州节度观察处置押蕃落使。其中盐州不久回归朔方节度使。

贞元十二年（796年），又做大幅调整，将天德军、西受降城、丰州划出，另在天德军置都团练防御使。

至此，原朔方军镇已一分为八，即朔方、关内、振武、邠宁、鄜坊、河中、夏州节度使和天德防御使。天德不是节度使，但在上元元年（760年）所置凤翔节度使，原来也是朔方节度使防区，合计起来，即当时的"京西北八镇"。新朔方军镇防区东至盐州，西至贺兰山，南至环州（甘肃环县）、鸣沙（中宁县鸣沙镇），北至内蒙古乌海市，比今宁夏平原面积略大。与天宝末年相较，防区面积减少九成。原来由朔方节度使兼领的关内道支度营田使、关内道盐池使、检校浑部落使、押诸蕃部落使、闲厩宫苑监牧使、关内道采访处置使、六城水运使、陇右兵马使，有的被收回，有的机构被撤销。⑨

758—854年朔方军镇辖区变化表

原辖府、州、军、城	单于都护府、镇北大都护府、灵、夏、盐、绥、银、丰、胜、原、宁、庆、泾、邠、陇、鄜、坊、丹、延、会、宥、麟二十州，定远军、丰安军、振武军，东、中、西三受降城
年　份	辖地增减	年末辖地
乾元元年（758年）	减辖镇北都护府、振武军及麟、胜二州	单于都护府，灵、夏、盐、绥、银、丰、原、宁、庆、泾、邠、陇、鄜、坊、丹、延、会、宥州，定远军、丰安军，东、中、西三受降城

续表

上元元年 （760年）	减陇州入兴凤（后称凤翔）节度使	单于都护府，灵、夏、盐、绥、银、丰、原、宁、庆、泾、邠、鄜、坊、丹、延、会、宥州，定远军、丰安军，东、中、西三受降城
上元二年 （761年）	减辖单于都护府，邠、宁、庆、泾、原、鄜、坊、丹、延九州	灵、夏、盐、绥、银、丰、陇、会、宥州，定远军、丰安军，东、中、西三受降城
广德元年 （763年）	减辖会、陇二州（被吐蕃攻占）	灵、夏、盐、绥、银、丰、宥州，定远军、丰安军，东、中、西三受降城
广德二年 （764年）	增辖单于都护府，撤河中、振武节度，所管七州归朔方军镇辖	单于都护府，灵、夏、盐、绥、银、丰、宥、麟、胜及河中节度所辖五州，定远军、丰安军、天德军，东、中、西三受降城
大历三年 （768年）	增辖邠、宁、庆三州	单于都护府，灵、夏、盐、绥、银、丰、宥、麟、胜、邠、宁、庆及河中节度所辖五州，定远军、丰安军，东、中、西三受降城
大历十四年 （779年）	减辖单于都护府，绥、银、宥、麟、胜、邠、宁、庆及河中节度所辖五州，丰安军，东、中受降城	灵、夏、盐、丰四州，西受降城、天德军、定远军
贞元三年 （787年）	减辖夏、盐二州，其后盐州复归朔方	灵、盐、丰三州，西受降城、天德军、定远军
贞元十二年 （796年）	减辖丰州、天德军、西受降城	灵、盐二州，定远军
大中八年 （854年）	增领威州	灵、盐、威三州，定远军

朝廷如此肢解朔方军镇，分析其原因，主要有三：

第一，朝廷已觉察藩镇权力过大的危害性，削藩是巩固皇权的需要。唐开元国威之盛，见于藩镇。而唐朝之亡，也源于藩镇。《新唐书·方镇表》在前言中说，藩镇权力太大，"各专其地以自世"，节度使"喜则连衡而叛上，怒则以力而相并，又其甚则起而弱王室"。"安史之乱"爆发后，平定叛乱、遏制吐蕃全靠军队，武将地位提高。朝廷对武将的态度，始终处在矛盾之中：一方面，要给战功卓著的武将重赏加官，划地授权；另一方面，又忌惮其权势太大而威胁皇权。唐肃宗、代宗、德宗处理这对矛盾的办法基本相同，就是在军镇的数量和权力上做文章：多设军镇，用节度使之职封赏武将；划小原有军镇的防区，减少兼领实职，由此削夺其实权。"安史之乱"发端于军镇，会不会有第二个安禄山出现？这成为李唐王室的一个心病。唐肃宗依靠朔方军再造唐室，是形势所迫，但他已觉察到这个问题，所以当形势稍有好转，便开始削减朔方节度使的权限，先收回了关内道处置采访使，即对州、县官吏的管理权；后又将朔方军镇北部的管理权收回，在南部设置邠宁节度使。唐代宗登基后，让朔方节度使郭子仪赋闲在家，后来因仆固怀恩反叛、吐蕃攻入长安，万不得已才请其再度出山，并将邠宁节度也交其管理，让邠、宁、庆三州回归朔方军镇。唐德宗登基后，终于完成了对朔方军镇的肢解。

第二，"安史之乱"后的形势变化，使朔方军镇的作用降低。开元九年（721年）设朔方节度使，主要任务是防御北方强敌东突厥及回纥。而到"安史之乱"后，威胁主要来自西面的吐蕃，北方的东突厥已灭，兴起的回纥与唐友好相处，朔方军镇的军事压力大大减轻，况且其主力都已抽调到长安的东面、北面以护卫京师。再者，此时吐蕃已占领原州，朔方军镇也无法指挥调度原州以南的泾、邠、宁诸州。在这种形势下，缩小其防区，在京城外围设立军镇，也势在必行。

第三，与朔方军将领的骄横及两次反叛有关。前已述，朔方节度使仆固怀恩、李怀光，都曾举兵反唐，或横行关中，或攻进京城。朔方行营的士兵，也曾三次哗变。尤其是李怀光的反叛，是朔方军镇由强变弱的拐点，直接促成唐德宗下决心削弱这个强大的军镇。

四、唐中期的朔方战将

从唐代宗登基到唐德宗末年，朔方节度使多数时期实际是朔方行营节度使，而在灵州置留后，指挥本镇留守部队。此后到唐宪宗末年，朔方行营不复存在。这一时期的著名朔方战将有郭子仪、李光弼、仆固怀恩（前已描述，下文不再重复）、崔宁、李怀光、浑瑊、杜希全、范希朝、杨朝晟、李光进、李听等。还有朔方军镇留后杜鸿渐、浑释之、路嗣恭、常谦光，以及起于朔方而升任邠宁节度使的韩游瓌等。

天宝十四载至元和末年朔方节度使任职表

姓名	任职时间	兼领职务
郭子仪	天宝十四载—乾元二年（755—759年）	灵武太守、天下兵马副元帅、灵州大都督府长史
李光弼	乾元二年—上元二年（759—761年）	侍中、天下兵马副元帅
李国贞	上元二年—宝应元年（761—762年）	
仆固怀恩	乾元二年—广德元年底（759—763年）	尚书左仆射、河北副元帅、中书令、朔方行营节度
郭子仪	广德二年—大历十四年（764—779年）	尚书令、太尉、邠宁节度使、天下兵马副元帅等
常谦光	大历十四年（779年）	灵州大都督
崔　宁	大历十四年—建中二年（779—781年）	京畿观察使、单于大都护、镇北大都护

续表

姓名	任职时间	兼领职务
李怀光	建中二年—四年（781—783年）	邠宁节度使、副元帅、中书令、
浑瑊	兴元元年（784年）三月至八月	朔方行营元帅、侍中、尚书左仆射、同中书门下平章事
杜希全	建中四年—贞元九年（783—793年）	灵州大都督、太子少师、检校左仆射
李谅	贞元十年—贞元十一年（794—795年）	灵州大都督，封虢王
李朝寀	贞元十年—贞元十七年（794—801年）	朔方邠宁庆节度使
范希朝	元和二年—元和三年（807—808年）	尚书左仆射、右金吾卫大将军
王佖	元和四年—元和八年（809—813年）	刑部尚书
李光进	元和八年—元和十年（813—815年）	
杜叔良	元和十年—元和十五年（815—820年）	灵州大都督府长史

注：杨朝晟未列入表中，其任职"朔方邠宁节度使"，对照《新唐书·方镇表》及各种史籍，实为邠宁节度使，因所管之兵皆系郭子仪、浑瑊统领之朔方行营，故在邠宁前加"朔方"二字。

朔方将领中，战功最大的是郭子仪，辅佐唐肃宗、收复两京之功，前文已做记述。代宗登基后，听信宦官程元振的谗言，对郭子仪产生猜忌之心，削去其兵权，去当唐肃宗陵墓的"山陵使"。广德元年（763年）九月，吐蕃趁唐军东调平叛之机，攻占整个陇右及原州，然后经邠州南下至奉天，京师震动。唐代宗万般无奈，只好再次起用郭子仪为关内副元帅，出镇咸阳以卫京城。郭子仪在家已闲居两年，部属离散，接诏后麾下才数十骑。至咸阳，吐蕃大军已渡渭水，并南山而东，唐代宗被吓得东逃至陕州（河南三门峡市）。听说郭子仪挂帅，御林军及关内州府兵纷纷集其麾下，最后击退了来犯之敌。广德二年（764年）正月，朔方行营节度使仆固怀恩反叛，唐代宗又恢复郭子仪的朔方节度大使之职。郭子仪一到汾州（山西汾阳），朔方军旧部纷纷归附，仆固怀恩只好逃回灵州，引吐蕃、回纥、党项兵30万再入关中。最后还是郭子仪解除威胁，并于永泰元年（765年）带领朔方行营回镇河中府。大历二年（767年），因京城西北危急，又率兵移驻邠州，兼任邠宁节度使。从此，朔方行营之兵多数屯于邠州，成为防御吐蕃的主力。

　　大历九年（774年），郭子仪入朝，在延英殿谒见皇帝。唐代宗说起吐蕃太强盛，慷慨流涕。郭子仪认为，要抵御吐蕃，必须加强国之北门朔方军，遂上疏曰：

> 朔方，国之北门，西御犬戎，北虞猃狁，五城相去三千里。开元、天宝中，战士十万，马三万匹，仅支一隅。自先帝受命灵武，战士从陛下征讨无宁岁。顷以怀恩乱，痍伤雕耗，亡三分之二，比天宝中止十之一。今吐蕃兼吞河、陇，杂羌、浑之众，岁深入畿郊，势逾十倍，与之角胜，岂易得邪？属者房琯，称四节度，将别万人，人兼数马。臣所统士不当贼四之一，马不当贼百之二，外畏内惧，将何以安？臣惟陛下制胜，力非不足，但简练不至，进退未一，时淹师老，地广势分。愿于诸道料精卒满五万者，列屯北边，则制胜可必。窃惟河南、河北、江淮大镇数万，小者数千，殚屈廪给，未始搜择。臣请追赴关中，勒步队，示金鼓，则攻必破，守必全，长久之策也。⑩

大历十四年（779年）五月，唐德宗刚继位，认为郭子仪权任太重，功名太大，表面尊其为尚父，加太尉兼中书令，增封满2000户，月给1500人粮、200匹马草料，子孙、女婿升官者10余人，但罢免了他的朔方行营节度使、邠宁节度使及副元帅之职，仍充山陵使。建中二年（781年）六月，郭子仪病亡，享年85岁。

　　郭子仪一生，始终是维护李唐皇权的忠诚卫士。他历侍三帝，身系天下安危者30年，有"再造"唐室之功。《新唐书·郭子仪传》对其评价是"事上诚，御下恕，赏罚必信"，以宽厚著称，因而在朔方军中威望很高。"麾下宿将数十，皆王侯贵重，子仪颐指进退，若部曲然。幕府六十余人，后皆为将相显官，其取士得才类如此"。当然，朝廷对这样的忠诚卫士，在金钱上绝不吝啬，其岁入官俸24万缗，宅居占了长安城亲仁里的四分之一，宅院内还设街巷，家中用人3000名，只见每天出入，不知其居所。前后赐良田、美器、名园、甲馆数不胜数。八子七婿，皆贵显朝廷。⑪

　　另一位朔方名将韩游瑰（？—798年），则是土生土长的灵州灵武县（今青铜峡市邵岗镇西）人。青年时加入朔方军，因作战勇敢而成为郭子仪麾下猛将。"安史之乱"爆发，安禄山部将阿史那从礼率领同罗、突厥等部落约5000骑诈降，又诱迫河曲九蕃府、六胡州各部叛唐。郭子仪令韩游瑰和辛京杲平叛，因功升邠宁节度留后。建中四年（783年）泾原兵变攻陷长安，唐德宗李适仓忙逃往奉天（今陕西乾县）被困，韩游瑰与庆州（今甘肃庆阳）刺史论惟明领3000老弱兵丁解危。贞元元年（785年）二月，朔方节度使李怀光引诱韩游瑰一同叛唐。韩游瑰坚拒，因此升任邠宁节度使，与浑瑊、戴休颜等收复长安，"论功与瑊等皆第一"，迁升检校尚书左仆射，实封户四百。此后两三年间，韩游瑰仍然率领部队与吐蕃军在泾、陇、庆、银、夏、麟、盐等州转战，屡建战功，各有赏赐。后因病要求解除兵权，回京任右龙武军统军。贞元十四年（798年）病故。⑫

　　杜希全（？—794年），京兆醴泉人。以裨将隶郭子仪，积功至朔方节度使。

带兵军令整严，士畏其威。泾原兵变，唐德宗避难奉天，杜希全与鄜坊节度使李建徽、盐州刺史戴休颜、夏州刺史时常春引兵赴难。次漠谷，为贼邀击，乘高纵石下之，强弩杂发，遂还保邠州。兵变平息，迁检校尚书左仆射、灵盐丰夏节度使，封余姚郡王。将即赴屯，献体要八章，砭切政病。帝嘉纳，赐君臣箴一篇。后又兼夏绥银节度都统，上言筑盐州城："盐州据要会，为塞保障，自平凉背盟，城陷于虏，于是灵武势悬，鄜坊单逼，为边深患，请复城盐州。"诏令杜希全会同朔方、邠宁、银夏、鄜坊、振武及神策行营诸节度，共选士3.5万屯盐州，又敕泾原、剑南、山南军深入吐蕃，牵制其兵力。专事板筑者6000人，二旬而城就。⑬

范希朝（？—814年），字致君，河中（山西永济市）虞乡人。初在邠宁节度的朔方行营为别将，以战功迁御史中丞、左神策军。贞元四年(788年)，拜宁州（甘肃宁县）刺史、邠宁节度副使，旋迁振武节度使，度要害置屯保，斥逻严密，边鄙民安十四年。贞元末，拜右金吾卫大将军，充左右神策京西诸城镇行营节度使。唐宪宗继位，任检校尚书左仆射、检校司空。旋即出任朔方灵盐节度使，招沙陀部万余人入军。至唐末，这些沙陀兵勇猛无敌，充斥于各战场。范希朝号称"当世善将"，还有人将他比作汉代的赵充国。⑭

以上都是汉族名将。由于朔方军镇辖境内有20多个民族羁縻州，安置归附的北方游牧民族，唐中期的朔方名将中，少数民族的比例很高，其人数超过汉族。如平定"安史之乱"的功臣李光弼是契丹族，与郭子仪齐名；曾任朔方节度使的阿布思是回纥族；安思顺是突厥灭亡后形成的"杂胡"；李光进、李光颜兄弟是铁勒九姓中的阿跌部人，原籍鸡田州；被逼反的仆固怀恩、仆恩玚父子是回纥十一姓中的仆固部族人；浑释之、浑瑊父子是回纥十一姓中的浑部人，原籍皋兰州；李怀光是靺鞨人；令吐蕃闻之丧胆的朔方战将史敬奉，是灵州昭武九姓人……其中战功最显赫的有：

李光弼（708—764年），契丹族，营州柳城（今辽宁朝阳）人。平定"安史之乱"功劳仅次于郭子仪。父亲李楷洛，原为契丹酋长，武则天时归附唐朝，拜左羽林大将军，任朔方节度副使，封蓟郡公，以骁勇善战出名，在与吐蕃的战争中阵亡。李光弼严毅沉果，有大略，善骑射，自幼随父亲在朔方军中征战，深得名将王忠嗣赏识，进云麾将军。朔方节度使安思顺（安禄山的族弟）推荐其为副使，知留后事，又欲以女嫁之。但李光弼在政治上眼光敏锐，称病离去。天宝十四载（755年）安禄山反，李光弼不但未受牵连，还被郭子仪推荐为河东节度副大使，知节度事。他以朔方兵五千出土门，与郭子仪会合，取得常山之捷。至德元载（756年）七月唐肃宗即位，李光弼、郭子仪率军到灵州护驾，授李光弼为户部尚书、同中书门下平章事。后唐肃宗率朔方军主力南下关中，命郭子仪选良将一人分兵先出山西井陉攻河北，郭子仪仍推荐李光弼，遂以光弼为河东节度使、北都太原留守，"分朔方兵万人与之"[15]。至德二载（757年）正月，李光弼率军入太原，闻报史思明、蔡希德发兵十万来攻，众将皆惧，建议立即加筑太原城。李光弼认为，太原城墙方四十里，工程未完，士卒已疲，敌人一到，如何抗敌？他亲率士兵，先在城墙外深浚护城壕，然后在城郊掘长堑数十里，沿线修筑堡垒。他还在城墙上安装发石炮（抛石器），待敌人攻城，发石击之。敌人后撤，则从长堑中射杀其将校健勇，击毙叛军十分之二三。坚守月余之后，见敌已懈怠，李光弼又率敢死队发起突然袭击，歼敌七万余人，创造了以少胜多的"太原之战"。捷报传来，唐肃宗下诏褒奖李光弼，加司空兼兵部尚书，封魏国公。乾元二年（759年）七月，李光弼代郭子仪为朔方节度使、天下兵马副元帅。上元元年（760年），封太尉、中书令。此后，又历经数次大战，平息了"安史之乱"，广德二年（764年）七月病逝。《新唐书·李光弼传》评价说，光弼用兵，谋定而后战，能以少覆众。治师训整，天下服其威名，军中指顾，诸将不敢仰视。与郭子仪齐名，世称"李郭"，而战功推为中兴第一。代理朔方节度使后，营垒、士卒、麾帜无所更，而光弼一号令之，气色乃益精明。其部将李怀光、仆固怀恩、田神功、李抱玉、董秦、哥舒曜、韩游瓌、浑释之等，都是当世名将。[16]

浑瑊（736—800年），本名进，皋兰州人。此州于贞观二十一年（647年）正月在灵州界置，安置回纥浑部，故址在今青铜峡市邵岗镇西。父亲浑释之，有才干、有武略，在朔方军中积累战功甚多，先后授开府仪同三司、试太常卿、宁朔郡王。广德中与吐蕃作战阵亡（一说被仆固怀恩杀死）。浑瑊善骑射，11岁即随父防秋立功，到13岁时，已历经数次大战，勇冠全军，授折冲果毅将军。"安史之乱"爆发，随李光弼转战河北。唐肃宗即位后，返回灵州护驾，跟随郭子仪收复两京、讨安庆绪。后又随仆固怀恩平史朝义，大小数十战，立功最多，升太常卿，实封200户。仆固怀恩反，浑瑊带领部下转归子仪，任朔方行营兵马使，是在邠州、漠谷击溃吐蕃的主力，因功迁太子宾客，屯奉天。周智光反，子仪令瑊以步骑万人下同州。智光平，以邠宁隶朔方军，浑瑊屯兵于宜禄。

大历七年（772年），吐蕃深入关中，浑瑊与泾原节度使马璘出战，大败而归。见郭子仪后，请求再战，疾驰朝那城（彭阳古城镇），与盐州刺史李国臣败吐蕃于秦原。旋任邠州刺史，每年防秋屯驻长武城。大历十四年（779年），升任单于大都护兼振武军、东受降城、镇北大都护府、绥银麟胜州节度副大使。上述各地驻军，都是原朔方节度使部属。不久，调回京都任左金吾卫大将军。

浑瑊是继郭子仪之后，又一个救驾的朔方猛将。泾原兵变发生后，叛军攻进长安城，兵变首领朱泚自称皇帝，唐德宗出逃至奉天（陕西乾县）。浑瑊率家人子弟随从护驾，授京畿渭北节度使。朱泚必欲灭掉李唐王朝而后快，率兵数万迅速包围奉天，昼夜疾攻，矢石如雨，又环城掘堑。奉天只是个小县城，城中军民死者无数，人心自危，纷纷夜缒城墙出逃。浑瑊恶战之余，不忘向皇帝进奉饭蔬，唐德宗见后，与瑊相拥而泣。朱泚则据乾陵，身穿帝装，居高临下，指挥左右宦人，宴赐拜舞，谩骂天子，以为胜券在握。又使骑兵环城而驰，斥责城中大臣不识天命。他还发明了一种叫"云梁"的攻城战车，可载数十人。眼看城池将破，唐德宗急召浑瑊诀别，令其募敢死队突围。浑瑊哽咽着率勇士刚登上城墙，又发生了一件影响战局的意外事件：从城内通向城外的地道，因多年不用，堆积的柴草、马粪在战火中燃烧起来，浓烟被风刮向城内。而叛军则推着许多云梁车，载数千人乘风而进。在这关键时刻，浑瑊又中了一箭，但他拔掉箭矢，洒血而战。眼看城池将破，岂知云梁车刚好行驶在地道顶部，因重量太大而压塌了地道，数千人坠入其中被活活烧死。而风势又突然逆转，叛军被烧得掉头鼠窜。浑瑊取得奉天保卫战胜利，举城欢呼雀跃。唐德宗当即授瑊二子官，封赏500户。随后，唐德宗决定逃往更远的梁州（陕西汉中）。浑瑊又护送过秦岭，并击退李怀光所部追兵。待安全后，唐德宗用刘邦拜韩信故事，授节钺，任命浑瑊为检校尚书左仆射、同中书门下平章事，兼灵盐丰夏定远西城天德军节度、朔方邠宁振武行营副元帅，率天下兵马征讨叛军。不久，浑瑊与韩游瓌、戴休颜等收复京城，迎天子还宫。兴元元年（784年）七月，加浑瑊朔方行营元帅。

贞元三年（787年），吐蕃平凉劫盟，唐军损失惨重。作为会盟使和主将的浑瑊，侥幸脱逃回朝请罪。一则导致失败的决策都是唐德宗钦定，二则浑瑊救过自己的命，所以没有治罪，仍令其统领朔方行营之兵，历经数次大战，64岁去世。

李怀光（729—785年），也是朔方军中的少数民族将领，系渤海郡靺鞨族人，本姓茹，父亲是朔方将领，因战功赐姓李氏。李怀光跟随父亲在灵州长大，年少从军，以武艺及壮勇著称，朔方节度使郭子仪待之益厚，以军功升都虞候。唐德宗即位后，升检校刑部尚书，为宁、庆等州节度使，转邠宁朔方[行营]节度使。建中二年（781年）七月，又兼灵州大都督、单于镇北大都护、朔方节度使，专门防御吐蕃。建中三年（782年），讨魏博镇田悦叛乱，凯旋。次年，泾原兵变发生，德宗逃奔奉天。他前往救援，兵败朱泚，因功进副元帅、中书令。德宗因听信卢杞等人挑唆，不让入朝，李怀光乃联合朱泚反叛，迫使德宗逃往汉中。李怀光的部下都是朔方行营之兵，多不愿反叛。贞元元年（785）八月，朔方行营大将牛名俊将李怀光斩首出降。

一代名将，落了个叛臣下场。

李光进（759—815年），灵州人。祖上为河曲部落稽阿跌部，贞观二十一年（647年）正月，迁入灵州回乐县界，设鸡田州（系羁縻州）安置其族。父良臣，世袭鸡田州刺史。李光进先从马燧救临洺、战洹水有功。历前后军牙门将，兼御史大夫、代州刺史。元和四年（809年），王承宗反，范希朝引师救易定，表光进为都将。元和六年（811年），拜银青光禄大夫、检校工部尚书，充单于大都护、振武节度使。是年，唐宪宗诏以光进"夙有诚节，克著茂勋，赐姓李氏"。元和八年，任朔方灵盐节度使。光进军中之职，无所不历；中丞、大夫悉曾兼带。卒于唐宪宗元和十年（815年）七月。⑰

李光颜（762—826年），字光远，李光进之胞弟，灵州阿跌部人。葛旃少教以骑射，每叹其天资骠健，己所不及。先在河东军镇为裨将，节度使马燧说："若有奇相，终必光大。"解所佩剑赠之。元和初随高崇文平剑南，"搴旗蹈军，出入若神，益知名"。进兼御史大夫，历代、洺二州刺史。元和九年至十二年讨蔡州，诏以陈州刺史兼忠武军节度使，独当一面，累立大功，加官检校司空。此后，李光颜带着他的基本队伍忠武兵，先讨李师道，复镇忠武，后任邠宁节度使。元和十四年（819年）冬，吐蕃攻毁盐州城。次年正月，朝廷又命邠宁节度使李光颜修筑盐州城，充役者仍为忠武兵。敬宗初，以功高拜司徒，转任河东节度使。宝历二年（826年）卒，赠太尉，谥曰忠。李光颜讲究忠义，善抚士，其下乐为所用，将士劲悍，常为诸军先锋，且屡建功勋。他在宁夏的事迹，是重新修复了盐州城。

史敬奉，生卒年无考，灵州人，是六胡州昭武九姓的"史国"人之后，在朔方军中充任牙将。元和十四年（819年），吐蕃东面节度使论三摩等将15万兵围盐州，而盐州守军不足1万人。史敬奉向朔方节度使杜叔良请战，带兵3000，赍1月粮，深入敌后以分其势。杜叔良只给了2000士兵。出发10余日后，音信全无，都认为已全部战死。史敬奉由间道绕出敌后，吐蕃军受惊骇而大乱，唐军内外夹攻，大获全胜，盐州解围，追击吐蕃溃众直到瓠芦河（今西吉县葫芦河），还获马牛杂畜过万数。史敬奉骑术高超，可以走逐奔马，挟鞍勒而上马背，然后置鞍羁带，矛矢在手，前无强敌。他平时自带家族子侄、女婿200人，每次出战，分成骑兵突袭小分队，每队四五十人，随水草而行，数日互不相知，及相遇，都有战果，故以英勇善战称雄沿边。[18]

五、唐后期朔方军镇的衰落

广德元年（763年），吐蕃趁唐军东调平定内乱之机，一举攻占陇右数十州。原属朔方军镇防区的原州、会州、安乐州也在其中。吐蕃的大相尚结赞，甚至占领灵州的西南部，长期以鸣沙县城（今中宁县鸣沙镇）为大本营，指挥吐蕃军东征，多次围攻灵州城，毁填灌溉渠道，使农业生产及畜牧业均受到严重破坏，食盐产销基本停顿。大中三年（849年）十月辛巳日，关内道发生大地震，震中在河套西部，"天德、灵夏尤甚"，仅戍卒压死者数千人。[19]百姓的损失，朝廷如何救灾，史籍均无记载。灵州属于震中，百姓死伤、民房倒塌必多。这次强震，也给灵州经济造成巨大破坏。大和六年（832年）五月，兴平县人上官兴因醉酒杀人而逃亡；官捕其父，上官兴才回归投案。京兆尹、中丞认为他自首以释父之囚，有孝心，可以免死。诏两省议罪，都认为杀人抵命，古今共守，不能免死罪。唐文宗御批只判"决杖八十，配流灵州"。[20]早年富庶的塞北江南，已变成流放犯人的艰苦荒僻之地。从外地往灵州调遣军队，士兵或不服调遣，或不安心戍边，盖源于此。

唐后期朔方军镇的变化非常大。

首先是外部形势的变化。唐蕃清水、平凉两次会盟之后，整个陇右、贺兰山以西尽为吐蕃牧地。漠北属回鹘领地。原设在凉州的河西节度使，以及更西的安西、北庭、西域都护府，早已不存在。整个西北方，只有朔方军镇孤悬塞外，效忠于朝廷，其他均为吐蕃控制。

其次是防区和权力大大缩小。唐肃宗登基时，朔方军镇防区为关内道的中部及北部，即鄜、坊、邠、会等州以北直到漠北，共20州、1个大都护府、6个军府、上百个羁縻州府。到唐宣宗大中年间，防区仅剩灵、盐二州。因此，唐后期一般将朔方节度使称作灵盐节度使。防区大大缩小，朔方节度使兼领的多数职权不复存在，如原来权力最大、管理关内道各州、县职官的采访处置使，被于至德元载另置的关内节度使取代；关内道支度营田使，因多半营田划出，亦不复存在；陇右兵马使，因陇右尽陷吐蕃，只好撤裁；原来的六城水运使，因只剩下定远军一城，也就无存在的必要；大中四年（850年）三月，朝廷将食盐管理权限收回，由度支在灵州设分巡院官直接管理，其收入供军费开支，朔方节度使不再兼关内道盐池使。增加的权限仅一项：赋税自收自支，不再上缴朝廷。赋税失去朝廷监管，军镇的愿望是收得越多越好，民众的负担也就越来越重。这也是各军镇的通病。

注释

① 本段所记事件及时间，均从《资治通鉴》卷二二二，中华书局，1976年，第7120—7126页。

②《资治通鉴》卷二二二，第7130页。

③《资治通鉴》卷二二二，第7204页。

④《新唐书·西域下·康国传》卷二二一下，中华书局，1975年，第6252页。

⑤《资治通鉴》卷二二五，第7255页。

⑥《资治通鉴》卷二三二，第7466页。

⑦《旧唐书·郭子仪传》卷一二〇，中华书局，1975年，第3464页。

⑧《新唐书·方镇表一》卷六十四，中华书局，1975年，第1771页。河中节度使治河中府（山西永济市），原本不属朔方节度使辖地，因朔方行营长期驻此，故《方镇表》亦将其列入"朔方"军镇栏内。

⑨ 本段内容，全部采自《新唐书·方镇表一》卷六十四，第1759—1777页。

⑩《新唐书·郭子仪传》卷一三七，中华书局，1975年，第4607—4608页。

⑪《新唐书·郭子仪传》卷一三七，中华书局，1975年，第4609页。

⑫《新唐书·韩游瓌传》卷一五六，中华书局，1975年，第4903—4907页。

⑬《新唐书·杜希全传》卷一五六，中华书局，1975年，第4907—4908页。

⑭《新唐书·范希朝传》卷一七〇，中华书局，1975年，第5168页。

⑮《资治通鉴》卷二一七，第6953页。

⑯《新唐书·李光弼传》卷一三六，中华书局，1975年，第4583—4590页。

⑰《旧唐书·李光进传》卷一六一，第4217页有"肃宗自灵武观兵，光进从郭子仪破贼，收两京，累有战功，至德中，授代州刺史，封范阳郡公，食邑二百户。上元初，郭子仪为朔方节度，以军讨大同、横野、清夷、范阳及河北残寇，任光进为都知兵马使"等语。唐肃宗即位、郭子仪收两京时，李光进才六七岁。《旧唐书》的这段记载，应是另一个同名者，即李光弼之弟李光进，故《新唐书·李光进传》不载。

⑱《新唐书·高固、史敬奉等传》卷一七〇，中华书局，1975年，第5181、5182页。

⑲《旧唐书·宣宗纪》卷十八下，第625页。原文为："京师地震，河西、天德、灵夏尤甚，戍卒压死者数千人"。此时河西已被吐蕃控制80余年，唐无戍卒。天德驻军不足四千人，夏州、宥州六千余人，灵州约二万人，总计不足三万人。被压死者达"数千人"，死亡比例近20%，足见地震烈度之高。

⑳《旧唐书·文宗纪》卷十七下，中华书局，1975年，第545页。

唐末五代朔方军镇的割据势力

从乾符元年（874年）到唐朝灭亡的34年间，农民起义席卷中原，朝廷对孤悬塞外的灵州鞭长莫及，所以朔方节度使实为藩镇，由韩氏家族控制。五代时期共53年，中原战乱不休，政权更迭，出现梁、唐、晋、汉、周5个政权，虽然也曾派官员管理朔方军镇，但朝廷不能驾驭，节度使实际上已成为割据势力。赵匡胤建立北宋政权后，迅速平定长江流域及南方各地，兵力强盛，令北方各藩镇割据势力闻风丧胆。世袭朔方节度使的冯继业，也在开宝二年（969年）交出兵权。至此，成立近250年的朔方节度使，在历史长河中消失。

节度使由朝廷任命变成家族世袭，即变成藩镇割据。根据查到的文献记载，朔方军镇的割据始于唐僖宗光启三年（887年），达82年之久。

一、唐末至后梁韩氏集团割据灵州

有文献记载的第一位韩氏家族成员叫"韩公"，可能是尊称，而不是姓名。据遗存的沙州（敦煌）文献记载，韩公于887—890年任朔方节度使。在任期间，经常派兵马护送丝路上的使团至敦煌。[①]

第二位为韩遵，世袭节度使，891—899年在任。正史亦无传，生平不详，但可查到零星记载。如《新唐书·地理志》："警州，本定远城……景福元年（892年），灵威节度使韩遵表为州。"此处"灵"即灵州。"威"，即《新唐书·地理志》卷三十七所记威州，本名安乐州。至德后没吐蕃。大中三年收复，更名威州。光启三年（887年）徙治凉州为行州，即今甘肃武威市。唐昭宗时，曾加封韩遵为太尉。按当时惯例，只要承认其世袭节度使，一般都加封太尉、仪同三司等一品官爵。

第三位为韩逊（？—915年），灵州人，原为军府牙将，唐昭宗光化二年（899年）"灵州将士拥立其为朔方留后"，随后朝廷承认。但从承袭关系看，实际是韩遵死后家族后裔世袭，迫朝廷认可。光化元年（898年），为了控制和保护灵州西域道，朝廷任命朔方节度使韩逊兼领河西节度使。此后直到五代、北宋初年，成为惯例，朔方节度都"兼领"或"检校"河西走廊诸州，以维护丝绸之路行旅安全。天复元年（901年），唐昭宗逃至凤翔，韩逊此时已是朔方节度使，曾上表说回鹘请求出兵帮助大唐平乱。唐昭宗没有同意。[②]从韩逊上任到唐朝灭亡的9年间，农民起义军、割据势力遍布全国，各州府战乱不休，而灵州境内相对安定，既没有爆发农民、民族起义，也没有出现其他割据势力，应是韩逊治理有方。后梁时韩逊仍为朔方节度使，被封为颖川王，于贞明元年（915年）去世，在任15年。

第四位是韩洙，韩逊之子。韩逊谢世后，三军推洙为留后，梁末帝闻之，正式授灵武节度使兼河西节度使、特进、检校太傅、同平章事。唐庄宗、明宗累加官爵。天成四年（929年）夏，洙卒。韩洙任朔方节度使14年，境内相安无事，其最大的功绩是维护灵州西域道的畅通。敦煌文书《归义军兵马留后使状稿》8件文物[③]，是记述沙州归义军与中原朝廷交往的一组材料，多次提到韩洙保护中外使节、维护丝路畅通的"鸿恩"。

第五位是韩璞，韩洙次子。韩璞任职的时间在韩洙去世之前约一年，即韩洙病重之时，奏请朝廷任韩璞为节度使。《旧五代史》载，天成三年（928年）八月辛卯，"以朔方军留后韩璞为朔方军节度使、灵威雄警甘肃等州观察使、检校司徒"[④]。这项任命表明，朔方节度使兼管河西走廊诸州已成惯例。

第六位是韩澄，韩洙之弟。韩洙死后，朝廷先以韩澄为朔方军节度观察留后。后考虑韩璞年幼，又改任韩澄为节度使。天成四年（929年）秋，定远军使李从宾聚党作乱，并占据保静镇（今宁夏永宁县望洪镇）。内部不安，韩澄自知能力有限，主动遣使上表，请朝廷派员入主朔方军镇。在割据势力纷乱如麻的五代，这种情况实属罕见。至此，割据朔方军镇长达41年的韩氏集团退出政治舞台。

二、后唐康福在朔方镇的统治

后唐明宗下诏，任命前磁州刺史康福为朔方、河西等军节度使。他因懂得"胡语"，多次退朝后被明宗召入内殿，访以时事，康福以"胡语"对答如流。此时安重诲在朝中专权（任侍中及中书令），出于嫉贤妒能，威胁康福说："汝但妄奏事，会当斩汝！"⑤康福惧怕，请求外任。安重诲以灵州深入胡境，属险恶之地，因此任命康福为朔方节度兼河西节度使，领灵、威（行威州，侨治凉州）、雄（中卫）、警（平罗姚伏）、凉等州观察处置、度支、温池榷税等使。

天成四年（929年）冬十一月，康福在万余士兵保护下上任。行至方渠（今甘肃环县，五代时属灵州方渠镇），遇上党项族出兵邀击，挥师击退。又向北行至青冈峡（亦作青刚峡，甘肃环县洪德镇西北）。此处常住有吐蕃的野利、大虫二族数千帐。时逢大雪，康福令人登山望去，见川谷炊烟弥漫，有吐蕃数千帐聚居，一片宁静，都未察觉官兵已至。康福分军三路，发起突然袭击。蕃众大骇，手无寸铁，弃帐幕而逃。官兵穷追不舍，"杀之殆尽，获其玉璞、绫锦、羊马甚众"。"由是声威大震，遂进至灵州，自是朔方始受代。"⑥康福上奏朝廷邀功：破野利、大虫两族三百余帐于方渠，获牛羊三万。康福的作为，与打家劫舍的劫匪无异。

后唐明宗长兴三年（932年）正月，枢密使范延光上奏："自灵州至邠州（陕西彬县）、方渠镇，使臣及外国入贡者多为党项所掠，请发兵击之。"朝廷令静难节度使药彦稠、朔方节度使康福率步骑七千讨党项，诏所获令军士自收。⑦也就是说，以抢掠财物来激励士气。二月，康福在平定都指挥使许审环等人的叛乱后，与药彦稠会师，破党项十九族，俘二千七百人。后又追袭入白鱼谷，俘获大首领六人、诸羌二千余人。五月，己丑，康福奏"党项钞盗者已伏诛，余皆降附"⑧。杀戮历时三个多月。《新五代史·四夷附录第三》说"杀数千人，获其牛羊巨万计"，其他财宝无数，以及先前回鹘使团、商队被抢的贡品、货物。其中一件为回鹘王贡送给秦王李重荣（唐明宗次子，时任天下兵马大元帅）的金装胡簶（箭室），药彦稠不敢自留，派人奉献给皇帝。唐明宗说："先诏所获令军士自收，今何进也？"令彦稠退给缴获者。⑨这种灭绝人性的残暴行为，自然引起各民族的反抗。康福在任期间，是灵州西域道最不安全的时期，沿路党项、吐蕃族纷纷反叛，原来安分守己的熟户，也变成杀人越货的生户。

长兴三年（932年）七月，夏州界党项七百骑入灵州境侵扰，康福出师征剿，生擒五十骑，追至贺兰山下。同月，朝廷将康福调任泾州节度使。他镇守灵武3年，因风调雨顺，每岁大稔，仓储盈羡。他自己搜刮钱物，"有马千驷"，因而被人告到朝廷。唐明宗遂将康福调离灵州。

三、张希崇在灵州广开屯田、招辑夷落

康福调离后，朝廷任命张希崇为朔方节度使留后。长兴四年（933年）五月，正式任命张希崇为朔方节度使。⑩张希崇组织士兵广开屯田，教士耕种，军粮足而省转运，唐明宗下诏褒奖。又招辑夷落，自回鹘、瓜州、沙州皆遣使入贡。任职四年后，上书请求调回内地，转任邠州节度使。

后晋定都开封。晋高祖登基后的第二个月，为加强对朔方军镇的管理，防止契丹攻灵州，复任张希崇为灵武节度使。希崇叹曰："吾当老死边徼，

岂非命邪！"天福四年正月，张希崇卒于任上，终年52岁。他在朔方节度使任上共7年，为人朴实厚道，不喜杀伐，尤嗜读书，"手不释卷，不好酒乐，不蓄姬仆……性虽仁恕，或遇奸恶，则嫉之若仇"[11]。

四、冯晖父子割据灵州

后晋天福四年（939年）正月，朝廷调义成军节度使冯晖任朔方节度使。但经营多年后，朔方军镇实际上已成为冯氏家族割据的藩镇。

朔方军镇自后唐明宗以后，"市马籴粟，招来部族，给赐军士，岁用度支钱六千万"。其军需从关中"转输供给，民不堪役，而流亡甚众"。灵州西域道上，"氐、羌剽掠道路，商旅行必以兵"保护。冯晖到任后，推以恩信，使部族怀惠。又严格约束镇兵，革除恶习，"止息侵夺"，即不准军队进入少数民族聚居区杀人放火、抢劫财物及家畜。他组织士兵"广屯田以省转饷"，为朝廷省去一大笔开支。又在境内修治仓库存粮，在道路沿线建亭馆千余区，保证了丝路通畅。一两年间，境内得到大治，社会稳定，民众安乐。经济既已繁荣，粮食也自给有余，遂对官吏、士卒增加俸钱，而民众却不加赋。晋高祖得知，特下诏书褒奖。时灵州境以党项族居多，其中以拓拔彦超最为大族。诸族向背，常以彦超为去就。冯晖到镇之时，即设宴招待各部落首领，拓拔彦超也至州城拜谒。冯晖热诚挽留，专为其盖起府第，赐予丰厚。又令部属：供给务必使其称心如意。拓拔彦超居留州城，诸部族皆安定，停止沿路抢掠，道路清谧如流。[12]

五代的灵州，是中西交通线上的重镇。居住在河西走廊、青海、新疆的回鹘、吐蕃各族，驱赶着马匹，沿丝路源源不断而来，或在灵州交易，或经灵州道进入内地市场。通过马匹交易，朔方军镇大获其利，每年可得马五千匹。后晋朝廷见冯晖马多，又深得民心，故以为患。开运元年（944年）底，朝廷将冯晖调任为邠宁节度使，尚未走到邠州，又改任陕州节度使、入禁卫军。

冯晖调走后，朝廷以前彰武节度使王令温出镇朔方。王不谙边事，不懂安抚之策，以内地法典约束党项、吐蕃诸族，使得各部族皆叛，成为流寇，四处掳掠。开运三年（946年）四月，灵州党项最大的拓拔、石存、也厮褒三族，联合起来进攻灵州，杀死王令温之弟王令周。王令温上表告急。朝廷不得不重新起用冯晖为朔方节度使，加检校太师。冯晖募得千余新兵上路。此时，灵州道上的党项族大都反叛，由"熟户"变为"生户"。八月，冯晖领兵刚走出七百里旱海，至耀德（今灵武市石沟驿），军粮已尽，又遇党项大族首领拓拔彦超率部众数万，列为三阵扼要路拦截。冯晖派人送上礼品，谈判求和，趁对方撤阵懈怠，引兵疾驰一夜，于次日进入灵州城。[13]

冯晖又在灵州经营14年，恩信大著，境内安定。冯晖死后，由其次子冯继业承袭节度使。冯继业表面有度量，内心却十分狠毒，趁父亲病危，竟杀掉兄长冯继勋，以扫除继任障碍。大权到手后，他一改父亲的作风，经常出兵劫掠少数民族部落，种下仇恨的种子。而对部下、士卒，又不推恩立信，仇人多而知己少。冯继业自己也知道，一旦有变，恐怕连家小都难保，故于宋太祖赵匡胤登基之年，即预先将儿女迁至开封，并入朝献驼马、宝器表示归顺。[14]冯继业在北宋政权建立后，又当了10年朔方节度使。开宝二年（969年），调任静难军节度使。至此，冯氏父子共控制朔方军镇31年。历时249年的朔方节度使，也不复存在，由朝廷任命知州管理灵州。

注释

① 《敦煌文书》S.1156《光启三年沙州进奏院上本使传》。
② 《新唐书·回鹘下》卷二一七下，中华书局，1975年，第6134页。
③ 法国卢浮宫国家博物馆馆藏编号 P.2945。
④ 《旧五代史·明宗纪第五》卷三十九，中华书局，1976年，第541页。
⑤ 《新五代史·康福传》卷四十六，中华书局，1974年，第515页。
⑥ 《资治通鉴》卷二七六，第9033、9035页。
⑦ 《旧五代史·明宗纪》卷四十三，中华书局，1976年，第587页。

⑧《资治通鉴》卷二七七,第 9064、9065、9071 页。
⑨《旧五代史·明宗纪》卷四十三,中华书局,1976 年,第 589 页。
⑩《旧五代史·明宗纪》卷四十四,中华书局,1976 年,第 605 页。
⑪《旧五代史·张希崇传》卷八十八,中华书局,1976 年,第 1149 页。
⑫本段史实见《新五代史·冯晖传》卷四十九,中华书局,1974 年,第 554—555 页。
⑬《资治通鉴》卷二八五,第 9309 页。
⑭《宋史·冯继业传》卷二五三,中华书局,1985 年,第 8868—8869 页。

唐代在宁夏的屯田

古代的宁夏，多数时期处于边疆地带，朝廷要派军队驻防。由于农业户籍人口很少，难以解决驻军的口粮供应问题。而从内地长途运输，运夫每天只能走 30 里路。用独轮车运或畜力驮运，每车每畜只能载 1.5 石。用双轮人力车运，载重量倍增，但需 2 人，效率与前二者相差无几；运 900 里，来回 1800 里，要用 60 天。唐制：戍卒、役丁日给米二升；60 天每人要吃掉 1.2 石，几乎把所运之粮吃完。如果途中遇雨及其他原因稍有延误，或运距过千里，就要倒贴。因此，解决军粮问题最好的办法，就是由驻军就地垦荒，称"屯垦戍边"。在宁夏，从秦汉就开始兴办军屯，明代处于极盛。此间，尤以唐代朔方军镇的军屯所起作用最大，而且文献资料也较多。

一、管理制度

唐代在各军、州实行军事屯垦，称"屯田"或"营田"。在新、旧《唐书》的《食货志》《职官志》等史籍中，两种称呼并用。因此，学术界一般认为，两者是一回事。也有人认为，是不同的两种管理体制，但缺乏有力证据。

为了有效地管理，唐代屯田由尚书省的工部归口管理，最高行政长官为工部侍郎，下有屯田郎中 1 人，员外郎 1 人，主事 2 人，令 7 人，其他小吏 17 人。

全国各地屯田的基层管理，分为三种体制：第一种，设在京畿附近的诸屯，直属尚书省司农寺管理，每30顷以下、20顷以上为1屯，每屯设屯主、屯副各1人，5屯则设屯监、屯丞；第二种，京畿以外其他各州的屯田，由州衙管理，每屯职官同前；第三种，各军镇的屯田，由驻军自行管理。开元二十五年（737年），朝廷完善屯田管理制度，其中规定："隶州、镇"之屯，每50顷为1屯，还可超过。宁夏当时分属朔方军镇及原州、盐州，都属"隶州、镇"之屯，每屯垦田当在50顷以上。《通典》卷二《田制》："大唐开元二十五年令：田广一步、长二百四十步为亩，百亩为顷。"《旧唐书·食货志》亦同。唐5尺为1步。唐尺有大尺、小尺，丈量田亩用小尺，1尺合今0.245784米。则唐1亩的面积计算为：$(0.245784 \text{ 米} \times 5)^2 \times 240 = 362.45$平方米，合今0.5434亩。灵州所置屯田，都取荒闲无籍之地，亦即垦荒，每屯可超过50顷。此外，朝廷为了扶持军屯，还规定：凡上等地50亩、瘠地20亩、稻田80亩，都配给耕牛1头。

二、军屯的兴起

唐代在宁夏境内的军事屯田，始于贞观初，但多数军屯是在武则天天授初年到玄宗开元初年建立的。天授初（690年），娄师德任营田使，在河套地区兴屯田，成绩卓著，保证了灵州都督府旗下诸军、府及"北镇"的军粮供给。武则天十分满意，特致《劳娄师德书》："卿素积忠勤，兼怀武略，朕所以寄之襟要，授以甲兵。自卿受委北陲，总司军任，往还灵、夏，检校屯田，收率既多，京坻遽积。不烦和籴之费，无复转输之艰，两军及北镇兵数年咸得支给。勤劳之诚，久而弥著。览以嘉尚，欣悦良深。"[①]文中说娄师德"往还灵夏，检校屯田"，其中的"夏"指夏州，在今陕北的靖边县一带，干旱少雨，也没有灌溉条件，不宜发展农业；"灵"指灵州，辖有今天的宁夏平原，自秦汉以来水利灌溉发达，有平田数万顷，当是娄师德开发屯田的主要地域。娄师德后来升任尚书、检校营田大使、御史大夫，证圣元年（695年）因击吐蕃兵败，被贬到原州任员外司马。神功元年（697年）甲子，又升为守凤阁侍郎、同平章事。

从唐朝关内道的军事屯田看，大多数分布在后来朔方军镇所辖"河外六城"。其中包括宁夏境内的丰安军城（驻今中宁县老石空堡）、定远军城（驻今平罗县姚伏镇），以及位于今内蒙古河套地区的东、中、西三受降城。开元二年（714年）闰二月，王晙任朔方道行军大总管，"令丰安、定远、三受降城及旁侧诸军皆受晙节度……置兵屯田"[②]。唐代的屯田，"旧屯重置者，一依承前封疆为定。新置者，并取荒闲无籍广占之地"[③]。娄师德、王晙在宁夏平原所立屯田，都属"新置"，所以全系新垦荒地。

广德元年（763年）后，吐蕃多次塞毁渠口，灵州屯田受到破坏。元和十五年（820年）六月，李听任"灵州大都督府长史、灵盐节度使。境内有光禄渠，废塞岁久，欲起屯田以代转输，听复开决旧渠，溉田千余顷，至今赖之"[④]。唐长庆四年（824年）七月，又开灵州特进渠，引黄河水溉田，置营田600顷。

三、开元年间的屯田数量

据《大唐六典》卷五记载，开元末全国总计992屯，其中关内道258屯，占26%。开元十四年（726年）后，朔方节度使兼领关内道支度营田使，所管屯田中，与宁夏相关的屯田有：北使（即陇右监牧的北使，驻原州，今固原市原州区）2屯；盐州监牧4屯；定远军40屯；盐州7屯；原州4屯；丰安军27屯。另有属陇右道的西使（即陇右监牧的西使，驻原州西南180里，今西吉县将台镇）11屯。合计95屯。其中，盐州的7屯，还包括陕西定边县，应减去4屯。西使的11屯，应减去在甘肃静宁县等地的5屯。盐州监牧的4屯，也只能计2屯。以上实际在宁夏境的84屯，约占全国的8.5%。上述各屯基本上都是军屯，每屯至少有营田 50 顷，合计在 43 万亩以上，合今 23 万亩。

四、唐后期的屯田

贞元之后，吐蕃塞毁渠道，灵州的营田被破坏，不得不从山西调拨军粮。朝廷为军粮的收购、运输大伤脑筋，以牛车运、黄河逆水行舟运，甚至用牛驮运，各种办法都用尽。军事形势稍有好转，朝廷便努力恢复屯田。大和末（835年），兵部尚书王起又上奏在灵武［朔方军镇］、邠宁［军镇名，辖今陕西彬县、甘肃宁县等地］立营田，"岁收三十万斛，省度支钱数百万缗"⑤。大中三年（849年）正月，唐从吐蕃手中收复秦、原、安乐三州及原州七关。八月，唐宣宗亲下制书，要求在三州七关垦殖营田。制文说：

> 其秦、咸、原三州及七关侧近，访闻田土肥沃，水草丰美，如百姓能耕垦种莳，五年内不加税赋。五年已后重定户籍，便任为永业。温池盐利，可赡边陲，委度支制置闻奏。凤翔、邠宁、灵武、泾原守镇将士，如能于本戍处耕垦营田，即度支给赐牛粮子种，每年量得斛斗，便充军粮，亦不限约定数。三州七关镇守官健，每人给衣粮两分，一分依常年例支给，一分度支加给，仍二年一替换。其家口委长吏切加安存。官健有庄田户籍者，仰州县放免差役。⑥

三州七关除秦州在甘肃，其余都在宁夏的南部和中部，发展农业生产的条件远不及灵州所处黄河冲积平原。因此，朝廷出台多项扶持政策：百姓垦殖，5 年不征税，第 6 年成为永业田；三州七关士兵耕种，每人多发一份口粮和军衣，其家眷由地方照顾；周边的州县将士在戍地营田，由朝廷提供耕牛、种子。

五、屯田的经济效益

屯田的效益是巨大的。盛唐在宁夏 23 万亩屯田的粮食产量，史籍缺统计资料，但可根据《通典》卷二《屯田》对全国的统计，推算出大概数字：天宝八载（749 年），天下各屯收粮 1913960 石，其中关内道 563810 石，占 29.5%，说明粮食单产要比全国水平高。关内道的军屯，多数分布在河套地区，除了宁夏境内，还有东受降城 45 屯，西受降城 25 屯，中受降城 41 屯，都在朔方节度使辖境内。宁夏境内的 84 屯，占关内道的 1/3，粮食产量应在 18 万石左右。平均亩（市亩）产 1 石，按原粮比重 0.8 计，约为 50 公斤，比唐代全国平均水平略高。也就是说，在宁夏境内的 22.8 万亩屯田，粮食年产量在 2300 万斤左右。当时驻灵州的经略军编制 2.7 万人，定远军 7000 人，丰安军 8000 人，合计 4.2 万人。屯田所产之粮，人均可达 270 公斤，基本解决了本地驻军的粮食供应问题。地处原州、盐州的几个屯，以种植谷（碾后称粟）、麦（包括小麦、荞麦、燕麦）为主。分布在灵州的军屯，还大量种粳稻。北宋淳化、至道年间，陕西转运使郑文宝 12 次部送军粮至灵州。"文宝至贺兰山下，见唐室营田旧制，建议兴复，可得秔稻万余斛，减岁运之费"[7]。唐朝在贺兰山下的营田，有据可查的是定远军的 40 屯（每屯 50 顷）。秔稻就是粳稻。宁夏何时开始种植水稻？学术界推测是在北周宣政元年（578 年）迁江左之人 3 万于灵州之后，带来了江南的水稻种植技术，但缺文字记载。而《宋史》的这段文字证明，水稻在唐灵州已大面积种植。

专门研究宁夏古代农业的杨新才先生认为："经过唐朝前期一百二十多年的持续发展，（灵州）耕地面积大幅度增加，灌溉面积也不断扩大，已成为'兵食完富'、百业兴旺的'塞上江南'。公元 756 年（唐玄宗天宝十五载），唐肃宗至灵武，见军资、器械、仓储、库物充足……不由发出'灵武我之关中'的赞叹，富庶程度可与全国政治经济中心的关中地区相提并论……"[8]

唐朝在宁夏平原开展军事屯垦，实现了朔方军镇的军粮自给。如定远军，驻士兵7000人，按日给米二升计算，每人全年7.2石，共需军粮5万石，合今25万公斤。而定远军的40屯，每屯田亩数按最低50顷计，共2000顷，2万唐亩，合今108.6万市亩。亩产粮食仍按最低50公斤计，总产量54.34公斤，除自给，还可调剂给其他军府29.34万公斤。唐武德年间未兴屯田，每年要花五六十万缗钱，从太原往灵州调运大批军粮。而从唐高宗到唐肃宗时期，朔方军编制6.7万名驻军，实有人数超过10万，由于大兴屯田，150多年未从外地调入军粮。"安史之乱"后，吐蕃入侵，专门破坏灵州的灌溉渠道，营田被破坏，朝廷又不得不耗费巨大的财力、人力，从"北都"太原往朔方军镇运送粮食。宁夏如不开展屯田，军粮的供应一般从关中起运，有时从山西太原起运，运距1400—1700里。军运粮食的耗费及艰苦，还可从北宋与西夏的长期对垒得到印证。1081年，宋朝发动对西夏的"元丰西征"，一路从今甘肃庆阳、环县北上，另一路从今宁夏固原北上，共12万士兵在灵州会合，而运粮之事，则动员了陕西八十一县的30万民夫。最后宋军败退，也与粮运不继有关系。此事也足以说明，唐朝在朔方军镇屯田的效益是巨大的。

注释

① 《全唐文》卷九十七高宗武皇后三。参见《旧唐书·娄师德传》卷九十三，中华书局，1975年，第2975页。

② 《资治通鉴》卷二一一，第6996页。

③ 杜佑：《通典·食货二·屯田》卷二，第13页。

④ 《旧唐书·李晟附李听传》卷一三三，中华书局，1975年，第3682页。

⑤ 《新唐书·食货三》卷五十三，中华书局，1975年，第1373页。

⑥ 《旧唐书·宣宗纪》卷十八下，中华书局，1975年，第623—624页。

⑦ 《宋史·郑文宝传》卷二七七，中华书局，1985年，第4927页。

⑧ 杨新才，普鸿礼：《宁夏古代农业考略（续）》，《古今农业》1995年第1期。

唐代在宁夏设置的民族羁縻州

(原载《宁夏文史》2012年第1期)

羁縻州,中国古代在少数民族聚居区实行的一种行政建制。羁,马络头也;縻,牛靷也;引申为笼络束缚。中国设羁縻州,始于唐朝。《资治通鉴》将此事系在贞观四年(630年)四月东突厥灭亡后:"上卒用[温]彦博策,处突厥降众,东自幽州,西至灵州……置顺、祐、化、长四州都督府……"《新唐书》卷四十三下专门介绍羁縻州:"唐兴,初未暇于四夷,自太宗平突厥,西北诸蕃及蛮夷稍稍内属,即其部落列置州县。其大者为都督府,以其首领为都督、刺史,皆得世袭。虽贡赋版籍,多不上户部,然声教所暨,皆边州都督、都护所领,著于令式……[全国]大凡府州八百五十六,号为羁縻云。"羁縻州府按民族的部落设置,只要在政治、军事上效忠朝廷,内部由其自行管理,保留本族的风俗习惯,具有很强的自治性质。这是中国古代民族政策的一大进步,所以一直沿用至明代,只不过称呼改了,叫土司制度。

在宁夏境内,从贞观四年(630年)始设突厥羁縻州,可考者有三个,但时间都很短。贞观二十一年(647年)至开元初(713年),灵州都督府辖羁縻州府九府十八州,可考订在宁夏的仅十州。本文将对以上十三州逐一做出考证。此外,《新唐书·地理下》所录灵州都督府辖区内有党项羁縻州府六十六个,其驻地全部无从考证。咸亨三年(672年)安置吐谷浑所设安乐州、元和三年（808年）在盐州所置沙陀部阴山府也在宁夏境内，其经过复杂，亮点太多，囿于篇幅限制，只能另写专文论述。

一、突厥羁縻州

贞观四年（630年），唐军击败东突厥，为如何安置突厥降众问题，朝廷开展了一场大辩论。有让其解体灭亡的，有建议分散到内地同化的。唐太宗最终采纳温彦博择地集中安置的办法，"卒度朔方地，自幽州属灵州，建顺、祐、化、长四州为都督府"，安置突厥降众。这样，灵州便成为设羁縻州府的试行之地。但四州都督府的具体位置，史籍阙载。从《新唐书·地理志》的记载看，唐贞观四年在灵州回乐县境置有回州、环州。贞观六年，在原州之北置缘州，寄治于他楼城（在今海原县李旺镇），以安置东突厥降户，后改名萧关县。这3个州都于贞观十三年撤废，即突厥降将阿史那结社率谋刺唐太宗之后。调露元年（679年），又于灵州以东置六胡州，安置西突厥降众，实为中亚的昭武九姓。其中可能有二三个州在宁夏境内，但只有一个州可确定其位置。

回州 贞观四年（630年）于回乐县境置，属灵州都督府，贞观十三年，被授中郎将、宿卫皇宫的突厥降将阿史那结社率谋刺唐太宗未果。唐太宗于是下令撤销突厥羁縻州，遣其众还故土，回州亦在其中。《新唐书·地理志》卷三十七灵州："回乐，望。武德四年析置丰安县。贞观四年于回乐境置回州，以丰安隶回州。十三年州废，省丰安。"此处并未说回州是突厥羁縻州。回州置于贞观四年（630年）。是年，突厥突利可汗降唐。《旧唐书·突厥上》卷一九四上：[贞观]四年，授[突利]右卫大将军，封北平郡王，食邑封七百户，以其下兵众置顺、祐等州……突利弟结社率，贞观初入朝，历位中郎将。十三年，从幸九成宫，阴结部落得四十余人，并拥贺逻鹘，相与夜犯御营"。《新唐书·突厥上》卷二一五上："于是群臣更言处突厥中国非是，帝亦患之……悉徙突厥还故地。"从置废的时间看，完全与上述记载吻合，回州显然就是为安置突厥降众而置，也是宁夏境内最早设置的羁縻州。其具体位置，就是唐初的丰安县及后来的丰安军城，各种史籍记在"灵州西黄河外百八十里"，约今中宁县境余丁乡。

环州 贞观四年（630年）或六年在鸣沙县置，以大河环曲为名。数年后即废。《旧唐书·地理志》卷三十八在"灵州大都督府"下记载："贞观四年，于回乐县置回、环二州，并属灵武都督府。十三年，废回、环二州"。可是在下文的鸣沙县中又说："贞观六年，废西会州，置环州。九年，废环州，县属灵州"。同一处记载，对环州的置、废时期自相矛盾。置废的背景和回州相同，故应以前两句为准，即贞观四年置环州，贞观十三年废。

缘州 贞观六年（632年）置，十三年因突厥降将阿史那结社率入皇宫谋刺唐太宗而撤废。神龙元年（705年）于此置萧关县，又置白草军，在蔚茹水（今清水河）之西，南至〔原〕州一百八十里，即今海原县李旺镇。《旧唐书·地理志》卷三十八："原州中都督府……萧关，贞观六年，置缘州，领突厥降户，寄治于平高县界他楼城。高宗时，于萧关置他楼县。神龙元年，废他楼县，置萧关县。"《新唐书·地理志》卷三十七："萧关。中。贞观六年以突厥降户置缘州，治平高之他楼城。高宗置他楼县，隶原州，神龙元年省，更置萧关县。白草军在蔚茹水之西"。《元和郡县图志》卷三："原州……萧关县，中。南至州一百八十里。"今李旺镇在清水河之西，南至固原市原州区老城90公里，与史籍所记方位完全一致，应是缘州治所。缘州何时撤销，各种史籍均未记载。贞观十三年阿史那结社率事件发生后，唐太宗"悉徙突厥还故地"，缘州必在此时撤废。

六胡州 对六胡州的设置，以李吉甫《元和郡县图志》卷第四的关内道新宥州之下记载最详。《新唐书·地理志》也有记载，其内容与《元和郡县图志》相同。因新宥州是李吉甫于元和八年（813年）上奏并亲自主持、在六胡州基础上建立的，所以其记载应是准确无误：

新宥州……本在盐州北三百里。初，调露元年于灵州南界置鲁、丽、含、塞、依、契等六州，以处突厥降户，时人谓之"六胡州"。长安四年并为匡、长二州。神龙三年复置兰池都督府，在盐州白池县北八十里，仍分六州各为一县以隶之。开元十一年，康待宾叛乱，克定后，迁其人于河南、江、淮诸州，二十六年还其余党，遂于此置宥州，以宽宥为名也。

根据李吉甫的上述记载，结合其他史籍和遗址，可以弄清三个问题：第一，六胡州的设置时间为调露元年（679年）。第二，设置的地点，前面说在"灵州南界"，而后面说合并六州成立的兰池都督府"在盐州白池县北八十里"，即今盐池县北的北大池盐湖之北，此处居灵州以东。李吉甫设置的宥州城遗址尚存，即今鄂托克前旗东南城川古城，也在灵州以东。笔者1976年曾到城川公社考察，实际从陕西省定边县城走最方便，乘车向北行约40公里即到，我当时还误以为属定边县管辖。1985年在盐池县苏步井乡（今属高沙窝镇）窨子梁出土的《何府君墓志铭并序》记载，墓主"终于鲁州私第"。墓主是昭武九姓人，两道墓门各雕刻一跳胡旋舞的舞伎，现为宁夏博物馆镇馆之宝。这里的"鲁州"，各种史籍列在六胡州之首，也在灵州"东界"。碑铭还有"如鲁县"地名，说明六胡州下还设有县。我的观点是：六胡州的鲁、丽、塞、含、依、契州，是自西而东排列，鲁州在最西，即今盐池县高沙窝镇附近；其东为丽州；再东为塞州，已到今盐池县北的北大池附近；再东为含、依、契州，跨内蒙古鄂托克旗及陕西定边县。第三，六胡州的安置对象及人数。《元和郡县图志》记为"以处突厥降户"。学术界据此认为是安置东突厥降户。但查遍史籍，调露元年及前一年，并无东突厥与唐军大战的记载。只在《资治通鉴》卷二〇二、《新唐书·高宗纪》卷二，查到调露元年六月吏部侍郎裴行俭伐西突厥取得大胜、十姓可汗阿史那都支率众投降的记载。此处"十姓"，实际是居于中亚的"昭武九姓"，分别叫康国、何国、石国、安国、曹国、史国……在新旧唐书的《西域传》均有记载。联系后来发生的六胡州康待宾叛乱，其首领多姓康、何、安、石。调来唐军20万平叛，六胡州作战的叛军人数有七万之众，加上老幼妇女，迁来的昭武九姓当超过20万。叛乱平息后，迁到中原、江淮的余部还有5万多人。由此可以肯定，六胡州安置的"突厥降众"，实际是中亚的"昭武九姓"。按六州平均，每州安置有3万多人。

二、铁勒九姓羁縻州

唐太宗灵州之行结束后，于贞观二十一年（647年）在关内道北部普遍推行羁縻府州制度，安置铁勒诸部，设燕然都护府统管九府十八州（一说为六府十三州），都由灵州都督府管理。对其始设时间、州名、具体位置，各种史籍有多种说法。两《唐书》的纪、传、志，亦互相矛盾。《新唐书·地理七下》卷四十三下的记载为回纥（即铁勒）九府十八州：虽属灵州都督府管理，但实际在灵州界内的仅8个羁縻州名，即燕然、鸡鹿、鸡田、烛龙、东皋兰、西皋兰、祁连、燕山州。加上其他史籍列载的斛萨[薛]、高丽二州，共为10州。《旧唐书》的《北狄·铁勒》和《地理志》有两处记载最为集中，资料翔实，不但有始置时间、地点，而且有户数、人口，共列载安置铁勒诸部的六府十三州，始置时间为贞观二十一年（647年）；十三州之中，始置时有皋兰、高丽、祁连三州在灵州界内，其余在阴山南北；开元元年，又将东皋兰、燕然、燕山、鸡田、鸡鹿、烛龙等六州迁入灵州界。

燕然都护府隶属灵州都督府，但灵州都督府还管属夏、宥、盐、丰等州，因此，这些羁縻府州，只有一部分在灵州界内。综合两唐书及其他史料，这些铁勒部族的6个（或9个）羁縻府，初设时都在阴山一带，后来迁回漠北旧地。13个（或19个）羁縻州初设时，安置在灵州界内的有浑部、斛薛、多滥葛部等，另一部分安置在阴山以北。在后突厥默啜强盛时，安置在阴山以北的铁勒诸部降服突厥,羁縻州亦废。开元初(713 年)默啜灭亡,又在灵州界内复置东皋兰、燕然、燕山、鸡田、鸡鹿、烛龙等六州。前后安置在灵州界内的有以下十州。

皋兰州 贞观二十一年(647 年)正月置,安置铁勒的浑部数千帐,初在灵州回乐县界,即今吴忠市利通区境内,地近农耕区,常与农户发生纠葛,后采纳灵州司马崔知温建议,与斛薛之高阙州共万帐皆徙黄河以北。唐代游牧民族每帐平均 4.1 人,如按"万帐"的一半 5000 帐算,共 20 万余人。浑部在铁勒诸部中,地处最南端,临近河套。突厥颉利可汗部被唐军击败时,浑部副首领俟利发阿贪支首先款塞降唐。薛延陀灭亡后,大俟利发浑汪举部内向,以其地为皋兰都督府,后又分为东皋兰州(在鸣沙县界)、西皋兰州。唐太宗以阿贪支虽不是大首领,但先于汪归附,理应居首位任大俟利发,故派翻译暗示汪,汪欣然让位。帝嘉其让,以阿贪支为右领军卫大将军、西皋兰州刺史,汪为云麾将军兼俟利发为之副。阿贪支死,子回贵嗣。回贵死,子大寿嗣。大寿死,子浑释之嗣立。浑释之骁勇不凡,从哥舒翰拔石堡城,迁右武卫大将军,封汝南郡公。唐肃宗灵武登基后,朔方军主力被调去平定"安史之乱",任命浑释之为朔方节度使留后。仆固怀恩反叛,从太原返回灵州,假说归镇,见浑释之有疑,将其诛杀。其子浑瑊,后来成为著名战将、建中功臣,官至宰相。浑部迁入灵州置皋兰州后,至永徽元年(650 年,一说为三年)一度撤废。1991 年在青铜峡市玉泉营农场发现唐代铁勒人墓志,铭文标题为"大唐左屯卫将军皋兰州都督浑公夫人契苾氏墓志铭并序"。据此,皋兰州应在唐灵州所辖之灵武县北界,即今青铜峡市邵岗镇西北。开元初又置东皋兰州,寄治鸣沙界。

高阙州 安置铁勒的斛薛部,即前文中所说"斛萨"部。参加灵州盛会中的回纥十一部,也有斛薛。原在阴山的高阙一带驻牧,《旧唐书·北狄·铁勒》记载,于贞观二十一年迁至灵州回乐县界,安置人口约 2 万。地近农耕区,常与农户发生纠葛,后采纳灵州司马崔知温建议,与浑部之皋兰州共万帐皆徙黄河以北。详址待考，疑在皋兰州以北，即今永宁县或西夏区的贺兰山东麓洪积平原。

东皋兰州　安置铁勒浑部之羁縻州。贞观二十一年（647年），设皋兰州都督府，在回乐县界内，后罢都督府为东西二州，永徽三年（652年）废。开元初（713年）复置东皋兰州，侨治今鸣沙县界，即今中宁县东北。《旧唐书·地理志》卷三十八："永徽元年，废皋兰等三州。调露元年，又置鲁、丽、塞、含、依、契等六州，总为六胡州，开元初废，复置东皋兰、燕然、燕山、鸡田、鸡鹿、烛龙等六州，并寄灵州界……东皋兰州，寄在鸣沙界，九姓所处。户一千三百四十二，口五千一百八十二。"据此，东皋兰州应在今中宁县鸣沙镇东。

烛龙州　贞观二十二年在灵州温池县（治今盐池县马儿庄老盐池村）界始置，详址待考。安置铁勒九姓掘罗勿部。《旧唐书·地理志》卷三十八：烛龙州，在温池界，亦九姓所处。户一百一十七，口三百五十三。

祁连州　贞观二十一年（647年）在灵州界置，安置回纥阿史德时健俟斤部属，治地、户口皆不可考。

高丽州　贞观二十一年（647年）在灵州界置，安置铁勒九姓部落，治地不详。

燕然州　安置铁勒的多览葛部，或作"多滥"，原处薛延陀之东，滨同罗水，有胜兵万人。薛延陀灭亡后，其酋俟斤多滥葛末入朝。贞观二十一年正月，在灵州回乐县（今吴忠市利通区）界置燕然都督府（后改为燕然州）。授多滥葛末右卫大将军、府都督。《旧唐书·地理志》卷三十八：开元初置，户一百九十，口九百七十八。

鸡田州　安置铁勒的阿跌部。或作诃咥、跌跌，贞观二十一年始置，治地不详。开元初在灵州回乐县界复置，详址待考。《旧唐书·地理志》卷三十八：开元初置，户一百四，口四百六十九。其部曾依附后突厥可汗默啜，鸡田州随之撤销。开元初默啜死后，其俟斤跌跌思泰来降，置鸡田州，故户口锐减至百余户。其后裔李光进战功卓著，赐姓李，官至光禄大夫、检校工部尚书，充单于大都护、振武节度使，元和八年（813年）任朔方灵盐节度使。胞弟李光颜以功高拜司徒、节度使。

鸡鹿州　安置铁勒的奚结部，回纥十五个种姓之一，原驻牧于鸡鹿塞，即今内蒙古自治区西部磴口县（巴彦高勒）西北、狼山西南段峡谷南口。贞观二十一年正月，在灵州回乐县界置鸡鹿州安置其部，具体位置不详。其部曾依附后突厥可汗默啜，州废。《旧唐书·地理志》载，开元初复置，户一百三十二，口五百五十六。

燕山州　贞观二十一年始置，治地不详。开元初在灵州温池县县界复置，详址待考，安置部族不详。《旧唐书·地理志》卷三十八：燕山州，在温池县界，亦九姓所处。户四百三十，口二千一百七十六。

《西夏地形图》的参考价值

（原载《宁夏地名文化 2020》，中国社会出版社 2021 年出版）

清张鉴《西夏纪事本末》卷首附有一幅《西夏地形图》。自 1980 年以来，我经常在学术研究中参考此图，认为它是明代以前有关宁夏历史地理最详细、较准确的地图，尤其是对西夏时期的山川、道路交通、州郡及监军司的位置研究，有重要的参考价值，故将其介绍于后。

一、《西夏地形图》绘制的时间

清张鉴《西夏纪事本末》一书中卷首标题"西夏堡寨"4 个大字之下，注有一行小字："见范文正公集并地图二"，后面附有本文所论《西夏地形图》。对此图的绘制时间，20 世纪 90 年代之前有两种观点：一种认为在宋代，一种认为在清代。1981 年，我开始搜集宁夏交通史资料，觉得此图其中有关交通的内容十分珍贵，与北宋的《武经总要》等记述吻合。所以认定它出自宋代。1998 年出版的《宁夏交通史》一章，以及书中所绘《西夏交通示意图》，都参考了这张图。后来写《宁夏历史地理考》《西夏地理志》，也参考了这张图。1992 年，著名历史地理学家黄盛璋先生发现，明万历三十六年《宋两名相集》绘本中也附有这张图，遂进行研究，认定出自宋代，并与汪前进发表论文《最早一幅西夏地图——〈西夏地形图〉新探》。[1]至此，这幅地图出自宋代已成定论。

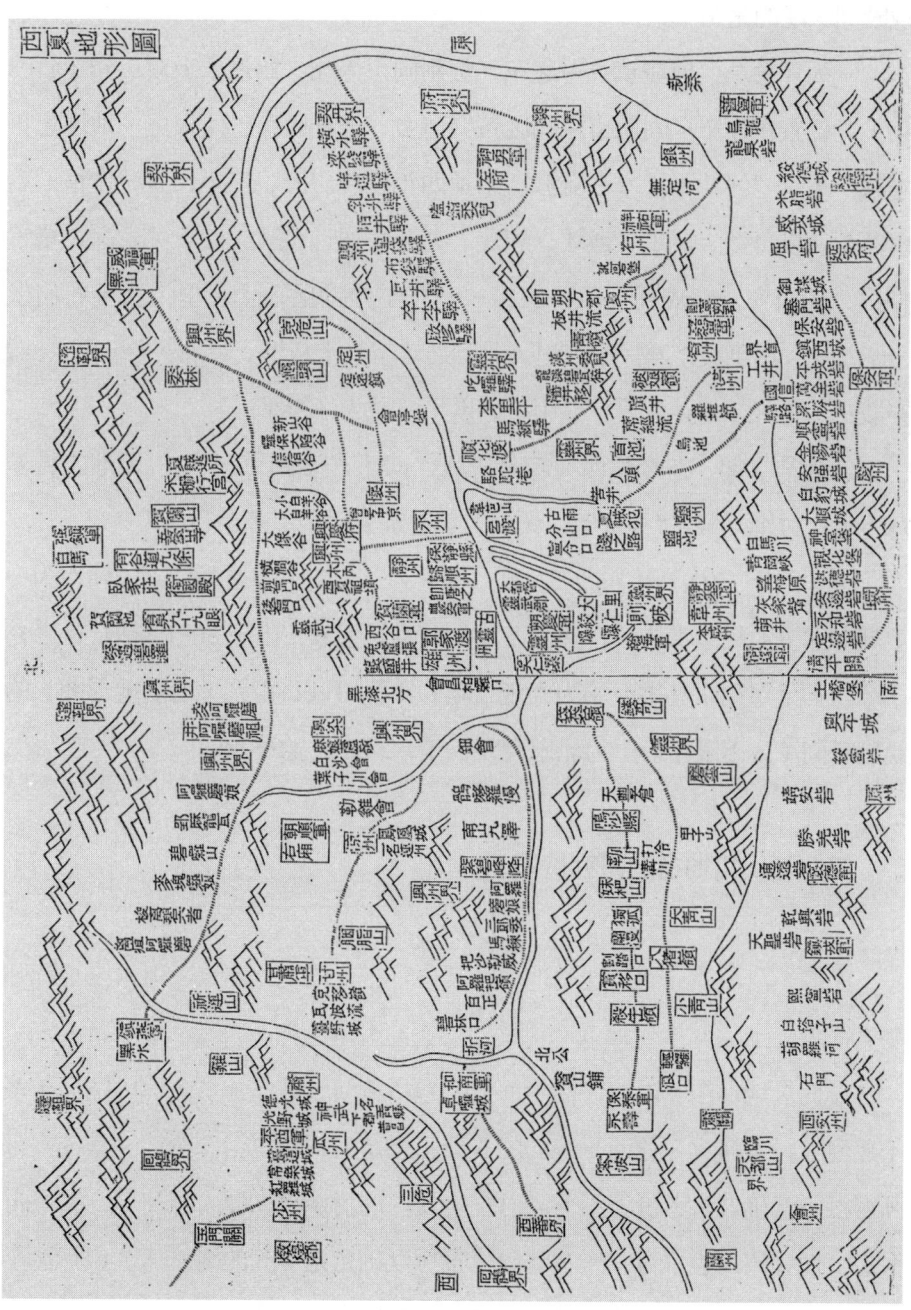

至于具体形成于宋代的哪个年份，我也曾做过研究，使用的是最笨也是最直接的方法：把图上所标州、军、城、寨的始筑、赐名时间列表对照，发现时间最晚的是两个：

一为怀德军，标在镇戎军之东，级别同下等州，始设于大观二年（1108年）。位置在今宁夏固原市原州区黄铎堡乡，遗址尚存。《宋史·地理志》卷八十七："怀德军。本平夏城。绍圣四年建筑。大观二年，展城作军，名曰怀德，以荡羌、灵平、通峡、镇羌、九羊、通远、胜羌、萧关隶之，增置将兵，与西安、镇戎互为声援应接……东至结沟堡一十五里，西至石门堡一十八里，南至灵平寨一十二里，北至通峡寨一十八里。"《宋史·徽宗二》亦载：[大观二年，六月]"甲午，以平夏城为怀德军。"

二为神堂堡，在今陕西吴起县王咓［wā］子乡南。《宋史·地理志》卷八十七定边军下载："神堂堡，大观二年进筑，赐名。东至……"

绍圣四年（1097年），宋、夏"罢分划"中断边界谈判后，宋朝作为一项针对西夏的战略举措，在陕西五路大肆进筑堡寨，出现50个新地名。[②]怀德军、神堂堡列于其中，均为大观二年。由此可以认定：《西夏地形图》的绘制时间（或下限年份）为北宋大观二年，即公元1108年。

二、对山川地名的研究价值

山峰、河流等自然地理类地名，其位置、走向变化不大，但古今名称却变化很大。

《西夏地形图》以双线标示河流，包括黄河及其支流7条、内陆河1条（黑河），有河流名称而无走向的3处：无定河、葫罗河、折河。其流向都画得很不准确，参考价值不大。对宁夏境内的清水河，既未标河名，又画得很短，而且流向也不对，只有河口位置可以确定是今天的清水河。但标注了瀑布3个，即吴仁瀑、大绞瀑、里仁瀑。对照今天的清水河，在中卫宣和堡宏崖村与中宁县交界的山河桥，仍有瀑布1道，落差约7米。其下约40米原有瀑布一道，1943年下凿瓮洞过水，上建公路，瀑布消失。此地当为吴仁瀑。而另1道瀑布踪迹全无，疑在中宁县长山头水库。

《地形图》以重叠人字形标示山脉及山峰，有几百处之多，但标山名者仅30个，自北而南有：黑山、祁连山、碧啰山、鸡山、贺兰山、克危山、龟头山、灵武山、胭脂山、三危、麻娘芦岭、阿罗把岭、零波山、杀牛岭、妹杷山、勒山、袋袋岭、钱哥山、韦芭山、青岭、破娘岭、罗堆岭、紫碧峰、八猪岭、甲子山、大青山、小青山、天都山、磨云山、白塔子山。多数很难和今天的山名对照。其中宁夏境内的克危山即贺兰山北段；龟头山与贺兰山归德沟与韭菜沟之间的山头吻合，形似龟头。龟在古代象征长寿，故以之名山。直到明代，归德沟仍称"龟头沟"。袋袋岭在《续资治通鉴》记述元丰四年（1081年）刘昌祚征西夏所经之处为"黛黛岭"，即今大罗山。值得注意的是，图上还标示贺兰山"有谷道九条"，并标有山谷名，分别为：新山谷、啰保大陷谷、信宿谷、小白羊谷、大白羊谷、大象谷、横涧谷、前石门口、后石门口。加上西谷口，实为十谷。又在灵武山之西标有贺兰池，注"有泉九十九眼"。以上各点，皆具研究价值。

三、对西夏交通研究的参考价值

以愚见，《西夏地形图》对西夏交通研究帮助最大。1980年，我着手搜集《宁夏交通史》资料，从浩若烟海的宋代史籍中搜集到一堆零星资料，其中以曾公亮的《武经总要》较为详细，有西夏通往各地交通大道及驿站名称，但总是无法系统、准确描述，更不能绘成交通图。最后与《西夏地形图》一对照，西夏交通如图在脑，很多问题迎刃而解。其中最重要的是：

西夏时的丝绸之路 从其他史籍看，西夏控制了陆上丝路的全部主线。其都城兴庆府，成为丝路必经的中转站。向东怎么到达宋都汴梁、辽都临潢府，向西怎么入河西走廊及青海省的"青唐路"？《西夏地形图》解决了这个问题：东通宋都，以虚线标示从兴庆府经延州到汴京的"国信驿路"及吕渡、岔口、古雨、苦井、人头、白池、万全寨等驿站。还标出经夏州、绥州可通大车至汴京的丝路主线。通辽国都城，则有通辽直路，画出笔直的线路，标有马练驿、奈里平、吃啰驿、启哆驿、卒李驿、瓦井驿、布袋驿、连袋驿、陌井驿、乳井驿、咩逋驿、梁唛驿、横水驿13个驿站之名，与《武经总要》《隆平集》的文字记载完全吻合。兴庆府向西，画出了经西夏祖坟（今称西夏陵）、雄州（今中卫市）至玉门关的驿道及所经21个地名；又绘有从雄州经卓啰和南军司（今甘肃永登）至西宁州的驿道及沿途13个地名。以上5条干线，构成了宋、夏时期的丝路主线，走向清楚，图上一目了然，和其他史籍对照，没有发现错误。

西夏的交通主干线 兴庆府向南经永州（今永宁县城）、静州（今永宁县望洪镇），渡黄河至灵州；向北至黑山威福军；怀州沿黄河向北至定州（今平罗县姚伏镇）、克危山（贺兰山北端）；黑山威福军向西至黑水镇燕军（即西夏黑城，今额济纳旗）；袋袋岭向西至西寿保泰军司（今宁夏中宁县喊叫水乡）。

贺兰山谷道 《西夏地形图》标贺兰山"有谷道九条"，自北而南是：新山谷、啰保大陷谷、信宿谷、小白羊谷、大白羊谷、大象谷、横涧谷、前石门口、后石门口"。此外，贺兰山东侧的西夏离宫、五台山寺、卫国殿、赤木关、木栅行宫，也都有很好的道路通兴庆府。

黄河渡口 黄河流经西夏全境，不能没有渡口。但其他宋代史籍都无渡口名称的记载。《西夏天盛律令》虽记录有24个黄河渡口之名，但都是西夏文音译，渡口位置不能确定。众多史籍，唯有《西夏地形图》标出3个渡口的确切位置，弥足珍贵。分别是：顺化渡，标在怀州之东，即今银川市掌政镇东，西夏有通辽直路经此，明代改称横城渡。吕渡，标在今灵武市大河子沟南侧，对面为永宁县望洪镇东和村，在西夏永州东南，连接国信驿路。

郭家渡，标在雄州（今中卫市）东侧，当代称莫家楼渡。

四、对西夏州县、监军司研究的参考价值

州县建制 西夏建国初期有兴、灵、定、怀、静、顺、韦、威、安、盐、夏、银、绥、宥、洪、龙、石、丰、胜、会、兰、凉、甘、肃、瓜、沙共二十六州。天授礼法延祚六年（1043年）先失胜州于辽，拱化五年（1067年）失绥州于宋，宋元丰四年（1081年）失兰州，永安二年（1099年）失安州、会州，贞观四年（1104年）失龙州，五年又失银州（后改银川城），但增设了永州、雄州，故到大观二年（1108年），西夏仅存二十一州。而《西夏地形图》在西夏境内共标24州，为兴、灵、定、怀、静、永、归顺、雄、韦、威、盐、夏、银、绥、宥、洪、石、凉、甘、肃、瓜、沙、麟、府州。多出的银州属误标，因为该州于崇宁四年（1105年）被宋军攻占，次年废州改名银川城。③多出的麟、府二州一直属宋，其标法是"麟州界""府州界"，由于未画宋夏边界线，读者会误以为在西夏界内。因此，实际多标的只银州一处。当时宋、夏争夺疆土战事频发，能做到如此准确，已实属不易。而所标位置，也与留存的遗址大体吻合。史籍对西夏县级建制的记载极少。《西夏地形图》也只标有3个县名，包括静州的保静县、灵州的鸣沙县、瓜州的玉门县。

军事机构 《宋史·夏国传》记载，西夏自元昊称帝到北宋大观二年，在全国共设12个监军司。名称是：左厢神勇、石州祥祐、宥州嘉宁、韦州静塞、西寿保泰、卓啰和南、右厢朝顺、甘州甘肃、瓜州西平、黑水镇燕、白马强镇、黑山威福。④《西夏地形图》不多不少标出12个，也可印证此图绘制于大观二年，只是将"西寿"误作"永寿"，将"西平"误作"平西"。另外，对监军司所驻位置，也标得准确无误。近现代一些名著，如1975年版《中国历史地图集》第六册的《西夏》图，就把右厢朝顺军误标在宁夏银川市西、贺兰山东麓的"克夷门"（今三关口），把黑山威福军误标在内蒙古额济纳

旗的黑城。把黑水镇燕军误标在肃州以北的合罗川。而《西夏地形图》将右厢朝顺军标在凉州，黑水镇燕军标在内蒙古额济纳旗的黑城，黑山威福军标在内蒙古的阴山之北。从《西夏天盛改定律令》的司序行文门规定的公文传送至京师的时限看，《西夏地形图》所标地点完全正确。若不使用当时的史料，很难做到。

此外，《西夏地形图》上还标注了西夏兵力雄厚的两个"军"：一为贺兰军，标在"西夏祖坟"西南侧，即今西夏陵西侧贺兰山三关口，屯重兵五万。旁边还标有一个地名"木内"，疑是"赤木关"的草书抄录时，前面漏了一字，把关误作"内"。其地历代都屯重兵，明长城经此，设赤木关，当是西夏之克夷门。二是朔庆军，标在灵州东侧。从其他多部史籍看，应为"翔庆军"，驻在灵州东侧的东关镇，也有雄兵五万。这两支军队，都由朝廷直接控制。

城镇堡寨　此类地名众多，《西夏地形图》仅标有108个，其中西夏境内62个，属宋朝境内的46个。估计只占实有数的1/5。本人所著《宁夏历史地理考》，仅宁夏南部固原市原辖六县，就列有可考的城、寨、堡名86个。《宋史·地理志》在与西夏相邻的陕西五路下，列有城、寨、堡数百个。其中城、堡为居民点，寨为驻军之所，随着边界的变化，时而属西夏，时而归宋，学术界都称"西夏堡寨"。由于数量太多，图上不可能一一标出。

五、对西夏文化的研究价值

《西夏地形图》在贺兰山中，还标有卫国殿、卧家庄、五台山寺、木栅行宫、夏贼逃所5个很特殊的地名，在其他史籍中未曾出现。对西夏建筑、文物考古、佛教传播研究等，均有参考价值。还有一些地名，带有明显的党项族烙印，可供党项姓氏、部落研究参考。标在鸣沙县东侧的天丰仓，是西夏著名的国家粮库。据《宋史·刘昌祚传》记载，可储粮百万石，可窥见西夏农业发展水平。

六、图中的错误

总体看，这张图采用资料多而严谨，大的地名错误极少，对研究西夏有很高的参考价值。但囿于当时科学技术及绘图水平，也有一些不足之处。

一是方位欠准。由于当时尚无测绘技术，更无经纬度之分，导致黄河、贺兰山等重要地形标志方位不准，以致其他地名的位置发生错位。如雄州，即今中卫市，本在鸣沙县（今中宁县鸣沙镇）隔河之西70余公里，却反方向标到了鸣沙县隔河之东约70公里，到了灵州的对岸，错位达150公里。

二是国界欠准。宋与西夏的边界，只画了南部与陕西五路的边界，其走向也不准确。东边与河东路的边界未画。北面与契丹的边界未标，与鞑靼的边界也未标线，只标了3个点。西面与回鹘、吐蕃的边界更不明确。总之，此图的边界线基本无参考价值。

三是城、堡、寨的位置标注不清。图的最下面，50多个城、堡、寨标在东西一条线上，其方位、相邻关系基本都不对，除了地名本身，其他均无参考价值。而且，所列地名太少。有的地名特别重要，却将位置标错了。如宋朝所属萧关城，是描述西夏版图标志性地名，即"南极萧关，北控大漠……"其遗址尚在，即今海原县高崖乡草场村，居清水河西岸。而图上却标在天都山东北侧，离清水河已有60余公里。

四是有个别笔误。现在所见的《西夏地形图》，历经多次传抄、制版。这张图最早出自《范文正公集》。"文正"，是范仲淹1052年去世后的谥号，绘制此图时，他已辞世56年。范仲淹于康定元年（1040年）三月，因西夏边事吃紧，出知永兴军。七月，任陕西经略安抚招讨副使，实际是主管针对西夏的军事防御事务，还曾兼知延州、庆州，在今陕西北部、甘肃环庆地区、宁夏固原市东部，主持修筑过很多城、寨、堡，与西夏打交道共3年，留下一批与西夏有关的资料。后人编纂入文集，首先要对这些资料进行整理、抄录，会出现一些笔误。在以后历次再版、转录时，又会出现笔误。因此，和其他宋代史籍相对照后，就会发现《西夏纪事本末》的版本，也有一些笔误。本人发现笔误有20多处，其中以下6处比较重要，故列出予以纠正。

分山口 驿站名，标在吕渡之南，位于今灵武市古窑子，自古为三岔路口。本名岔口驿，竖排分解成"分山口"。

本咸州 标在韦州静塞军的西侧，即今同心县韦州镇西8公里的红城水古城。唐咸亨年间置安乐州安置吐谷浑部，大中三年（849年）更名威州。北宋初称"古威州"。《宋史·郑文宝传》中有"议城古威州"[5]。据此，图中的"咸州"应为威州。

普宁军 系"晋宁军"之笔误，标在全图的右下角，黄河西岸，即今陕西佳县。原属西夏之葭芦寨，后被宋攻占置军，《宋史·地理志》为晋宁军，因河对岸即山西省，故名。

葫罗河 标在图右下的石门东侧。石门即唐石门关、石门镇，宋筑石门堡，在今须弥山石窟之东数里。石门之东的河流今称清水河，宋代史籍称"葫芦河"而非"葫罗河"。

永寿保泰军 标在萧关北面。此为西夏十二监军司之一，《宋史·夏国传》及其他史籍皆称"西寿保泰军司"，在今中宁县喊叫水乡。

归顺州 系"顺州"之误。标在静州西南，为西夏后期二十二州之一，在《宋史·夏国传》中有记载。此州在今青铜峡市邵岗镇，即唐灵武县址。

注释

① 黄盛璋，汪前进：《最早一幅西夏地图——〈西夏地形图〉新探》，《自然科学史研究》1992年第2期。

②《宋史》卷八十五《地理一》，中华书局，1977年，第2096页。

③《宋史》卷八十七《地理三》，中华书局，1977年，第2150页。

④《宋史》卷四八六《外国二》，中华书局，1977年，第14029页。

⑤《宋史》卷二七七《郑文宝传》，中华书局，1977年，第9427页。

宁夏长城研究中的两个问题

(发表于 2020 年 11 月 16 日在石家庄召开的全国文史馆员长城文化发展研讨会)

宁夏在古代属"北边捍蔽",为了抵御北方游牧民族的南下,维护中原地区安全,也修筑有长城。目前学术界对宁夏境内长城的研究,观点一致而且有遗迹为证的是:一为战国秦昭王所筑长城,横贯宁夏南部山区,跨西吉县、原州区及彭阳县,总长 300 余公里。秦始皇时加以修缮,故各种史籍称之为"秦长城"。二为明长城,环包宁夏北部和中部,除利用山险铲削 600 余公里,实际筑墙 900 余公里。观点不一致的是,隋长城是否经过宁夏,学术界至今争论较大,本文将对这个问题发表浅见。此外,历代学者对长城的研究,着眼点多在军事、民族关系和建筑等方面。对长城与交通的关系,则很少论及。故本文还将以宁夏境内的明长城为例,讨论长城与交通的关系。

隋长城是否经过宁夏

《隋书》有多处关于修建长城的记载。其中的《崔仲方传》记载,为防御突厥,隋文帝令司农少卿崔仲方"发丁三万,于朔方、灵武筑长城,东至黄河,西拒绥州,南至勃出岭,绵亘七百里"。《资治通鉴》将此事系在开皇七年,即公元 587 年。这段原文本身对修筑长城的地点就出现自我矛盾的两种不同说法。前面是"于朔方、灵武筑长城",隋灵武郡即灵州,在今宁夏吴忠市利通区古城镇,朔方郡在今陕西横山县。照以上八字理解,这段长城的西段就在宁夏。后面又说"东至黄河,西拒绥州",而绥州在今陕北的绥德县南,显然,这段长城又不在宁夏境内。因此,史学界给出两种截然不同看法。持"在宁夏"观点的学者认为,其走向与盐池县到银川市横城的明长城一致;后文的"东、西"二字有笔误,应是"西至黄河,东拒绥州"。持否定观点的学者比较多,但其论据只有一条:宁夏境内没有留下隋长城遗址。

我也持否定态度,现提出更多论据。我认为,说《隋书》将"东、西"二字弄颠倒,只是猜测,无足够的根据,可能性也不大。隋绥州在陕西绥德之南,"东至黄河"则到了陕西吴堡,更何况,宁夏东部邻近陕西边界地区,没有大山,也没有勃出岭。因此,这段长城不在宁夏境内。出现截然不同的两种观点,完全是中华书局点校本《隋书》的断句有误。正确的断句应是:"发丁男三万于朔方、灵武,筑长城,东至黄河,西拒绥州,南至……"隋朝的朔方郡在今陕西省横山县。灵武,西汉置县,在今青铜峡市邵岗镇。东汉后期废弃,直到隋炀帝登基后,才恢复灵武县,改灵州为灵武郡。开皇七年的这个"灵武",应是东魏武定元年(543 年)在宁州所置灵武郡,侨治今山西省介休。对此,《魏书·地形志》卷一〇六上有记载。当时的朔方县、灵武郡距绥州都很近,崔仲方可以征调民夫,修筑这段长城。这样断句,并把朔方、灵武这两个地名的位置弄清,《隋书》的自我矛盾问题也就不存在了。

我这个看法,还可从另一条史料得到印证。隋开皇十八年(598 年)六月,高颎、杨素击突厥的主战派达头可汗,大破之。隋册封与隋亲善的染干为意利珍豆启民可汗。这一时期,隋朝的策略是扶持和保护突厥的启民可汗,所以又准其迁入河南地,在夏、胜二州间,即今河套以南的鄂尔多斯高原,与盐州(辖今宁夏盐池县)、灵州(治今宁夏吴忠市利通区古城镇)毗连。为防备其南下进入灵、盐、夏州,隋又在次年"发徒掘长堑数百里,东西均抵黄河"。综合考证，这道长堑在盐州之北、明长城之外。"东西均抵黄河"，则其西端在今银川市兴庆区月牙湖乡境。如果已经有一道长城，又何必再掘这道长堑？因此，在隋代，宁夏只有一道防突厥的长堑，而无长城。

明长城对交通的影响

历代学者对长城的研究，着重点多在军事、民族关系和建筑等方面。对长城与交通的关系，则很少有专论。长城作为防御工事，专门控扼敌兵来路。从这个角度看，似乎它只有限制和阻碍交通的作用。但实际上，它还有方便和保护交通的另一面。宁夏境内明长城的下述特点，可以充分支持这种观点。

（一）沿长城内侧一般都有一条交通大道

宁夏的东边墙，有宁（银川）盐（盐池）大道。西南边墙，有通兰州、靖远的大车道。从青铜峡、广武、中卫沿西南墙至武威，明清以来始终是一条重要的交通大道。贺兰山长城各关隘的内侧，又有贺兰山东麓的沿山大道。

这些道路是怎样形成的呢？一种情况是原来就有道路，修建长城时，有意将道路包于内。如由中卫至甘肃武威的大道，是唐末五代以来灵州通西域的习惯走法，明长城刚好建在道路的外侧。广武到甘塘，盐池到横城，刚好位于沙漠与农耕区的交接边缘。从人文地理的角度看，沙漠与农耕区的交界处必然有道路存在。而长城经过这一地区时，刚好沿交界线而走。明成化十年，徐廷璋修筑黄沙嘴至花马池的387里东边墙，就是有意将"草茂之地，筑之于内，使虏绝牧；沙碛之地，筑之于外，使虏不庐"。这样，原来的鄂尔多斯沙漠南缘路，就正好位于长城的内侧了。

另一种情况是在长城修建中形成道路。修筑长城是一项巨大的工程，需要调集大批夫役、车辆、畜力，以从事版筑、运土、运水和后勤供应工作。这种大规模的运输活动，必然要在长城内侧形成一条道路。一旦长城筑就，这条道路又被巡逻驻守的士兵继续使用，作为粮饷、军械的供应线。据明代三边总制王琼记载："宁夏镇城至花马池三百余里，运粮者循边墙而行，骡驮车挽，昼夜不绝。"嘉靖八年的记载还说，仅六、七两月，就从灵州往花马池运麦豆26000石。这种大规模的军运活动，肯定是沿徐廷璋修的旧边墙内侧而走的，因为这时的新东边墙尚未修筑。

还有一种情况是在长城修建后形成道路。嘉靖十年，王琼废弃旧东边墙，另筑360里新东边墙（又名"深沟高垒"）。《嘉靖宁夏新志》说："商旅游行，循沟垒而不受惊张之虞"。从这句话看，新边墙一筑，道路马上就随长城内移，形成了新的大路。道路内移的理由很简单：沿长城内侧走，可以保证行旅及货物的安全，人们宁可放弃附近的其他道路，而改走长城内侧。

（二）长城在修筑时，已考虑了如何方便交通的问题

长城凡与道路交叉，便要修一暗门，使道路从暗门通过。宁夏的东边墙虽是东西走向，但并未切断南北交通，就在于众多暗门起了作用。这360里边墙上，除了花马池、横城两个大的暗门，还有红山堡、安定营、兴武营、毛卜喇等地的小暗门。其他各段长城也是如此。据《北虏事迹》《边政考》等书所绘制的长城图看，这些暗门都修建在一些重要道路经过之地。如重险东端的萌城暗门，是宁夏镇通陕西大道所经。下马房暗门，是固（固原）豫（豫旺）大路所经。平房城北的"东暗门"，通活了平罗至石嘴山的道路。中卫西40里处的暗门，是通兰、靖的"孔道"。据《朔方道志·边界》记载，河东边墙及北边墙的暗门，到了清代末年，仍然通有重要道路，且是蒙汉人民交易的市口。

（三）长城在重要隘口、道路经过之处，一般都筑有关

这种关的设置，完全是为了"限敌利我"，控扼敌兵入侵道路，保护自己的出入安全。据《朔方道志·关梁》和《嘉靖宁夏新志》记载，仅贺兰山沿线，就有40多个关口。最北面的镇远关，是宁夏北面的大门。平罗县西约40里的"镇北关"，控制着打硙口（今大武沟口）入石炭井的大路。位于今银川市西三关口的赤木关，关内"可容千骑"，关口可通车舆，西可至阿拉善左

旗，东可抵宁夏镇城。汝箕沟当时是一个比较小的关，但明代却多次重修。1985年，我在汝箕沟口沿公路向里走约5华里处，发现了"重修关隘"的石刻数方。这种明代重修关隘的石刻，在贺兰山麓还是首次发现。其中最晚的一方是嘉靖二十八年四月"吉日"所刻，上镌重修关隘的监工、管工姓名及"汝箕外口""重修关隘，以遏虏道"等语。石刻之上，至今仍矗立着明长城的土垣。位于中卫市沙坡头区东60里的胜金关，有"傍山临河，路通一线，一夫当关、万夫莫过"之称。这些记载和遗迹证明：长城有关必有路。关的设置，起到了控制和保护道路的作用。

  明长城对宁夏陆上交通的影响是深远的。直到汽车出现，引起道路的第二次大变革时，应运而生的宁盐汽车路、宁（银川）兰（兰州）汽车路，仍然沿长城内侧而走。到后来，公路历经多次改线，才逐步摆脱了长城的羁绊。

昭武九姓及六胡州置废

一、隋唐时的中亚昭武九姓诸国

"昭武九姓",是南北朝至隋唐时期,对今中亚地区居民的泛称,实际不止九国,学术界统称"粟特人"。按《新唐书·西域传下》的记载,西域有个康国,其民原居祁连山北面的昭武城(甘肃临泽县),后迁至葱岭以西的西突厥领地中,支庶分王各地,形成康、安、石、曹、米、何、火寻、戊地等国。而《隋书·西域传》的记载有两点不同:一是其族源为西汉时祁连山北的大月氏,被匈奴逐至葱岭以西;二是形成的诸姓国名,有5个与《新唐书》相异。[1]对照西汉史实,确有匈奴击大月氏及月氏西迁之事。匈奴单于甚至把月氏王的头盖骨做成饮酒的酒具。汉武帝派张骞出使西域的初衷,正是为联络月氏向匈奴复仇。

《新唐书》把昭武九姓都记在康国名下,分别为:

康国,亦名萨末鞬、飒秣建,在今乌兹别克斯坦撒马尔罕一带,有大城30座,小堡300余,是昭武九姓的中心。其国土地肥沃,出良马。民嗜酒,信奉祆教,喜歌舞,善经商。康国在隋朝时臣服于西突厥,唐贞观三年(629年)后每岁遣使入贡,其中有金桃、银桃,唐太宗令种植苑中。

安国,亦名布豁、捕喝,都城治阿滥谧(乌兹别克斯坦西南部的布哈拉地区),西临乌浒河(今阿姆河),有大城四十,小堡千余,产名马。自武德年间起遣使入唐不断。又有东安国，在安国东北 400 里。

曹国，隋朝时治瑟底痕城（今乌兹别克斯坦撒马尔罕西北伊什特汗），唐朝初年又分裂为东曹、中曹、西曹国。自武德年间起遣使入唐不断。

石国，又名柘支，西域柘枝舞即源于此，治柘折城（今乌兹别克斯坦塔什干市）。显庆三年（658 年），唐以石国瞰羯城为大宛都督府。石国至762 年（宝应元年）一直遣使朝贡于唐。天宝年间，安西节度使高仙芝劾其"无蕃臣礼"，请讨之。石国王投降。高仙芝将其执送长安，斩于阙下，于是西域皆怨。石国王子请得大食兵，大败高仙芝部。

何国，亦名屈霜你迦、贵霜匿，在今撒马尔罕西北。

史国，亦名佉沙、羯霜那，北至康国 150 里，是昭武九姓国中较大者，地方数千里，有城 500 座。其国王在隋朝时即与中原朝廷通友好。

此外，还有米国、火寻、戊地等。

二、沿丝绸之路进入原州的昭武九姓人

昭武九姓所居中亚之地，原住民以粟特人为主，有独立的语言和文字。隋唐五代之际，宁夏境内居有众多的"昭武九姓"人。其中一部分是陆续从中亚阿姆河、锡尔河流域，沿丝绸之路零星进入中原的中亚人。昭武九姓中的史国人，在北魏初期就沿丝路进入中国定居。原州（今宁夏固原市）是丝路重镇，因而有很多史国人居住。今固原市原州区老城内，隋唐时有劝善里、万福里，是史姓人集中定居之地。原州区的开城镇，则是他们中显贵人士的殡葬地。已发掘并出土有墓志的史姓显贵墓，就有 6 处，其中包括隋大业六年（610 年）下葬的骠骑将军史射勿，唐显庆元年（656 年）下葬的左御卫将军史索岩，显庆三年下葬的史道洛，唐咸亨元年（670 年）下葬的陇右监牧第十七监使史铁棒……发掘这些墓葬时，出土有中亚各国的金币、银币、金覆面、蓝宝石印章、壁画。出土 6 件墓志，均系固原博物馆藏品，其中 4

件为国家一级文物。从铭文看，史姓人在祆教传入中国的进程中起过重要作用。

三、为安置昭武九姓而设的六胡州

唐代迁入宁夏的昭武九姓，最多的是西突厥可汗阿史那都支战败后降唐的中亚人。调露元年（679年），控制中亚部分地区的西突厥可汗阿史那都支叛唐。六月，朝廷以裴行俭任安西都护，设计俘获阿史那都支，筑碎叶城，中亚大批昭武九姓人降唐。②李吉甫《元和郡县图志》记载，"调露元年于灵州南界置鲁、丽、含、塞、依、契等六州，以处突厥降户，时人谓之'六胡州'"。李吉甫在元和八年（813年）曾到六胡州的核心区域主持设置新宥州之事，其记载不会有误。综合其他史籍看。调露元年所置六胡州，安置的基本都是昭武九姓，即中亚的粟特人，因附属于西突厥，所以也称"突厥降户"③。今学术界对六胡州的始设时间有不同看法。张广达《唐代六胡州等地的昭武九姓》一文认为早于调露元年，可以追溯到贞观四年。周伟洲先生则认为始设时间就在调露元年。今从后者。理由是：更早始置的河曲六州，安置的都是东突厥人，不可能有大量的昭武九姓。而调露元年所设六胡州，安置的全是昭武九姓人。

同在调露元年，同是裴行俭，还领兵18万出定襄道征讨东突厥阿史德温傅、奉职两部的反叛。但出兵时间是十一月从西域归来皇帝设宴慰劳之后，获胜时间为永隆元年（680年）三月。④此时，六胡州已经存在。

四、六胡州与河曲六州的区别

除了调露元年所置六胡州，还有另外一个河曲六州，必须加以区别。《资治通鉴》记载，"初，咸亨中，突厥有降者，皆处之丰、胜、灵、夏、朔、代六州"⑤。《新唐书·突厥上》有同样的记载,但称之为"河曲六州",今学术界很多人叫"河曲六胡州"。河曲六州始设于咸亨年间(670—674年),安置的主要是东突厥降众;而六胡州设置时间要晚几年,安置的主要是西突厥降众,即昭武九姓人。对这两个六胡州,周伟洲先生有正确的结论:

> 唐于调露元年设置的六胡州,与所谓的"河曲六州",是完全不同的两个地理、行政区划的概念。河曲六州(有时也简称"六州")是指唐初于河南、河曲所设的六州(丰、胜、灵、夏、朔、代);而所谓"河曲六州降人"或"六州胡人",也是指在这六州的蕃胡部落,其中主要是突厥内属者。调露元年所置的六胡州(鲁、丽、含、塞、依、契六州),仅是在灵、夏两州之间所设。从地域上看,它仅是河曲六州的一小部分……过去发表的一些关于六胡州的论著,皆因在这两个概念上分辨不清,以致将两者混淆,造成了一些混乱。⑥

六胡州的位置,史籍有"灵州南界""灵、夏州南界"两种说法。而裁废六胡州之后复置的兰池都督府,已在盐州白池县(今宁夏盐池县北30多公里有遗址)北80里(后详)。因此,六胡州的地域,跨今内蒙古、宁、陕三省区交界地带。集中安置的"突厥降众",就是向裴行俭投降的昭武九姓人,其中尤以康、何、石姓为多。

五、六胡州何氏墓葬

1984年6月,文物部门发掘盐池县苏步井乡硝池子村(当时行政建制)唐代墓葬,出土两扇雕有胡旋舞舞伎的石质墓道门,从一个侧面反映墓主为中亚的昭武九姓人。在《册府元龟》一书的《外臣部》中,有20多处关于中亚各国向唐朝"献胡旋女"的记载。而出土的一方墓志,则直接证实死者系昭武九姓的何国人。全文较长，部分摘录如下：

> 大周□□□都尉何府君墓志铭并序
> 君□□□□□□，大夏月氏人也……祖乙未，唐上柱国□□□齐业□□□踈爵溥畴清班修冷，父盤池□□□□都尉，坐沾光位，雅誉早闻……久视元年九月七日终于鲁州如鲁县□□里私第，君春秋八十有五，以其月二十八日迁窆于□［州］城东石窟原……⑦

大周即武则天执政时期，铭文中有多个武氏独创字。墓主生前曾任都尉之职，死于鲁州如鲁县，葬于鲁州东石窟原。墓地在今盐池县高沙窝镇兴武营古城之东北五六公里。这足以说明，六胡州的鲁州，应在兴武营之西，距灵武市境不远。鲁州的下面，还有县级建制。其余五州，跨今宁夏盐池县、内蒙古鄂托克前旗及陕西的定边、靖边县，但确切位置待考。

今盐池县、灵武市、同心县及青铜峡市等地，后来也有昭武九姓迁入。永宁县宋澄堡何氏家族保存的何氏家谱，明确记载其先祖为今撒马尔罕西北的何国人，于唐永徽年间（650—655年）来到灵州。宋澄堡等地的何姓农民，都自称是唐代将领何进滔的后裔。按《旧唐书》《新唐书》的人物传，唐军将领中，有史宪诚、何进滔、史孝忠、史敬奉、康季荣、康志睦、康承训、康传业等，都是昭武九姓人。

六、六胡州撤裁与康待宾之乱

贞观之治到开元盛世，宁夏地区民族和睦是常态，但也出现两次波折，一是六胡州康待宾之乱，二是突厥人默啜的反叛。

康待宾之乱的性质，属反抗朝廷压迫的正义斗争。长安四年（704年），朝廷决定将六胡州合并为匡、长二州。神龙三年（707年）复置兰池都督府，治盐州白池县北 80 里，同时撤裁二州，在原来的六州各设一县。六胡州不再是羁縻州，昭武九姓失去自治权。开元九年（721 年）四月，兰池都督府中的康待宾率领昭武九姓反叛，主要将领安恭容、何黑奴、石神农等也都是昭武九姓人。叛军一举攻陷六县，又率众 7 万进逼夏州。朝廷命朔方大总管王晙、陇右节度使郭知运领兵进剿，又以太仆卿王毛仲为朔方道防御讨击大使，张说为天兵军节度大使相配合，共讨康待宾。七月，王晙率部大破叛军，杀死 15000 人，余众投降，皆予释放。康待宾被俘，遣送长安后腰斩于西市。九月，郭知运为邀功，纵兵杀戮已放下武器的民众。昭武九姓认为是被王晙出卖，聚而复叛。次年八月，康愿子再树反旗，自称可汗。张说率兵追讨，平息叛乱。朝廷下令，"徙河曲六州残胡五万余口于许、汝、唐、邓、仙、豫等州，空河南、朔方千里之地"⑧。六胡州作战的叛军人数就有七万之众，加上老幼妇女，迁来的昭武九姓当超过 20 万。具有讽刺意味的是，在平定六胡州起义的唐军将领中，也有部分昭武九姓人。如康植，就因生擒康待宾而立首功。《新唐书·康日知传》："康日知，灵州人。祖植，当开元时，缚康待宾，平六胡州，玄宗召见，擢左武卫大将军，封天山县男。"这里把康日知的籍贯，记作灵州，说明六胡州之中，有的已在灵州界内。张星烺的《中西交通史料汇编》，则把康植归入中亚粟特人。⑨康日知的长子康志睦，官至尚书左仆射。次子康承训，在唐宣宗时官至工部尚书、义武节度使。唐咸通九年（868 年），发生以庞勋为首的桂林戍卒起义，要打回老家徐州，邻近各州农民响应，众至十几万。朝廷派康承训统兵 20 万，经二年平定叛乱。康承训因功迁升检校尚书左仆射、同中书门下平章事。《新唐书》为其立传，洋洋四千余言。⑩这说明六胡州的居民已经分化，一部分已进入唐朝的上层社会。

对六胡州昭武九姓的反叛，朝廷的处置有诸多失误。改羁縻州为县，是诱发之因；大加杀戮，是复叛的导火线；杀戮多的郭知运被重用，杀戮少的王晙，反而被贬为梓州刺史；迁余众于内地，则是在杀戮之后，为情势所迫之举；空河南、朔方千里之地，也与行之有效的羁縻州制度相悖。

注释

① 《隋书·西域传·康国》卷八十三，中华书局，1973年，第1848页："其王本姓温，月氏人也。旧居祁连山北昭武城，因被匈奴所破，西逾葱岭，遂有其国。支庶各分王，故康国左右诸国并以昭武为姓，示不忘本也。"其后列依附康国之国名8个：米国、史国、曹国、何国、安国、小安国、那色波国、乌那曷国、穆国。

② 《资治通鉴》卷二〇二，第6390页。

③ 《元和郡县图志》卷四新宥州条，中华书局，1983年，第106页。参见两唐书《地理志》。

④ 《资治通鉴》卷二〇二，第6393页。

⑤ 《资治通鉴》卷二〇六，第6516页。

⑥ 周伟洲：《唐代六胡州与"康待宾之乱"》，《民族研究》1988年第3期。

⑦ 宁夏回族自治区博物馆：《宁夏盐池唐墓发掘简报》，《文物》1988年第9期。

⑧ 《资治通鉴》卷二一二，第6745、6746、6752页。

⑨ 《新唐书·康日知传》卷一四八，中华书局，1975年，第4772页；《中西交通史料汇编》第四册，中华书局，1974年内部资料版，第194页。

⑩ 《新唐书·康日知传》卷一四八，中华书局，1975年，第4772—4779页。

明代宁夏镇的军事屯田

明代的宁夏镇,为长城沿线"九边重镇"之一,辖境北至今平罗县城,南至今同心县中部,包括今银川市、吴忠市全境、中卫市大部及石嘴山市平罗县的南部。其中的宁夏平原,得引黄自流灌溉之利,自古农业发达,盛产稻麦黍菽。明初,出于军事防御需要,徙民于关陕,农业生产活动全部中止,7万多士兵的口粮全靠关中长途转运而来。1500里之遥,运之斗米,运夫往返口粮需一斗半。为解决粮草供给问题,朝廷只好开展大规模军事屯垦,又"徙五方之民实之"。恢复已荒芜的农田,交各屯卫管理,新筑82个屯堡,实行军屯民垦,征粮为赋,除解决兵马粮草供应问题,还多有"积谷"。但到后期,军屯仍在,而民户逃亡过半,所征赋粮仅可满足军需之半。

一、明代宁夏军屯的创立时间

《明史·食货志》载,明代屯田之制,分军屯、民屯两种。朱元璋登基后,为了解决军粮供应问题,立即采取寓兵于农方针,在全国发展屯田。当时的宁夏全境皆属陕西布政使司。洪武四年(1371年),朝廷下令在陕西发展屯田。六年,太仆丞梁埜仙帖木尔建言:"宁夏境内及四川西南……土膏沃,宜招集流亡屯田。"[①]但是,宁夏地处军事前沿,为了打造真空防御地带,于洪武五年废宁夏府,徙民于陕西,空其城,屯田之事作罢。洪武九年草创宁夏卫，建文间立宁夏镇，为"九边重镇"之一，上隶陕西都指挥使司，下辖宁夏卫和左屯、右屯、中屯卫以及前、中、后卫并灵州、兴武营、韦州千户所。最后于永乐元年设宁夏中卫。

因此，明代宁夏镇的军屯，是在洪武九年（1376年）至永乐元年（1403年）陆续创立，都分布在引黄灌区。最早的为宁夏卫，最晚的为宁夏中卫。到永乐元年，宁夏军屯产粮自给有余，在全国各地的军事屯田中绩效最佳。《明史·食货志》说："宁夏总兵何福积谷尤多，赐敕褒美。"

二、明朝前期宁夏镇屯田分布

明代宁夏镇共辖七卫、3个独立千户所，即宁夏卫、宁夏前卫、宁夏左屯卫、宁夏右屯卫、宁夏中屯卫、宁夏后卫、宁夏中卫和灵州千户所、兴武营千户所、韦州群牧千户所。其中后卫、兴武营、韦州地处干旱少雨地带，明朝前期都没有屯田。另有鸣沙州城，土壤及灌溉条件好，屯田由宁夏镇直接管理。按《嘉靖宁夏新志》统计，全镇共有屯田16753.45顷，合今154.13万亩。[②]明朝时，宁夏镇的控制区域仅及今平罗县城之北5里。所以，这些农田分布在北起平罗县城、南至中卫市的宁夏引黄古灌区内，其面积约为今灌区面积的四分之一。现按《嘉靖宁夏新志》的记载，将屯田及其管理机构分述如下。

（一）宁夏卫

治所在今兴庆区南门城楼内侧，明洪武三年（1370年）置宁夏府，五年废府，"空其城"，徙其民于长安。九年（1376年），创设宁夏卫，迁五方之民实之。领5个千户所（每所统兵1120名），50个百户所，屯田3370.08顷，编制士兵6838名，约2000人专事驿递差役。另有冬操夏种编余士兵1111名。其余皆事屯垦，辖11个屯堡（后详）。另有备御西安左等卫官军4199人，分作两班：每年春二月一班在边，一班回卫；十月后防秋，两班俱在边。有战马2382匹。

宁夏卫是宁夏镇最早建立的屯卫，创立了屯卫的标准模式，有示范作用，故《嘉靖宁夏新志》对其编制、田亩、各项管理制度、赋税，都有详细记载：

领属屯堡共11个，在今银川市行政区内的9个，即潘昶堡、金贵堡、李祥堡、河西寨、杨和堡、王泰堡、王铉堡、任春堡、河中堡。仅汉坝堡、叶升堡属今青铜峡市。

屯种士兵编制十一堡，共使用冬操夏种编余士兵1111名。每堡100名，委派百户1员领之。每个士兵耕种屯田50亩，称"一分田"，合今46亩。

屯田共3370顷8亩。其中11堡士兵耕种550顷；公用田50顷5亩；其余近2770顷由境内散居民户耕种。因此，3370顷8亩屯田属本卫辖境内的全部耕地，由总镇税课局登记在册，严格管理。

民户共5101户8021口，平均每户1.57人。均系洪武九年（1376年）"徙五方之人实之"者，多数为夫妻两口，无老幼拖累。

赋税分夏秋两季征粮37920石[3]，按田亩征，税率为每顷12石，军民相同。夏税每亩征麦4升、豌豆6升；秋税每亩征粟米2升。每5亩岁征谷草一束（捆），共51161束。每年秋八月，在湖滩采割秋草451300束贮存。每亩岁征马价银1厘。军屯纳税之后，将所剩之粮贮于屯仓，听本军自支，余粮为本卫官军俸粮。以上征粮品种无大米。明代产稻区田亩征税均收大米，北方不产稻的也统一按大米折算。而宁夏平原在唐代以后大量种植水稻，何以到明代不再种植，其原因不详。

（二）宁夏左屯卫

治所在今兴庆区老城东北角，即永康巷北段。明洪武二十五年（1392年）二月始置卫。所辖屯堡多在宁夏镇东部，故名左屯卫。领5个千户所50个百户所，编制兵员7084人，正额旗军5600名，带管旗军1484名，招募士兵62名。马2230匹。屯田2991.41顷。辖屯堡十四，其中在银川市行政区内的有9个：李俊堡、王佺堡、林武马站堡、魏信堡、张政堡、唐铎堡、许旺堡、刘亮堡、王澄堡。在今青铜峡市境内五堡：蒋鼎堡、陈俊堡、瞿靖堡、林皋堡、邵纲堡。堡外有散居民户5111户8956口。

（三）宁夏右屯卫

治所在今兴庆区老城西部，明洪武二十五年（1392年）二月始置卫。所辖屯堡多在宁夏镇西部，故名右屯卫。隶陕西都司。领5个千户所50个百户所。《嘉靖宁夏新志》记载屯田1277.44顷，平均每个屯堡才71顷，故此数有误，应为3277.44顷。编制军丁数缺载，另招募士兵1268人。有战马892匹。辖18个屯堡，其中在银川市行政区内的有十三堡：靖夷堡、杨显堡、靖虏堡、威远堡、平胡堡、雷福堡、桂文堡、常信堡、洪广堡、高荣堡、杨信堡、镇北堡、平羌堡。在今青铜市境内一堡：大坝堡。今平罗县境内三堡：姚福堡、镇朔堡、新兴堡。（《嘉靖宁夏新志》原文缺1堡名）。堡外有散居民户4000户7203口。

（四）宁夏中屯卫

治所在今兴庆区南门城楼内东侧。洪武二十五年（1392年）始置，上隶陕西都司。领5个千户所50个百户所，编制旗军5488人。屯田1931.14顷。领屯堡五，其中镇河堡、虞祥堡在银川市行政区内；汉伯渠堡、金积堡、中营堡在吴忠市境内。堡外有散居民户3557户5853口。

（五）宁夏前卫

治所在今兴庆区老城景岳小学。明洪武十七年（1384年）始置。所辖屯堡居北部边防前沿，故名前卫。隶陕西都司，领5个千户所50个百户所，屯田2258.96顷。编制正额旗军5600名，带管旗军1328名，另招募士兵1268人。战马1050匹。辖屯堡九，其中在银川市行政区内的有5堡，即谢保堡、张亮堡、李纲堡、丁义堡、宋澄堡。在平罗县境内1城2堡：平虏城、周澄堡、威镇堡。另有黄沙马寨堡，地望不确。堡外有散居民户3590户5384口。

（六）灵州千户所

原在古灵州，即今吴忠市利通区境内，后几经迁徙至今灵武市城关。洪武三年（1370年），徙灵州官民和盘踞之残元蒙古人于陕西内地，一度空其城。十六年（1383年），故城为河水浸毁，于故城北七里处筑新城。十月置灵州河口守御千户所，属陕西都司。永乐末，河水又迫近城下。宣德三年（1428年），复在新城东五里再建新城，改灵州河口守御千户所为灵州千户所，属宁夏卫，即今灵武市城关。原额旗军3457名，冬操夏种报效、舍余士兵1975名，马2084匹。有屯田425.52顷。领十三堡，其中，在今吴忠市境内有吴忠堡、枣园堡、汉伯渠堡、金积堡、中营堡（《嘉靖宁夏新志》原文如此，与宁夏中屯卫辖堡重复）、秦坝关；属灵武市的有河东关堡、胡家堡；属盐池县的有惠安堡；另有夏家堡、红崖站堡、半个城堡、马家园四堡位置待考。其中惠安堡、半个城堡、红崖站等堡不具备屯垦条件，只驻戍守士兵。屯堡周边，亦无民户屯垦，只有少量蒙古族人定居。

（七）宁夏中卫

元置应理州，明洪武三年（1370年）州废，以宁夏左屯卫军余（编余或未正式入籍的军人）屯种于此，人数不详。永乐元年（1403年）正月由宁夏右护卫改置宁夏中卫，上隶陕西都司。领5个千户所50个百户所。原额旗军6280人，马1004匹，屯田1911.9顷。辖境约当今中卫市沙坡头区全境及中宁县大部。辖军事屯堡十一：柔远、镇靖、永康、宣和、宁安、威武、石空寺、枣园、常乐、镇房、宁安新堡。堡外有散居民户1923户4069口。

（八）鸣沙州城

明初徙民于长安，空其城。正统九年修葺故城，地属宁夏中卫，设马、步军409名。有屯田587顷，岁赋粮7017石。

前文所述，主要依据为《嘉靖宁夏新志》，是洪武九年至嘉靖十八年间屯田概况。屯田的效益是：167.5万亩屯田，合今约154万亩。当时全国平均水平粮食亩产原粮208斤。这些屯田按亩产150斤计，总产量为23100万斤，可以供给20万人的口粮。征缴的饲草，也可满足战马的全部需求。

表1 明代前期宁夏镇军事屯垦统计

军屯单位	屯田数 明代(顷)	屯田数 折合今亩	屯堡数	堡外散居民户数 户	堡外散居民户数 口	每年征缴赋粮（石）	每年征缴饲草（捆）
宁夏卫	3370.08		11	5101	8021	37920.48	502461
宁夏左屯卫	2991.41		14	5111	8956	35328.26	395342
宁夏右屯卫	3277.44		18	4000	7203	21800.3	382490
宁夏中屯卫	1931.14		5	3557	5853	22476.24	25525
宁夏前卫	2258.96		9	3590	5384	25311.27	143547
灵州千户所	425.52		13	无统计	无统计	4420.6	207397
宁夏中卫	1911.9		11	1923	4069	33093.7	370322
鸣沙州城	587		1	307	785	7017	91740
合 计	16753.45	1541317.4	82	23589	40271	187367.85	2118824

注：1. 本表据《嘉靖宁夏新志》整理。2. 明代1顷为100亩，合今92亩。

三、明朝后期的宁夏镇屯田

明朝的洪武末（1398年）到正德末（1521年），是宁夏镇军屯平稳发展时期。洪武九年迁来的移民，也生息繁衍，人口从4万多，增加到弘治年间的11万人。可是到嘉靖年间，由于对民户租田增加了"地价银"，负担过重，民户大量逃亡，形成兵多民少局面。当时编制有马军、步军共70263人，战马19595匹，而居民户口却只有52281人。每年本地军事屯垦只能供应军粮175946石、饲草161240捆，还需从陕西调入军粮133405石、饲草161240捆。④本地所产粮食，基本解决宁夏镇军民的口粮和军马的加料需求。此后，全国的屯田日渐衰落，"屯田多为内监、军官占夺，法尽坏"⑤。宁夏的屯田又因黄河塌岸毁田、土壤沙化而大幅减少。不得已，又在后卫增辟屯田。后卫地处今盐池县境，为半荒漠区，世代为牧区，又无水源，不具备发展农业条件。所以，到万历七年（1579年），宁夏镇又将屯田数量、征税额度做了大幅调整：由七卫及3个独立千户所分管屯田，在册田亩由19832顷减少到15704.48顷。赋粮由14.85万石减少到13.94万石。此时，宁夏镇人口仍然很少，共29337户56440人。驻军73179人。其中宁夏镇管兵61901人，需军粮22.23万石，人均3.6石，合今270千克。屯田正税应交粮13.94万石，供应本镇官兵口粮尚缺8.29万石。如加上陕西都指挥使驻防军11278人，缺额达12.4万石，都要从关中通过递运所长途跋涉运来。《万历朔方新志》卷一专设《屯田》一目，篇幅长达26页，十分烦琐。现将其中重要数据整理如表2，阅之了然。

表2 明万历七年（1579年）宁夏镇屯田统计

卫 所	屯田数（亩）原额	屯田数（亩）实有	赋粮（石）	征地亩银（两）
宁夏卫	2768.17	2606.48	27288.25	228.63
宁夏左屯卫	3083.95	2908.61	31344.64	272.57
宁夏右屯卫	1574.12	1486.15	15172.62	133.16
宁夏前卫	1434.39	1212	14009.26	123.26
宁夏中屯卫	1946.49	1889	17544.26	171.37
宁夏中卫	2130.28	2917.28	20641.62	203.17
灵州千户所	951.73	810.14	7194.82	53.44
宁夏后卫	4359.61	1465.07	1465.36	0
平虏千户所	583.26	409.75	4771.67	45.42
合 计	18832	15704.48	139432.5	1231.02

四、明代军屯对地名的影响

明代为了建立真空防御带，洪武五年（1372年）废宁夏府，"徙民于陕西"。又过了4年，才成立宁夏卫，任命耿忠为指挥使，"徙五方之人实之"。接着，又增设4个屯卫，新筑82个屯堡开展军事屯垦。每个屯堡驻军百余名，委派一名"百户"管理。由于原住民都已迁走，造成"地名丢失"，各堡都要重新命名。命名方式有五种：

第一种，以堡官"百户"姓名命名，共37个。这种命名方式，只在洪武年间初置屯堡时使用。除吴忠堡，都分布在银川平原的黄河以西，如潘昶堡、金贵堡、李祥堡、杨和堡、王泰堡、王铉堡、任春堡、叶升堡等。多数专名沿用至今，只将人名按谐音更改，如张政改为掌政，李纲改为立岗。有甚至成为地级市的专名，如吴忠市。详见表3。

表3 明初以"百户"名字命名的屯堡地名变化表

始 名		曾用名	现今地名	
			名 称	隶属与级别
专名沿用至今的	吴忠堡	西汉至明初为灵州治所	吴忠市	宁夏 地级市
	金贵堡	曾名乡、公社	金贵镇	贺兰县 乡镇
	常信堡	曾名乡、公社	常信乡	贺兰县 乡镇
	洪广堡	曾名洪广营、乡、公社	洪广镇	贺兰县 乡镇
	杨和堡	西夏置永州，1941年曾更名养和镇	杨和镇	永宁县城
	李俊堡	曾名乡、公社	李俊镇	永宁县 乡镇
	瞿靖堡	曾名乡、公社	瞿靖镇	青铜峡市 乡镇
	潘昶堡	曾名乡、公社	潘昶村	贺兰县金贵镇辖
	唐铎堡	曾名乡、公社	唐铎村	永宁县望洪镇辖

续表 1

始 名		曾用名	现今地名	
			名　称	隶属与级别
专名沿用至今的	许旺堡		许旺村	永宁县胜利乡辖
	王澄堡		王澄村	贺兰县金贵镇辖
	张亮堡		张亮村	贺兰县常信乡辖
	丁义堡	曾名乡、公社	丁义村	贺兰县常信乡辖
	宋澄堡	曾名乡、公社	宋澄村	永宁县望洪镇辖
	桂文堡		桂文村	贺兰县常信乡辖
	杨显堡	曾名乡、公社	杨　显	永宁县胜利乡辖
	高荣堡		高荣堡	平罗县姚伏镇辖
	陈俊堡		陈俊村	青铜峡市大坝镇辖
	林皋堡		林皋村	青铜峡市小坝镇辖
民国至当代以谐音更名的	王铉堡	隋唐为弘静、安静、保静县，西夏升静州，1941年改望鸿堡	望洪镇	永宁县　乡镇
	叶升堡	1941年改叶盛堡	叶盛镇	青铜市　乡镇
	张政堡	曾名乡、公社	掌政镇	银川兴庆区　乡镇
	谢保堡	谢刚堡，1941年改习刚堡	习岗镇	贺兰县城
	李纲堡	李刚堡，1941年改立刚堡	立岗镇	贺兰县　乡镇
	姚福堡	姚伏堡，1941年改邀福堡	姚伏镇	平罗县　乡镇
	邵纲堡	邵刚乡，当代改名邵岗乡	邵岗镇	青铜峡市　乡镇
	任春堡	1941年改仁存堡，设仁存渡	雷台村	永宁县李俊镇辖
	王佺堡		旺全镇	永宁县杨和镇辖
	王泰堡	1941年改王太，曾设乡	王太村	永宁县杨和镇辖
	周澄堡		周城村	平罗县姚伏镇辖
	虞祥堡		于祥村	贺兰县常信乡辖
	蒋鼎堡	2003年前为蒋鼎乡，后改村	蒋顶村	青铜峡市瞿靖镇辖

续表2

始　名		曾用名	现今地名	
			名　称	隶属与级别
废弃不用的	李祥堡		永宁县望远镇李桥村民小组	
	刘亮堡		今地待考	
	魏信堡		今永宁县胜利乡许旺村	
	雷福堡	明万历年间更名丰登堡	银川市金凤区丰登镇联丰村	
	杨信堡		贺兰县常信乡南境	

第二种，以当地的地理位置及特点命名，如河西寨、河中堡、汉坝堡、林武马站堡、大坝堡、镇河堡、汉伯渠堡、金积堡、秦坝关、中营堡、黄沙马寨堡、枣园堡、红崖站堡、半个城堡、石空寺、河东关堡。其中9个今天仍在使用。

第三种，因当时民族矛盾激化而具有歧义的命名，如靖夷堡、靖虏堡、威远堡、平胡堡、镇北堡、平羌堡、镇朔堡、平虏城、威镇堡、镇靖堡、镇虏堡。这11个地名，多数已将带歧义的字以谐音更改，如平虏城改平罗县，平羌堡改平吉堡，有的已废弃不用。

第四种，以人们的美好愿望命名，如惠安、柔远、永康、宣和、宁安、威武、常乐、新兴、宁安新堡。这9个地名，除威武堡改名恩和堡，其他都沿用至今。

第五种，以当地居民姓氏命名，如夏家堡、马家园、胡家堡。

注释

① 《明史·食货一·屯田》卷七十七，中华书局，1974年，第1883页。

② 明代1顷为100亩，1亩合今614.4平方米，即0.92亩。

③ "石"，古代容量单位，一般用于计量粮食。明代1石米合今153.5斤，即77千克。1石小麦约合今73千克。

④〔明〕魏焕：《皇明九边考》卷八《宁夏考·军马考》。

⑤《明史·食货一·屯田》卷七十七，中华书局，1974年，第1885页。

康熙赐宁夏《圣训碑》的蛛丝马迹

(原载《银川日报》2020年6月17日第7版)

康熙亲征噶尔丹，在宁夏境内历时月余，驻跸银川18天，是宁夏历史上的重大事件。据当时权威的文献记载，康熙应军民之请，曾专为宁夏勒石立碑。我早就查到了他所撰碑文，但一直未找到碑的下落及设置地点。此事萦绕在心已20多年，近日终于找到蛛丝马迹。现仅从历史文献研究的角度，谈一些粗浅的看法，与感兴趣的读者商榷。其中对文物本身的定性，还应以文物部门的鉴定为准。

从一件雕龙碑首残件说起

6月11日上午，应银川电视台之邀，到现场作关于帅府井的电视节目。但没想到，却有一个意外收获：发现一件雕龙碑首。

帅府井在今兴庆区银河巷西端、玉皇阁北街东侧，即兴庆区政务服务中心大院内。进大院门顺围墙向西拐10余米即是，就在文化街街道办事处办公楼前。靠围墙之处，有银川市第一职业高中2003年8月所立《重修古井碑记》。碑的前面，即银川人世代相传的"帅府井"。

为何叫帅府井，与这里厚重的历史文化有关系。《嘉靖宁夏新志》卷首，附有一张《宁夏城图》，在德胜门（北门）内西侧，并排标有帅府和总兵官宅两个地名，都面朝南。对照今天地名：帅府在今兴庆区政务服务中心院内，西临玉皇阁北街，南临银湖巷。明代设宁夏镇，是长城沿线"九边重镇"之一，为军政合一机构，镇守是最高军政长官，故将其府邸称"帅府"。总兵官宅在帅府之东，一墙之隔，东至中山北街。总兵是实际管理驻军的职官，相当于今天的省军区司令。到清代，帅府地名不存，只留下"镇守宁夏总兵府"，《乾隆宁夏府志》地图标作"总镇署"。康熙来宁夏，就以原宁夏总兵冯德昌府第为行宫，驻跸达18天。民国初为宁夏镇守使（曾名宁夏护军使）马福祥的官署。1958年后曾为宁夏党校、公安厅办公地址，"文化大革命"后期成为银川十一中校园及教职工住宅楼。1986年正式更名银川市第一职业高中。

碑首残件的现状

帅府井的旁边，立有一块石雕残件，用混凝土固定在地面上。稍有点历史知识的一看便知，这是一座石碑上部的装饰部分，专业术语叫"碑首"或"碑额"。残高56厘米，大约只是碑首实际高度的60%；残宽1.08厘米，左边基本完整，右面缺损较多，估计原来的宽度至少有1.5米；厚25厘米；背面平整，有现代人刻画的象棋棋盘，但缺了三分之一，说明这件文物在当代仍有毁损；正面为浮雕，刻深15.3厘米。令人震惊的便是这些浮雕图案：两条巨龙缠绕于碑石上，龙头居中，构图奇巧，雕工精细；龙体丰满，气势恢宏。左半部边缘有缺损，但龙身基本完整。右半部缺损较多，其中上部的龙体浮雕已全部被毁，下部龙尾也有缺损。原本居中的龙头，现在到了残件的右上方。与全国各地现存上百座龙雕的碑首照片对照，这件的图案设计、雕工、立体感，都远胜于其他，而且尺寸也较大，应该是重要石碑上的一小部分。

对这件雕龙碑首，文物部门也曾调查过，力求通过老住户，找到第一出土点。但遗憾的是，这个大院旧时一直是官署所在，解放后也仍是机关、学校大院，单位变换多次，没有老住户。年纪最大的是原十一中的教师，但谁也说不清这件文物的来历、出土地点。因此，文物部门也未对这件雕龙碑首残件作出定性。

在古代，勒石立碑以雕龙装饰碑首的很多。包括皇帝御赐碑、敕命及诰命碑，以及民间的龙王庙碑、宗教寺庙碑、功德碑等。一般来讲，皇帝御赐碑、名寺名刹碑的雕龙碑首气势宏伟、雕工精细，而其他碑则逊色得多。眼前这件气度不凡的实物，如果不是从其他地方移来的"外来户"，在我脑海中浮现的第一个念头便是：一定与康熙皇帝有关，因为他的行宫就在这里。

康熙赐碑文的前后经过

那么，康熙是否曾给宁夏御赐碑文？

这要从康熙三征噶尔丹说起。噶尔丹（1644—1697 年），卫拉特蒙古准噶尔部首领，实行扩张政策，勾结沙俄，发动分裂叛乱，一度从新疆向东攻至赤峰。康熙为维护领土完整、制止分裂，两次率兵将其打败。1697 年，康熙决心"除恶务尽"，第三次亲征噶尔丹，于当年部署三路大军合击，他本人则长途跋涉 2600 多里，来到宁夏府城坐镇指挥。他于农历三月二十日进入宁夏境，在花马池、安定堡、兴武营、清水营各宿一夜。二十四日驻横城堡，在这里处理了很多军国大事，包括和于成龙商定十万大军的粮草征集、运输问题；批准开放横城、平罗为蒙汉交易市口；批准建立宁夏府向东、向北的两条驿道；等。第二天渡黄河后，又写祭文在河崖子祭祀黄河。三月二十六日，才抵达宁夏府城，入住原宁夏总兵冯德昌府 18 天。此间，各种文献即将宁夏总兵府称为"行宫"。闰三月十五日，康熙离开行宫，从横城渡取水路北上白塔（今包头市），为北征将士壮行，船队规模达 101 艘。二十二日，船队驶出宁夏境。合计在宁夏境32天。

关于立碑之事，实录这次亲征的《亲征平定朔漠方略》有很长的文字记载，现摘要简述如下：

"甲午（闰三月十四日）……宁夏绅衿（地方上的体面人物）兵民闻御驾于次日启行，拥集行宫外，叩首……伏乞圣驾复留数日"。康熙走出行宫耐心解释，大意是：我这次来宁，主要是安排军务，扫荡叛敌，以安黎民百姓。过去我巡视全国各地，驻跸从未超过3日。这次在宁夏府已有17天。我带有禁军，扈从人员也不少。"多留一日，即滋百姓一日之扰"。所以，一天也不敢多留。恳留不成，又有地方官请求"制圣训"勒石立碑，供臣民及子子孙孙瞻仰。康熙不允，说："朕巡幸愿欲安民，今制文颁赐，则百姓运碑雇匠，转致烦苦"。地方官又说，此事系百姓自发行为，听说皇上来了，碑材已经备好，工匠也是现成的……康熙听后，让议政大臣讨论定夺。大臣们都说是"盛事"，康熙才答应下来。制碑文不是个简单事，要构思，要逐字斟酌，精练到一字不能多、一字不能动，最后还要一口气用毛笔写下来，形成御书手迹。第二天早晨要启程，加之战事在即，自然顾不上写。

现存御制碑文

直到闰三月二十五日，也就是离开宁夏城的第10天，到了黄河西岸一个叫沙枣树的地方（今内蒙古磴口县南），康熙才将碑文手迹发出。其原文在个别旧志中有转录，但错谬不少。最准确的是《亲征平定朔漠方略》所记：

先是，上驻跸宁夏时，其地兵民吁请御书勒碑。至是，上以御制碑文发出，命宁夏地方官勒碑，文曰：

谕宁夏文武官员兵民人等：朕体天育物，日以治安为念。虽身在宫庭，而心恒周四海，顷因指画军务，不惮勤劳，远莅宁夏，无非为荡涤寇氛，绥刈生灵计也。缘边千余里，土壤硗瘠，惟宁夏洪流灌输，诸渠环匝，巡览所至，甚惬朕怀。夫农桑者，衣食之本；积储者，殷阜之源尔。官吏宜董劝父老子弟：三时力田，以尽地利；比屋勤殖，以裕盖藏；纵使岁偶不登，亦可无忧匮乏。若夫秦风健勇，自昔为然，其在朔方尤胜他郡。尔等或职居将领，或身隶戎行，尚各厉精锐，以效干城御侮之用，斯国家有厚赖焉。至于忠信慈惠，服官之良轨；孝弟齿让，生人之大经。法纪不可不明，礼教不可不肃。勿以地处边陲而不治以经术，勿以习尚气力而不泽于诗书。总期上率下从，庶几驯臻雅化。兹乘舆返跸，距灵、朔虽远，而眷念塞垣如在几席。尔等诚能敬体朕言，将吏协恭，兵民咸理，生聚日益厚，风俗日益淳，则疆圉实有攸裨，朕心亦用深慰。慎勿视为具文辜朝廷惓惓牖导之意。钦哉特谕。

（共336字，原文无标点符号）

浩大的建碑工程

前文已经说过，康熙发出碑文时，"命宁夏地方官勒碑"。这就是圣旨，谁敢不从！可是，查遍后来的地方志，都找不到建碑之事。乾隆三十六年完成的《宁夏府志》，只在《恩纶纪》中以"圣谕"的方式，录有全文，但出现许多不该出现的错误。首先是错字多达10处，导致文理不通。其次，将碑文发出时间记在"五月乙未车驾还京师"之后，错了2个月。其三，对碑文产生的经过、写好发出的圣旨、是否立碑，都只字不提。至于《乾隆银川小志》、民国《朔方道志》，也都不记此碑。查遍现有文物名录、遗址，更无此碑线索。莫非此碑确实未立？

我不甘心，终于在当时任川陕总督吴赫的《钦颁圣训碑记》找到答案。这篇记叙文生涩难懂，加上《朔方道志·艺文志》在转录中出现错字，连断句都很困难。我看了好几遍，从洋洋千余言中，总算找到了这几句话："会嘎[噶]尔丹走死漠北，西土咸宁，夏人踊跃欢欣。子[予]来不日，百堵偕作，用成圣训碑亭。"此为铁证：吴赫亲眼所见，此碑已建无疑，还弄清个了3个问题：

碑名：当时叫《钦颁圣训碑》，我们今天可定为《康熙圣训碑》或《康熙赐宁夏圣训碑》。

建碑时间：在噶尔丹死讯传来之后。噶尔丹死于农历四月初四，康熙得知消息为四月十五。消息传到宁夏要两天，筹划要两三天，可定在康熙三十六年四月二十日左右。

建碑工程："百堵偕作"，是成语"百堵皆作"的误写，出自《诗经·小雅·鸿雁》，原意是许多房屋同时建造。此处指工程浩大，不但勒石立碑，还修建有很大的碑亭。可能是康熙首次为地方赐碑，碑的尺度，碑额装饰，刻字工艺，都很讲究。

吴赫的碑记未说立碑的具体位置，有多种可能，但首选之地自然是康熙行宫所在，即宁夏总兵府。

至于后来不见踪迹，最大的可能是毁于乾隆三年（1738年）大地震。文献记载，地震将宁夏府城夷为平地，地裂水涌，城墙、庙宇、官署、兵民房舍倒塌无存。高大的碑亭和碑石，也被震倒，碑首的上半部分断裂，很可能就是我们现在看到的那块残件；而碑身、碑座，则长眠于地下。剩下的主要问题是：那块碑首残件，重量不超过1000公斤，会不会是"文物搬家"的外来之物？其可能性虽小，但毕竟不能完全排除。如果能追寻到残件的第一出土地点，或找到碑身，这个问题就可迎刃而解了，但愿能够实现。

最后，还趁此提一条建议：以康熙行宫为载体、康熙御制碑为亮点，结合旅游景点项目开发，选择康熙住过的地方，打造一个爱国主义教育基地。康熙是中国历史上的一位圣君，一生伟业有三大亮点：收复台湾；平定噶尔丹制止分裂；削平三藩。他亲征来宁夏，迫使噶尔丹众叛亲离，服毒自杀（一说为病亡），维护了国家领土主权和统一，对宁夏历史乃至中国历史，都有重大意义，影响深远。而他在宁夏一个多月的活动，也有很多亮点，有的可以用实景反映，如祭黄河、祭赵良栋、开放民族贸易市口、离开银川所乘楼船等。平定噶尔丹的三次亲征，可设主题展厅。随行的大臣有于成龙、明珠等，还有6位皇子，也可作生平介绍。

王维《使至塞上》新解

（原载《宁夏文史》2022 年第 2 期）

《全唐诗》卷一二六载有中唐著名诗人王维的《使至塞上》，原文为：

　　单车欲问边，属国过居延。
　　征蓬出汉塞，归雁入胡天。
　　大漠孤烟直，长河落日圆。
　　萧关逢候吏，都护在燕然。

王维写此诗正当壮年，在朝中为官，意气风发，而且时逢开元盛世，所以全诗借助边塞雄浑的自然风光，正面讴歌和平安宁的时代气息。可是，我从网上看到几篇"优秀教案"（以下简称《教案》），由于脱离了当时的历史背景、典章制度、边塞地名，主观臆断地解释，感觉是"误人子弟"。而网上百度百科对《使至塞上》的解析，如"王维奉命赴边疆慰问将士途中所作""颔联两句包含多重意蕴，借蓬草自喻，写飘零之感""尾联两句虚写战争已取得胜利，流露出对都护的赞叹""表达了诗人由于被排挤而产生的孤独、寂寞、悲伤之情"等用语，更是歪曲了全诗的意境。如此曲解，已成普遍现象，故撰此文，重新诠释这首诗，不妥处敬请指正。

一、作者简介

王维（701—761年），字摩诘，号摩诘居士。河东蒲州（今山西永济）人，祖籍山西祁县。《新唐书》为其立传，比较简略。《旧唐书·王维传》则较详。王维于开元九年（721年）进士及第，历任右拾遗、监察御史、库部郎中、吏部郎中。天宝末，升为给事中，为门下省重臣，正五品上（唐朝正宰相才三品）。"安史之乱"叛军攻入长安，玄宗仓皇逃往成都，王维被叛军俘获拘禁于洛阳普施寺。安禄山为笼络人心，强委之伪政权"给事中"之职。至德二载（757年）十月，唐军收复洛阳，王维因有伪职，按律当判死罪，因其弟、刑部侍郎王缙平叛有功请求削籍为兄赎罪，王维才得宽宥，降为太子中允，为正五品下。上元元年（760年）夏，转任尚书右丞，为正四品下，次年病卒。王维精通诗书画，尤长于五言诗，多咏山水田园，开元、天宝间闻名于世，著有《王右丞集》《画学秘诀》，存诗400余首。北宋苏轼评价，摩诘"诗中有画，画中有诗"。王维一生任职中，能经常"出使"的，是他开元中期在御史台所任监察御史一职，权力很大，可分察百僚，巡按州县，监察狱讼、军戎、营作等，但其品级却很低，朝中共15名御史，都是正八品下。

二、题解及写作地点、时间

标题《使至塞上》，即王维作为监察御史出使，"分察百僚、巡按州县"，走到"塞上"，看到的雄浑的大漠景象及和平安宁的氛围后有感而发。塞上，又可写作塞北，在各个历史时期的指向有所不同。秦汉至隋唐因建都长安，塞上一般指汉萧关或秦长城以北，即今宁夏的中部、北部；而塞下指汉萧关或秦长城以南。汉萧关在今泾源县瓦亭村，秦长城在今固原市原州区之北7.5千米。唐诗中有多篇《塞上曲》《塞下曲》，就是以这一地带为分界。再往北，即今宁夏平原，古代号称"塞北江南"。唐代韦蟾有诗曰："贺兰山下果园成，塞北江南旧有名。""旧"到何时？隋朝郎茂的《图经》、北宋乐史的《太平寰宇记》等，都记在北周宣政元年（578年）迁江东之人于灵州（今吴忠市通区古城镇）之后。

从诗中的古地名看，王维此行经过了银川平原，目的地为燕然都护府，在今内蒙古乌拉特后旗西北境。他还与一位戍守在贺兰山的"老将"促膝交谈，写成《老将行》诗，其中的"贺兰山下阵如云，羽檄交驰日夕闻"，就是退役老将口述再次从军的经历和感受。因此，《使至塞上》所写场景，应是今银川平原与内蒙古鄂尔多斯高原交界地带。多数《教案》都认为，诗中描写的"长河落日圆"场景，在唐代的凉州，即今甘肃省武威市。这种说法有两个大的漏洞：一是与《使至塞上》的标题相悖，凉州在河西走廊，从来就不属于塞上；二是凉州没有"长河落日"的景象，因为长河就是黄河，距凉州尚远。

王维这次出使的时间，应在开元二十六年（738年）任监察御史时。此时的唐朝，正处于中国古代的极盛时期，史学家称之为"开元盛世"。社会繁荣，百姓富足，朝廷吏治清明，极少互相倾轧、排挤现象。王维所经过的陇右地区，也处在和平安宁之中，道路清谧，"行万里而不执尺刃"。而此时，王维所经关内道的北部，已有30年无战乱，这是写作此诗的时代背景。王维出使的任务是巡察管理北方游牧民族的军事机构，即燕然都护府、居延等地。各种《教案》都说：开元二十五年，王维奉唐玄宗之命，赴凉州慰问战胜吐蕃的河西副大使崔希逸，实际是被排挤出朝廷。这与实际情况不同。如果是慰问劳军，必有很多随行，要带很多慰问品，而王维是一人单车。再说，王维在"安史之乱"前，并未受到朝廷排挤，而且一直在受到重用、升职，开元二十八年（740年），迁殿中侍御史，为七品下。到天宝末，已到库部郎中，为正五品上，只用了十几年，连升了六级，不存在"被排挤"之事。

三、诗句解析

这是一首五言律诗，共八句，采用以平声起，中间 4 句对仗严谨。

单车欲问边，属国过居延。

单车，即 1 匹马的单套车。唐制：官吏使用驿站交通工具，不管是乘传（坐车）、乘驿（骑马），驿站都按品级配车给马。八品和九品如要乘传，只能配 1 匹马的车，即单套车。

属国，安置匈奴降附部落的建制，始置于汉武帝元狩二年（前 121 年）末。《史记·卫将军骠骑列传》卷一一一："乃分徙[匈奴]降者边五郡故塞外，而皆在河南，因其故俗，为属国。"《史记正义》："以降来之民徙置五郡，各依本国之俗而属于汉，故言'属国'也。"五郡谓陇西、北地、上郡、朔方、云中。宁夏当时属北地郡，所以也在三水县（今同心县下马关乡红城水遗址）置有属国，安置匈奴的左谷蠡王部。朝廷设三水属国都尉，在军事上进行管理。蠡王世袭，内部由其自行管理，有很大的自治权。属国制度只延续到东汉末年，而到唐贞观四年（630 年）击败突厥后，唐太宗又创立并试行羁縻州府制度。羁，马络头也；縻，牛靷也；引申为笼络控制。《新唐书》卷四十三下专门介绍羁縻州："唐兴，初未暇于四夷，自太宗平突厥，西北诸蕃及蛮夷稍稍内属，即其部落列置州县。其大者为都督府，以其首领为都督、刺史，皆得世袭。虽贡赋版籍，多不上户部，然声教所暨，皆边州都督、都护所领，著于令式……[全国]大凡府州八百五十六，号为羁縻云。"唐太宗灵州之行结束后，于贞观二十一年（647 年）在关内道北部普遍推行羁縻府州制度，为安置铁勒诸部，共设九府十八州（一说为六府十三州），内部由其自行管理，同样有很大的自治权。朝廷设燕然都护府，在军事上对九府十八州进行管理。因此，王维要去的燕然都护府，性质与西汉的属国都尉完全一样；在诗中，就以汉代的属国借指唐代北部边境地区的燕然都护府。

征蓬出汉塞，归雁入胡天。

征蓬，指王维身上穿的斗篷。一人上路远行，也可叫"征"。如东汉初年班彪避乱，独身一人从长安出萧关来到高平城（今宁夏固原市原州区老城），写成《北征赋》。王维此行，由于时逢早春，塞上春寒料峭，日间温差又大，所以王维要穿斗篷。《教案》把"篷"解释为随风飞转的"蓬草"，"古代文学中常用它比喻漂泊不定的行踪。王维用征蓬自喻，流露了身不由己的感觉，他为自己受排挤离开朝廷感到十分忧愤"。这种解释太离谱。在西北生活过的人都知道，西北风大作时，才会将干枯的蓬蒿刮成圆球状，向东南方向满地滚，这应当叫"入汉塞"。要让蓬草"出汉塞"，必须是东南风；但东南风的风力都小，这种现象不可能出现。后面的"大漠孤烟直"，也明确告诉我们：没有风！所以，这首诗的原文，一定是"征篷"，不会是"征蓬"。

汉塞，中原朝廷所筑要塞，这里指固原市北7公里的秦长城，是王维必经之地，再北行60里即入萧关县境。

归雁，春天回归北方的大雁。

胡天，北方游牧民族居地。

总之，这副颔联，是写作者出塞的时令，为了对仗，才使用了"征篷""归雁"与"汉塞""胡天"两对词组。

大漠孤烟直，长河落日圆。

大漠，指银川平原黄河以东鄂尔多斯高原的沙漠。要考证诗中的大漠在何处，首先要知道王维此行所走的道路。

王维从长安北出，完全使用从长安通往漠北的"草原丝路"，唐初即全部为驿道。唐《元和郡县图志》分段记载里程为：第一段长安至原州（今宁夏固原市老城）800里，经过今陕西的乾县、彬县及甘肃的泾川、平凉，完全利用去西域的丝绸之路主线，沿途没有大漠；第二段原州经萧关县（今海原县李旺镇）至灵州（今吴忠市利通区古城镇）500里，沿途也没有大漠；第三段灵州北至弥娥川水1000里，从灵州渡过黄河以后，经过当时的弘静县（今永宁县望洪镇）、怀远县（银川市东）、定远县（平罗县姚伏镇），即今银川平原东部，驿道全部沿黄河外侧布设，共200多里。大河对岸，即是浩瀚无垠的沙漠。所以，王维称之为大漠。弥娥川水，系唐代一条内陆河，在内蒙古乌拉特后旗西北境，燕然都护府即设在此处。

孤烟，《教案》都解释为"炊烟"，实误。唐朝的银川平原，绝大部分沃土尚未开垦，绝不会有农户到沙漠之中居住产生炊烟。这里的孤烟，实际是指烽火台发出的信号，晚上燃燧，白天点烟。《旧唐书》记载，神龙三年（707年）五月，朝廷以张仁愿为朔方道大总管，以备突厥。张仁愿在今河套地区，沿黄河外侧的驿道及制高点置烽堠1800座，组成预警系统。根据敌情，释放不同的烟火：2炬为发现敌兵入境，3炬报敌兵入境过500人，4炬报敌兵入境千人以上……敌情消失燃燧一炬。在和平时期，也要燃燧一炬或点烟一道，报告平安，故谓之"平安火"。此处的孤烟，代表和平安宁的氛围。王维沿路看到的这种和平环境，已有30年之久。

"大漠孤烟直，长河落日圆"为律诗的颈联，也是全诗的画龙点睛之笔。气势之宏伟，景色之壮丽，和平安宁的氛围，跃然纸上。这里的"长河"，当然是指黄河。而凉州、居延都距黄河甚远，附近的河流都不宽，没有长河落日圆的景观。居延海虽宽广，但不是"长河"。这时的凉州，与吐蕃的战争时有发生，与诗中和平氛围全然不同。因此，诗中的主要景观，绝不会如《教案》所说在凉州，而应在今银川平原到内蒙古的河套西部。

萧关逢候骑，都护在燕然。

这是全诗的结尾，作者在萧关县遇见候骑，向他打听去燕然都护府的路径，本应写在第二行，因照顾颔联和颈联，所以放到最后。由于涉及历史地理和交通史，专业性太强，各种《教案》都没解释清楚。刚好，我毕生专门研究这两个领域，可以说清楚。

先说萧关。宁夏历史上有3个萧关。一是西汉的萧关，在今泾源县大湾乡瓦亭村，《史记》《汉书》均有多处记载。"关中"之名，源于四关之中，即东函谷、西散关、南武关、北萧关。二是唐萧关县,神龙三年(707年)三月置,治故白草军城,在今海原县李旺镇李旺村东南清水河西侧,在汉萧关之北135千米,与汉萧关处在同一条交通大道上。丝绸之路从长安进入萧关县后,便分作两路:向西北入河西走廊通达西域各国;向正北经银川平原可抵贝加尔湖,今学术界称"草原丝路"。三是宋萧关城,在今海原县高崖乡草场村,为北宋与西夏的分界点。王维诗中的"萧关",是指唐萧关县。萧关县内的一段丝绸之路,在数十首唐诗中被称作"萧关道"。如王昌龄有"蝉鸣空桑林,八月萧关道";岑参有"凉秋八月萧关道,北风吹断天山草"。贾岛《送李骑曹》诗叙述更清楚:"萧关分碛路,嘶马背寒鸿。朔色晴天北,河源落日东。贺兰山顶草,时动卷旗风。"王维所走,与贾岛所写线路相同。

再说"候吏"。现今初二《语文》课本为"候骑",不知是采用古籍的哪种版本,实在是一个严重错误。因为"候骑"就是军事前线的侦察兵或巡逻兵。开元年间的萧关县属于内地,路不拾遗,夜不闭户,"行万里而不执尺刃",根本用不着"候骑"。中华书局点校本《全唐诗》为"候吏"。"候",即"堠"的通假字,是汉代至唐代驿道上的交通设施,作标记里程之用,所谓"封土为坛以记里"是也。坛以黄土夯筑成方墩,高二三丈。唐代的制度是五里只堠、十里双堠。堠顶坐小吏值守瞭望,负责迎送朝廷官员、中外使节及维护道路秩序,称"堠吏"。韩愈《路旁堠》诗曰:"堆堆路傍堠,一双复一只。迎我出秦关,送我入楚泽。"张籍《泾州塞》诗曰:"道边古双堠,犹记向安西。"唐代泾州在今甘肃平凉市泾川县,也是王维此行所必经。

"都护在燕然",是堠吏的回答。今之《教案》,都把"燕然"解释为甘肃张掖的胭脂山即燕然山,亦误。都护即前文所说的燕然都护府。贞观二十一年(647年),为安置归附的铁勒十一姓(又称铁勒九姓),唐太宗下令设九府十八州,为自治性质的羁縻府州。朝廷专设燕然都护府,为军事机构,负责漠北的社会稳定。燕然都护府的位置,《中国历史地图集》的《关内道北部图》标在今内蒙古乌拉特后旗西北近中蒙边界,旁边又标有前面提到的弥娥川水。与此同时，唐太宗又下令从旁边的旧突厥衙帐向北至回纥衙帐（在今蒙古国土拉河下游，距贝加尔湖约 300 千米）"治大涂"，长约 4700 里，沿途设驿站 68 所，以便回纥使节入贡长安。王维走到萧关道的岔路口，向堠吏问清了两条路的走向：一条通河西走廊及居延，另一条通燕然都护府。

班彪过高平作《北征赋》

班彪(3—54年),字叔皮,扶风安陵(今陕西咸阳)人,东汉著名史学家、文学家。出身于汉代显贵和儒学之家,受家学影响很大。从小好古敏求,与其兄班嗣游学不辍,才名渐显。

西汉末年,王莽篡立的"新莽"政权土崩瓦解,各地豪强并起,割据势力攻城略地,互相厮杀。公元23年,年仅20岁的班彪离开长安,为避战乱逃至天水,劝说割据势力隗嚣归依汉室,作《王命论》感化之,结果未能如愿。道不同不相为谋,班彪遂至凉州,为河西大将军窦融从事,劝窦融支持汉光武帝。随后刘秀率大军亲征隗嚣,窦融率河西五郡、羌、小月氏兵数万及辎重车五千辆至高平(今宁夏固原市)会师,取得了平叛战争的胜利,班彪功不可没。东汉初,举茂才,任徐县令,因病免官。班彪博学多才,立志于史学著述。写成《后传》60余篇,斟酌前史,纠正得失,为后世所重。

班彪有两个儿子是东汉名臣。长子班固继承父业,撰有正史《汉书》,多用班彪所辑史料。幼子班超投笔从戎赴西域,成为保障丝路畅通的功臣。西汉末至东汉前期,匈奴占领伊吾(今新疆哈密)、鄯善、车师,丝路交通断绝百余年。永平十六年(73年),东汉朝廷派窦固率兵出天山,又派班超为司马,率36名勇士出使西域。班超到达罗布泊东南的鄯善后,其国王起初待之以礼,但受匈奴使节胁迫后,态度大变。班超见形势危急,率领36名勇士趁夜火攻匈奴使节大营,将100多骑兵全歼,然后说服鄯善王归顺了东汉朝廷。此后 30 年，班超一直在西域的疏勒、莎车、龟兹、焉耆等国活动，驱走了匈奴势力，"得远夷之和"，维系了各国与汉朝的友好关系，使丝路南、北两道保持畅通。公元 102 年初，班超年过七旬，"头发无黑，两手不仁，耳目不聪明，扶杖乃能行"，遂上疏请求回归故里。八月回到洛阳，九月便与世长辞。班超一生奉献于西域，在中西陆路交通史上，是仅次于张骞的功臣。

班彪著有《北征赋》，为汉赋代表作之一。近现代学者评价"文温以丽，意悲而远"；"不重铺陈却善用典故；少客观咏物，多主观抒情"；"虽似骚体却少用华美辞藻，首开汉代抒情小赋之端，为蔡邕的《述行赋》、王粲的《登楼赋》甚至南北朝时庾信的《哀江南赋》等作品所学习、继承"。

一、原文解析

第一段原文：余遭世之颠覆兮，罹填塞之阨灾。旧室灭以邱墟兮，曾不得乎少留。遂奋袂以北征兮，超绝迹而远游。

解释：世之颠覆，指王莽篡政后引起的全国战乱；填塞之阨灾，指政令不通引起无妄之灾；旧室，指西汉王朝；袂，衣袖；北征，向北远行；绝迹，人迹罕见的地方。

本段大意：道出"北征"缘由。王莽篡政引起全国大乱，政令不通，长安的宫廷已成废墟，只好下决心远游避乱。

第二段原文：朝发轫于长都兮，夕宿瓠谷之玄宫。历云门而反顾，望通天之崇崇。乘陵岗以登降，息郁邠之邑乡。慕公刘之遗德，及《行苇》之不伤。彼何生之优渥，我独罹此百殃？故时会之变化兮，非天命之靡常。

解释：朝发轫于长都，早上从都城长安发车；瓠谷，咸阳北面的山谷；玄宫，西汉时皇帝离宫；云门，秦汉云阳县，今陕西淳化县北，为秦直道所经；陵，丘陵；岗，山冈；郁，汉县，在今陕西旬邑东北，亦为秦直道所经；邠，陕西彬县；公刘，西周兴起时的部落始祖，封地以豳（今彬县）为中心；《行苇》，《诗经》篇名，其开始二句希望牛羊不要踩伤成行的芦苇。连上句是说：公刘的遗德推及到了草木。优渥，丰厚优裕。

本段大意：写从长安出发到彬县一段的地名及感怀。尤其是对周朝先祖公刘的德政赞颂之余，还对自己所处战乱时代加以评论，认为只是时世变化，并非天命，而且不会长久。

第三段原文：登赤须之长坂，入义渠之旧城。忿戎王之淫狡，秽宣后之失贞。嘉秦昭之讨贼，赫斯怒以北征。纷吾去此旧都兮，騑迟迟以历兹。

第四段原文：遂舒节以远逝兮，指安定以为期。涉长路之绵绵兮，远纡回以樛流。过泥阳而太息兮，悲祖庙之不修。释余马于彭阳兮，且弭节而自思。日晻晻其将暮兮，睹牛羊之下来。寤旷怨之伤情兮，哀诗人之叹时。

解释：赤须，即赤须子，传说秦穆公时主丰歉的神仙；长坂，即董志原，属黄土高原、陇东高原的一部分。是今庆阳市第一大原，号称天下黄土第一原，地跨西峰区、宁县、合水县和庆城县的24个乡镇，是农耕文化发源地之一，西周部落始祖公刘在此"教民稼穑"。义渠，春秋战国时的戎国，其都城即义渠旧城，在今甘肃正宁县东南永正镇一带。后面"忿戎王"两句，是写义渠戎王灭亡的一段历史。《后汉书·西羌传》记载："及昭王立，义渠王朝秦，遂与昭王母宣太后通，生二子。至王赧四十三年，宣太后诱杀义渠王于甘泉宫，因起兵灭之，始置陇西、北地、上郡焉。"其中的"王赧四十三年"，即公元前272年，是秦昭襄王灭义渠的时间。安定，指西汉安定郡，治今固原市，是班彪此行的头一个目的地。泥阳，汉县，在今甘肃宁县东。彭阳，汉县，在今甘肃省镇原县东。

三段、四段大意：写从陕西彬县到甘肃镇原县一段历程。由于这一地区在战国时都是义渠戎的属地，所以重点批判了戎王的狡诈与宣太后的淫乱，赞颂了秦昭襄王灭义渠的功绩。

第五段原文：越安定以容与兮，遵长城之漫漫。剧蒙公之疲民兮，为强秦乎筑怨。舍高亥之切忧兮，事蛮狄之辽患。不耀德以绥远兮，顾厚固而缮藩。首身分而不寤兮，犹数功而辞訾。何夫子之妄说兮，孰云地脉而生残。

第六段原文：登障燧而遥望兮，聊须臾以婆娑。闵獯鬻之猾夏兮，吊尉印于朝那。从圣文之克让兮，不劳师而币加。惠父兄于南越兮，黜帝号于尉佗。降几杖于藩国兮，折吴濞之逆邪。惟太宗之荡荡兮，岂曩秦之所图。

解释：安定，指西汉安定县，在今甘肃镇原县。长城，即今宁夏彭阳县至固原市原州区一段长城，筑于秦昭襄王灭义渠戎之后，即公元前272年。蒙公，指秦朝大将蒙恬，曾筑直道及长城。高亥，指秦朝奸臣赵高和秦二世胡亥。障燧，长城沿线的军事城障及烽火台。獯鬻，先秦时强大的北方游牧民族，即匈奴之先。尉印，即汉文帝时的北地都尉孙印，汉文帝十四年，匈奴大举入侵，孙印率兵在萧关（西汉北面雄关，今宁夏泾源县大湾乡瓦亭村）抵抗，寡不敌众战死。朝那，汉县，治今宁夏彭阳县古城镇，县西有萧关。圣文，指汉文帝。尉佗，南越尉赵佗，曾自立为武帝，汉文帝召来尉佗的兄弟给予高官重赐，于是尉佗自去帝号而称臣。吴濞（bì），即吴王刘濞。《史记·吴王濞列传》载：吴王濞稍失藩臣之礼，称病不朝，汉文帝不仅不责备，反而赐几杖，准予不朝。太宗：汉文帝的庙号。

五、六段大意：记述甘肃镇原到宁夏固原一段行程。沿秦长城而行，记述了古迹，追述了历史。通过追述匈奴入侵、凭吊战死的北地都尉孙印，高度评价了汉文帝处理内忧外患的丰功伟绩。还批判了蒙恬筑长城绝地脉之说为虚妄，不承认堪舆迷信观点。

第七段原文：隮高平而周览兮，望山谷之嵯峨。野萧条以莽荡兮，回千里而无家。风猋发以漂遥兮，谷水灌以扬波。飞云雾之杳杳兮，涉积雪之皑皑。雁邕邕以群翔兮，鹍鸡鸣以哜哜。

第八段原文：游子悲其故乡兮，心怆悢以伤怀。抚长剑而慨息兮，泣涟落而沾衣。揽余涕以于邑兮，哀生民之多故。夫何阴曀之不阳兮，嗟久失其平度。谅时运之所为兮，永伊郁其谁愬。

第九段原文：乱曰：夫子固穷，游艺文兮。乐以忘忧，惟圣贤兮？达人从事，有仪则兮？行止屈申，与时息兮？君子履信，无不居兮，虽之蛮貊，何忧惧兮？

解释：隮，登上。高平，西汉安定郡治所，号称高平第一城，在今宁夏固原市城区。

七、八、九段大意：这是写登上高平城"周览"的景观。高平城周边为高寒地区，山下谷水漼以扬波，山上云雾杳杳，积雪皑皑。由于战乱，原野萧条莽荡，回千里而无家。最后，用优美的文笔，抒发了游子怀念故乡，以及对时局的忧郁悲伤，禁不住抚长剑而叹息，珠泪沾湿衣裳。最后总结：孔子在穷困中出游而学艺文，能够乐而忘忧只有圣贤。达人行事须有原则，一切行动要顺应时世。终信四海为家，虽到蛮荒而不必忧惧。

二、班彪所走道路

汉武帝于元封四年（前107年）开通回中道后，从都城长安通往安定郡高平城的道路，就成为驿道，并远通河西走廊、西域各国。按出土的居延汉简（编号74EPD59: 582）记载，回中道的走向是：从长安渡渭水至今咸阳市西，再经茂陵、乾县、永寿、彬县、泾川、平凉至萧关。

可能是因战乱驿道中断，班彪只经过了回中道上的彬县和萧关，其他地方则另选蹊径：离开长安后，经咸阳向北，选取秦代蒙恬所开直道，经云阳（陕西淳化南）至陕西彬县；然后折向东北，经过今甘肃的宁县、镇原县，宁夏的彭阳县古城镇，在青石嘴回到西汉的回中道，最后抵达高平，即今固原市城区。

三、《北征赋》创作的时间和地点

《北征赋》最后两段写的是高平城。按《后汉书》所记光武帝刘秀亲征至高平的诸多文献看，此时的高平城，城池高大坚固，久攻不下，是关中北面"第一城"。班彪登上城墙向四周极目远眺：六盘山脉山势嵯峨。因为战乱，千里萧条，渺无人迹。只闻萧萧疾风声、淙淙流水声、啼啼鸟鸣声；只见山间云雾缥缈、山顶白雪皑皑、长天飞雁群翔。六盘山地区秋末初冬的景象跃然纸上。

班彪离开长安时，赤眉军已攻入长安城，更始帝败亡。他离开高平到达天水的时间为十二月。因此，《北征赋》的创作时间，应为东汉建武元年十月，即公元 25 年的初冬。

四、《北征赋》对秦长城研究的参考价值

班彪进入宁夏彭阳县后，即沿长城而行，在《北征赋》中有一段重要记载："遵长城之漫漫。剧蒙公之疲民兮，为强秦乎筑怨。舍高亥之切忧兮，事蛮狄之辽患。不耀德以绥远，顾厚固而缮藩。"其大意是：长城是蒙恬主持的"疲民"工程，意在"强秦"，实为"筑怨"。不管赵高、胡亥乱政之忧，却专注于外族入侵之患。不以德传播远方，而专顾加厚加固修缮长城。宁夏固原市境内的长城，文物部门已作结论，为公元前 272 年秦昭襄王时所筑，定名"战国秦长城"。但是，郦道元《水经注》、李吉甫《元和郡县图志》却称之为"秦长城"。因此，我一直认为，宁夏南部的这道长城，是战国秦始筑，秦统一全国后，将战国秦长城加以修缮、加固，与燕赵长城连贯为一，因此也可称"秦长城"。班彪是史学家，他说蒙恬将长城"厚固而缮藩"不会有错。

五、班彪离开高平城后的经历

班彪在高平城稍事休息后，先翻越六盘山，于建武元年末到达天水。此时，刘秀已在中原各路豪强中异军突起，并打出光复汉室的旗号。班彪拜见割据

于天水的豪强隗嚣，想说服他归顺刘秀。但隗嚣却另有打算，对班彪冷眼相待。志不同不相为谋。班彪只好向东北返回高平，然后继续沿丝路向西北经海原、景泰去河西。当时河西走廊共有五郡，包括武威、张掖、酒泉、敦煌、金城，都属凉州牧窦融的势力范围。班彪到达凉州，闻讯刘秀已荡平关东豪强称帝，便劝说窦融归顺刘秀。窦融审时度势，立即派信使至洛阳向刘秀称臣，并献西凉宝马。刘秀随即诏封窦融为凉州牧领五郡大将军事。班彪此行为刘秀的统一事业立下大功。

地名文化

宁夏及所属市县地名渊源

政区地名分通名和专名。省、自治区、市及所属市县区为通名，全国通用，亦无独特含义。而冠于通名之前的"宁夏"及"银川""青铜峡"等，属政区类地名的专名，各有渊源及含义，代表独特的地名文化，本文将就此简介于下。

一、宁夏回族自治区

宁夏回族自治区是中国 5 个少数民族自治区之一，成立于 1958 年 10 月 25 日，简称宁，号"塞北江南"，有"天下黄河富宁夏"之誉。

（一）专名"宁夏"的来历及含义

"宁夏"一名，蕴含厚重的历史文化。夏，中国历史上的第一个朝代，中国人自称"华夏"即源于此。其第一代君主禹，后人称"夏禹""大禹"。大禹治水"浮于积石，至于龙门西河"，中间经过宁夏，留下以青铜神斧劈山导河形成青铜峡的传说及禹王洞、禹王庙等古迹。《晋书·载记第三十》记载，义熙三年（407 年），匈奴铁弗部首领赫连勃勃建立割据政权，定都统万城（即后来的夏州，今陕西靖边县白城子古城），据有宁夏全境。赫连勃勃自称祖上姓刘，与汉高祖刘邦同是夏禹的后代，故国号大夏，史称"赫连夏"。这并非空穴来风，司马迁的《史记·匈奴传》就有记载："匈奴，其先祖夏后氏之苗裔也。"唐末五代，党项族以夏州（即统万城）为中心崛起，宋初从陕北逐步扩张到宁夏、内蒙古中西部、甘肃河西走廊。1038年，其首领元昊称帝，定都兴庆府（后更名中兴府，今银川市），立国号为大夏。其境土"东尽黄河，西界玉门，南接萧关，北控大漠"。《宋史》有《夏国传》，因其版图在西，故史籍称西夏。西夏从正式建都立国到1227年被成吉思汗灭国，共189年。如从1002年李继迁攻占宁夏平原称"西平王"算起，长达225年，留下很多地名。忽必烈中统二年（1261年）创立行省制度，以西夏故地设"西夏中兴等路行中书省"，为全国11个行省之一，治中兴府（今银川市兴庆区）。后与甘肃行省几经分合，于至元二十五年（1288年）撤中兴路行省，设宁夏府路，寓意"安宁的西夏故地"。"宁夏"之名，由此传承至今。

（二）别号"塞北江南"的来历

宁夏今天号称"塞上江南"，而古代称"塞北江南"，此处的"上"和"北"相通。唐代诗人韦蟾有诗曰："贺兰山下果园成[城]，塞北江南旧有名。"也就是说，这里早就以"塞北江南"闻名于世了。早到何时？北魏初期，在宁夏南部置高平镇，北部置薄骨律镇，不领郡县，为军政合一机构。后期分别改名原州、灵州，其下增设郡县。州、县之名，对其后的行政建制影响深远。原州治今固原市原州区，盖取"高平"曰"原"为名，至北周，领二郡五县。灵州治今吴忠市利通区，至北周，领5郡6县。北周时，灵州辖今宁夏平原及其周边，有"塞北江南"的别号。其来历有二说。一为文化风俗说。《太平寰宇记》转引隋朝郎茂的《图经》："灵州……风俗：本杂羌戎之俗。后周宣政二年[编者注：应为元年]破陈将吴明彻，迁其人于灵州，其江左之人尚礼好学，习俗相化，因谓之塞北江南。"二为地理风貌说。北宋曾公亮的《武经总要》前集卷十八怀远镇（今银川市）："有水田、果园……置堰分河水溉田，号为塞北江南即此也。"

(三)曾用名"朔方"的来历

朔方即北方。西周至唐代,宁夏因位于中原朝廷都城的北面,故经常被称朔方。《诗经·小雅·出车》:"天子命我,城彼朔方。"此时西周北部疆域包括宁夏南部。西汉时,今银川平原属北地郡,上隶朔方刺史部。唐开元九年(721年)至北宋初,在灵州设朔方节度使,辖有宁夏全境,历时240余年。1913年,改宁夏府为朔方道。1929年出版的地方志,仍名《朔方道志》。

二、银川市

元代以后,在今银川市兴庆区老城先后建立宁夏府路、宁夏镇、宁夏府、宁夏道、宁夏省。民国时期,甚至出现省、道、省会、县、城同以"宁夏"为专名的现象,于官于民,皆有诸多不便。1944年1月8日,宁夏省政府决议,以宁夏省城设置银川市,并将《宁夏省银川市政筹备处组织规程》呈报国民政府。为何取名银川,当时的文书档案未作记录。宁夏省政府于同年4月11日第130次委员会决定,将宁夏省城定名为银川市,并设市政筹备处,着手建市准备工作。由于时逢抗日战争,国民政府行政院直到1945年8月,才正式公布《宁夏省银川市政筹备处组织规程》。1947年4月18日,银川市政府正式成立,为宁夏省会。其范围东至古城的城墙外护城河,即今清和街;南至南关,即今南门广场外;西至唐徕渠;北至城墙外护城河,即今北京东路。从此,"银川市"地名沿用至今。

银川之名,始见于唐天宝元年(742年)。《元和郡县图志》卷四载:北周保定二年"分置银州,因谷为名,旧有人牧骢马于此谷,虏语骢马为乞银……天宝元年为银川郡"。北宋时,又筑银川寨。但是,这两个地名都在陕西横山县党岔乡榆河堡,遗址尚存。明朝以后,一些诗文将"银川"和宁夏联系起来。如万历四十二年(1614年)来宁夏任三边总督的刘敏宽,在《秋日杨楚璞中丞抚临良晤长城关》中,就有"俯凭驼铃临河套,遥带银川挹贺兰"之句。又如清雍正七年(1729年),兵部侍郎通智主修惠农渠竣工后,在碑记中写道:"黄河发源于昆仑……经银川,由石嘴[子]而北……"乾隆十八年(1753年),宁夏府知府赵本植在府城成立书院,命名为"银川书院"。次年,赵的家庭教师汪绎辰编修地方志,地域范围为当时的宁夏府,定书名为《银川小志》。至此,银川作为地名出现,已是确指今之银川市。至于为什么叫银川,范长江《中国的西北角》认为:"宁夏土质,碱性最重,地面常呈白色,故宁夏古名银川。"但从前引诗文看,显然与这里的农业发达、旱涝保收有关,所谓"天下黄河富宁夏"是也。今天流行的《宁夏川》歌词,就有"金川银川米粮川"之句。

(一)金凤区

金凤区地名沿革简明。清乾隆三年(1738年),驻防八旗兵的旧满城(今郊区满春乡境)因地震被毁,五年于宁夏府城之西十五里丰乐堡筑新满城,俗称新城。即今天的金凤区北京中路西段两侧、满城街以西、包兰铁路以东。当时耗银15.65万两,为宁夏府城之半。城东西三里七分半,南北也如之,共延长七里五分。城墙高二丈四尺,址厚二丈五尺,顶厚一丈五尺,垛墙五尺三寸,俱甃以砖。1915年,满城为宁朔县治;1941年隶永宁县;1951年划属银川市;1955年设新城镇;1958年改新城人民公社;1968年置新城区,驻新城西街。1972年设银川市郊区,管理市郊农村。至1990年,新城至老城之间,除银新南路(今黄河路)沿线分布有企事业单位,其余多为湿地,湖沼连绵,间有农田。2000年,银川市城市总体规划确定新老城之间为城市中心区。此后大规模开发建设,完善城市基础设施,将自治区党委及人大常委会、各厅局、银川市政府迁入,吸引大批企业入驻,形成环境优美的市区。

2002年10月19日,国务院(国函〔2002〕95号)批复同意调整银川市市辖区行政区划:撤销银川市城区、新城区和郊区,设立银川市西夏区、金凤区和兴庆区。金凤区于2002年11月1日挂牌成立挂牌,得名于民间的银川"凤凰城"传说。

（二）兴庆区

兴庆区历史悠久，基本承载了银川市地名的历史文化。南北朝至唐代为怀远县。1001年被西夏攻占。天禧四年（1020年），李继迁之子李德明大兴土木，期望西夏由此兴盛，故升怀远镇为兴州，以之为临时首都。北宋明道二年（1033年），又升兴州为兴庆府。1038年，元昊建立西夏国，定都兴庆府。元代建立行省制度，先为西夏等路行省、宁夏行省治所，后降为宁夏府路。明朝为宁夏镇，直至民国，长期以"宁夏"为名。1947年定名银川市，即今兴庆老城。1961年始设城区。2002年10月19日更名为兴庆区，得名于西夏故都兴庆府。

（三）西夏区

西夏区地处贺兰山东麓，地域皆为山地和山前洪积平原。境内最早的古城是唐代的千金堡。《元和郡县图志》卷第四："怀远县……新堡，在县西北四十里，永昌元年置。堡内安置防御军二千五百人，粮五万石，旧名千金堡，今名新堡。"明清筑有镇北、平吉等小堡。60年前为一片荒滩，有少数牧民以牧羊为业。1958年宁夏回族自治区成立后，规划建设成工业及文化新区，1964年后长期属新城区，政区地名沿革简单。2002年10月19日，国务院以（国函〔2002〕95号）文批复：撤销银川市新城区，划包兰铁路以西至贺兰山宁蒙边界设立西夏区。"西夏"一名，源于1038年党项族所建西夏政权，1227年灭亡，历时189年。今贺兰山一线，有西夏陵等多处西夏时期的古迹遗址。

（四）永宁县

北魏太平真君九年（448年），薄骨律镇镇将刁雍上表求于河外三里（今望洪镇）造城储谷。诏准。次年城就，赐名为刁公城，亦称薄骨律仓城。又徙关东汉人至此屯田，立弘静镇，俗称汉城。此为永宁县首个政区类地名。《元和郡县图志》卷四载，隋开皇十一年（591年）升弘静县，唐初因之，神龙元年（705年）改安静县，至德元载（756年）七月十三日改保静县并升为上县。县域与今永宁县相近，有良田数千顷，引河水溉田，足以供军需。西夏分置静州（治今望洪镇附近）、永州（治今杨和镇）。永宁县成立于1941年4月1日。县政府驻地杨和堡，1038—1227年为西夏之永州。县域系从宁夏县、宁朔县析出，故名永宁，寓意永远安宁。

（五）贺兰县

贺兰县设立较晚，元代以前地名沿革与银川市兴庆区相同。明为宁夏卫地，新筑军事屯堡十多个，每堡有军丁百余人事农垦，大多以"百户"（管理屯堡的低级军官）姓名为堡名，如潘昶堡、金贵堡、王澄堡、桂文堡、常信堡、谢保堡、张亮堡、李纲堡。少数以"平胡""靖房"之类的字眼命名，代表统治者对少数民族的歧视心态。清雍正二年（1724年）置宁夏县，县治位于宁夏府城内，为甘肃省宁夏府之首县。民国初期（1912—1927年）属宁夏道。1928年，建宁夏省，为宁夏省属县。1935年，将宁夏县署驻地由省城迁至谢刚堡（即明代的谢保堡，今习岗镇）。1941年，因宁夏县与宁夏省重名，且贺兰山主峰敖包圪垯在境内，故更名为贺兰县。

（六）灵武市

灵武县始设于公元前114年，距今已有2130多年历史。元朔二年至元狩二年（前127—前121年），汉武帝派卫青、霍去病多次出击匈奴，收复"河南地"（今河套黄河以南地区），并迁移内地居民到此畜牧、屯垦，使人口大增，冠盖相望。原来的建制已不适应，汉武帝元鼎三年（前114年）从北地郡析置安定郡，两郡之下各增设数县。灵武是所设新县之一，治地在今青铜峡市邵岗镇西，其西贺兰山有灵武谷。"灵武"之名，寓意"灵威尚武"，显然与汉武帝"尚武"击败匈奴有关。隋唐灵武县仍在邵岗镇西。隋大业三年（607年），改灵州为灵武郡，唐武德元年（618年）复为灵州。天宝元年（742年）又改为灵武郡，乾元元年（758年）复为灵州。两次改州为郡共27年，其行政级别不变。灵州原在今吴忠市利通区古城镇，明洪武十六年（1383年）

至宣德三年（1428年），因黄河局部改道，曾三徙其城。第一次北移七里（一说为十余里）；第二次无确切记载；第三次东移五里，即今灵武市老城区。此后至清代，一直称灵州。1913年2月，北京政府下令裁府存道，改灵州为灵武县。

三、石嘴山市

石嘴山市的专名，属于"地名搬家"。石嘴山原在今石嘴山市区以北50多公里，西枕贺兰山北陲，东临黄河，因河岸"山石突出如嘴"而名，俗称"石嘴子"。清雍正七年（1729年），侍郎通智主修惠农渠竣工后，在碑记中写道："黄河发源于昆仑……经银川，由石嘴[子]而北……"清光绪六年（1880年），英、德商人得知中国西北的羊毛都被白白扔掉，遂在此设洋行收购，统称石嘴子洋行。属英商的有高林、仁记等8家商号，属德商的有瑞记、兴隆两家，其名称都含中华传统文化意义。10家洋行在甘肃、青海、陕北及阿拉善各地广设外庄，以极低的价格收购皮毛，集中到石嘴子梳洗打包，再经包头、天津转口运回西欧。此后50年间，石嘴子车驼云集、舟楫如林，成为外商集中的商埠和水旱码头。1926年冯玉祥率部入主西北经此，宣布将西北交通运输收归"国有"，外商全部撤走，这里仍为宁夏北部商户较多的小镇，称"石嘴山"。1960年1月，国务院批准撤销惠农县（驻平罗县黄渠桥），设立石嘴山市（县级），市政府驻石嘴山。1972年2月，在大武口成立银北地区。1975年11月撤销银北地区，成立地级石嘴山市，市政府驻大武口。而原来的县级石嘴山市，则改为石嘴山区。包兰铁路的石嘴山火车站、109国道上的石嘴山汽车站，乃至石嘴山矿务局等大型企业，都不在石嘴山市驻地，而在石嘴山区。这种"地名搬家"，给民众出行带来诸多不便。买车票，乘火车、汽车，买错票、下错站的现象常有发生。

（一）大武口区

大武口区得名于"打硙口"，是贺兰山东面的一个谷口，始见于明《弘治宁夏新志》，意为"打凿石磨的山口"。在清代的文献资料中，"打硙口""达武口"与"大硙口"等名称混用。1943年，宁夏省建设厅厅长李翰园赴贺兰山清水沟光华陶瓷厂视察，途经"大硙口学堂"，令将其更名为大武口学堂。从此，"大武口"这个名称被作为正式的地名使用。1973年6月18日，自治区革委会决定将大武口镇升格为区。1975年11月23日，银北地区撤销，成立石嘴山市（辖平罗县、陶乐县），市政府驻大武口区。1975年12月5日—1981年3月26日，大武口区曾改称"石嘴山市一区"，为县级建制，第一次地名普查结束，恢复"大武口区"至今。

（二）惠农区

清初已称"石嘴子"，因河岸"山石突出如嘴"而名，地名变化详见石嘴山市条。1941年4月1日，经国民政府行政院批准，析平罗县北部置惠农县，治宝丰镇。县名取自清雍正七年（1729年）竣工的惠农渠，寓意惠济于农。1960年1月，撤惠农县，设石嘴山市（县级），驻石嘴山。1976年12月成立石嘴山市郊区。1981年4月，石嘴山市二区更名为石嘴山区。1987年6月，石嘴山市郊区撤销恢复惠农县建制，驻马家湾。2004年4月，石嘴山区和惠农县撤销，合并成立惠农区至今。

（三）平罗县

明永乐初，在今平罗县城置兵马哨备。景泰六年（1455年），拨宁夏前卫后千户所十百户军余（未取得军籍的军人）居之。弘治六年（1493年），居人繁庶，展筑新城，城墙周长三里。因系防御鞑靼、瓦剌部侵扰的军事要地，故名平虏城。嘉靖三十年（1551年），改为平虏守御千户所，辖今银川以北各地。清顺治二年（1645年），改平虏守御千户所为平罗所。原地名中的"虏"，含有明朝统治者对少数民族的歧视之意，而清朝统治者为满族，故以谐音改"虏"为"罗"。雍正二年（1724年）设平罗县，一直沿用至今。

四、吴忠市

明洪武十六年（1383年）至宣德三年（1428年），因黄河局部改道，曾三徙其城。第一次北移七里（一说为十余里）；第二次无确切记载；第三次东移五里，即今灵武市老城区，设灵州守御千户所，筑堡开展军事屯垦，吴忠堡为其中之一，有士兵百余人，以百户一员领之，"吴忠"即首任堡官姓名。直到1949年，仍叫吴忠堡，属灵武县管辖。

1950年10月成立吴忠市（县级），宁夏省直辖。1954年4月成立宁夏省河东回族自治区。9月，宁夏省撤销，河东回族自治区隶属甘肃省。1955年4月28日，更名为吴忠回族自治州。1958年10月25日，宁夏回族自治区成立，自治州撤销，以吴忠市直属宁夏回族自治区。1963年撤销吴忠市设立吴忠县。1972年2月23日，国务院批准设立银南地区，1973年4月设立银南行政公署，为自治区政府派出机构。1998年5月设立地级吴忠市至今。

吴忠市有悠久的历史和地名文化。汉惠帝四年（前191年），增置灵州县，在黄河洲岛上，"随水高下，未尝沦没，故号灵州"。查东汉许慎《说文解字》，当时的汉字，尚无"洲"字，只有"州"字。"州"为象形字。其甲骨文自上而下的三条曲线是"川"字，表示河流；中间一条曲线的中部有个小圆圈，表示水中有块陆地。所以《汉书·地理志》写作"灵州县"。上隶北地郡（治甘肃庆阳马岭），治所在今吴忠市利通区古城镇古城村。北魏初，朝廷在这里设薄骨律镇，治所即赫连勃勃所置果园，不领郡县，辖今宁夏平原及周边地区。孝昌元年（525年），朝廷决定撤镇改州，诏郦道元持节兼黄门侍郎前往主其事，遂置灵州，下领郡县，灵州及普乐郡均治回乐县。此后至明初，灵州一直是宁夏平原的政治、军事中心，唐、五代又为朔方节度使驻地，唐太宗勒石灵州，唐肃宗灵州登基，西夏立为西平府，都属中国历史上的重大事件。弃灵州之名而不用，是吴忠市地名工作的遗憾。

（一）利通区

利通区现为吴忠市人民政府驻地，中华人民共和国成立至 1997 年，一直使用"吴忠"之名，先后设县级吴忠市和吴忠县。"吴忠"之名，源于明代初期所筑军事屯堡，调派士兵百余从事屯垦，由一名叫"吴忠"的下级军官为屯长，故称吴忠堡。1998 年 5 月，撤销银南地区和县级吴忠市，设立地级吴忠市，县级吴忠市改为利通区。"利通"之名，源于一条商业街，原系包兰公路南北贯通吴忠堡的一段，1958 年后成为城市街道，因商铺林立，交通便利，故取名利通街。

利通区所处之地即西汉至明初的灵州古城，今城区之"古城镇"即得名于此。自北魏以来置回乐县。唐代边塞诗人李益有两首诗写回乐县内的烽燧，其中一首题为《暮过回乐烽》："烽火高飞百尺台，黄昏遥自碛西来。昔时征战回应乐，今日从军乐未回。"诗中的大意是：原本很苦的戍边将士，喜欢上了回乐县这个地方。回乐县也是宁夏古代第一大县。唐宋时辖有 13 乡，而一般县只有三四个乡。"利通"一名比较俗，应在今后选恰当时机更名"回乐"。

（二）红寺堡区

红寺堡区上隶吴忠市，成立才 14 年。成立之初，区政府特邀 7 名史学家前往考察并座谈红寺堡的历史。当地文物管理所所长及其他学者都认为，今红寺堡镇团结村的明城遗址，即《嘉靖宁夏新志》所记正德二年（1507 年）杨一清所筑红寺堡，是地名的渊源。我在会上指出，《嘉靖宁夏新志》所记有误，团结村遗址是嘉靖十六年（1537 年），三边总制、尚书刘天和弃内边不守，沿红柳沟至鸣沙另筑长城（实为堑墙）一百八里五分，同时筑新红寺堡。杨一清所筑，是旧红寺堡，时间为正德二年（1507 年），地址在新庄集之南、小罗山西麓，为内边（第二道长城）屯兵之所，并当场出示明嘉靖二十年魏焕《皇明九边考》所绘地图为证，图上分别标有红寺堡和旧红寺堡。会后，文管所同志按图索骥，在小罗山下找到了旧红寺堡遗址，残垣尚在，当地人俗称"旧寺堡子"。嘉靖四十年（1561年），新红寺堡毁于地震，但红寺堡地名留存至当代。考究地名渊源，是因当地在明代初期已形成聚落，故建寺庙，墙体以本地红土夯筑，呈红色，后在其侧筑堡屯兵，故名红寺堡。1999年1月成立红寺堡开发区，迁移同心、海原、原州、彭阳、西吉、隆德、泾源七县区生态环境脆弱地带的贫困户于境内，成为全国最大的生态移民扶贫开发区。2009年9月，经国务院批复设立吴忠市红寺堡区。

（三）青铜峡市

1960年8月15日，撤销宁朔县，成立青铜峡市（县级）。青铜峡本为黄河上游最后一道峡谷，位于牛首山西北端，汉代称上河峡或青山峡。《水经注》卷三："河侧有两山相对，水出其间，即上河峡也。世谓之青山峡。""青铜峡"得名有三种说法。一为1993年出版的《宁夏百科全书》，说"因峭壁凝晖呈青铜色而得名"，无古籍可资稽考。二为明《嘉靖宁夏新志》，说得名于宋代张舜民的诗句"青铜峡里韦州路"。此后，各种地方志不加考证，均沿用此说。实误。张舜民之诗收在《仇池笔记》《甘肃新通志》等书中，原文均为："青刚峡里韦州路，十去从军九不回。白骨如山山似雪，凭君莫上望乡台。"诗中写的不是"青铜峡"，而是灵州道上著名的"青刚峡"，唐末五代至北宋史籍中大量出现，在今甘肃环县北境。韦州为西夏所置"韦州静塞监军司"，在今同心县韦州镇。北宋元丰四年（1081年），张舜民随军征西夏路过，写成此诗。三为民间传说，因大禹治水到此，以青铜神斧劈山导水而得名。旧地方志记载，峡内有禹王庙、禹王洞等古迹（1960年黄河大坝合龙，均被淹没）。

（四）同心县

旧有城，始筑年代不详，因被清水河冲毁一角，俗名"半个城"。清初名同心城，寓意"同心同德"。1938年，国民党宁夏省政府决定将豫旺县政府由下马关迁至同心城，更名为同心县，沿袭至今。

（五）盐池县

境内盐池众多，自古盛产食盐，故从南北朝至元代皆置盐州。明朝正统八年（1443年），在今盐池县城置花马池营，为长城沿线屯兵之所，北距长城六十步。成化年间再筑花马池城（今盐池县城），弘治十五年（1502年）又设花马池守御千户所。"花马池"为盐湖名，即县城东13公里之盐场堡（今属陕西省定边县），传说因湖中现花马，盐产顿丰，故名。正德二年（1507年），升为宁夏后卫，辖5个千户所，统领旗军5200名。清雍正三年（1725年），改称灵州花马池分州。1913年置为盐池县至今。

五、固原市

西周称大原。《史记·周本纪》卷四："宣王既亡南国之师，乃料民于大原。"原即"塬"，是黄土高原的一种地貌名词，指高出沟谷的平地。西汉置高平县，北魏太延二年（436年）置高平镇，因"地势既高且平，故名"。正光五年（524年）改高平镇置原州。唐末陷于吐蕃后，原州治所先后侨治于甘肃的平凉、镇原，因此，固原这一带被称作"故原州"。明朝更名固原州和固原卫，更名原因有两说：一为讳"故"改固；二为"以其地险固因名之"。弘治十五年（1502年）设固原州，又设固原镇。清朝为固原州，划属甘肃省，而泾源县、隆德县划属平凉府。同治十二年（1873年）改为固原直隶州。1955年11月，国务院批准，改名为固原回族自治州。1958年10月，宁夏回族自治区成立，成立固原专区。1970年11月，改固原专区为固原地区行政公署，辖固原、海原、西吉、隆德、泾源五县。1983年7月29日国务院批复，从固原县东南境析出15个人民公社，成立彭阳县。2002年7月6日，撤固原地区改固原市，固原县改称原州区。

（一）原州区

因地势既高且平，西汉至北魏初称高平城，曾置高平县、高平镇。北魏正光五年（524年），改高平镇为原州，治平高县，史籍称"以高平曰原"。唐广德元年（763年）被吐蕃攻占，后曾侨治甘肃平凉市境。大中三年（849年）一度收复，广明元年（880年）复失，正式迁至临泾，称旧治为"故原州"。明代设固原镇。清朝为固原州。1958年10月成立固原县。2002年固原撤地设市，改固原县为原州区至今。

（二）西吉县

1942年10月，由海原、固原、隆德、静宁、庄浪五县交界地区析置西吉县，以境内席芨滩谐音而名。蓆芨是一种草本植物，又称芨芨草、白芨芨草，广泛分布于西北各地碱滩中，初为绿色，成熟后为白色秆状，高及人胸。1949年末，西吉县属甘肃省定西专区，1950年6月改属平凉专区，1953年11月划归西海固回族自治区，1955年11月属甘肃省固原回族自治州。1958年10月，改属宁夏回族自治区至今。

（三）隆德县

西汉属安定郡月氏（yuèzhī）道。月氏，西汉北方游民族之一，亦称"月支""禺知"，匈奴崛起以前居于河西走廊、祁连山。公元前2世纪为匈奴所败，大部西迁伊犁河一带，其中一部内迁至今六盘山地区安置，故设月氏道。道，少数民族居住的县级政区。南北朝至唐中叶属原州。唐广德元年（763年）至宋初的250年间，为吐蕃牧地，以部落散居，不相统属。北宋天禧元年（1017年），在邪没陇川（疑为吐蕃语，含义不详）筑羊牧隆城（今宁夏西吉县火家集），庆历三年（1043年）设隆德寨，由朝廷命名，系牧马军寨，上隶德顺军。"隆德"作为地名，自此出现。金皇统二年（1142年）升为隆德县，上隶德顺州。元代废德顺州，在原址陇干城设隆德县，沿袭至今。"隆德"二字，就其历史渊源看，"德"字取于"德顺军"，"隆"字取于"羊牧隆城"。从词语含义看，有高尚其德、修身养德之意。"隆德"一词最早见于汉代典籍，如《汉书·谷永传》："隆德积善，惧不克济"。颜师古注："修德积善尚恐不济，况不隆不积者乎。"

（四）彭阳县

北宋咸平六年（1003年）在今彭阳县城修筑彭阳城，一直沿用至当代。1983年析固原县东部建县，定名"彭阳县"。"彭阳"之名，最早可追溯到商周时期，在彭水（今茹河）流域有彭戎。战国秦设彭阳县（今甘肃镇原县东），因在彭水之北，故名彭阳。

（五）泾源县

北宋乾德二年（964年）始置安化县，建炎四年（1130年）入金，改称化平县。清同治十年（1871年），迁陕西籍回族九千四百余口于化平川地，置化平川直隶厅。1913年，改化平川厅为化平县。县境西南的二龙河，为泾河正源。故于1953年5月11日，更名为泾源回族自治区（县级）。1955年改自治县。1958年9月划归宁夏回族自治区，更名泾源县至今。

六、中卫市

"中卫"一名，源自明代的宁夏中卫，为长城沿线军事机构，隶属宁夏镇。其设置时间，史籍有两说：一为《嘉靖宁夏新志》，记在洪武三十二年（1399年），迁在京、在外官军六千余员名来此屯垦，置宁夏中卫指挥使司，给"宁夏中卫指挥使司"印。二为《明史·地理三》和《明实录》，记为永乐元年正月丙申由宁夏右护卫改置。《宁夏历史地理考》考证认为，应以后者为准，即1403年2月9日。明宁夏中卫为边陲要路，前有大河之险，后接贺兰之固，领五千户所五十个百户所。原额旗军6280名，军马1004匹。嘉靖年间有民户1923户4069口，军多于民。境内有明长城210里及烽火台75座。卫治即元代应理州城。此为"中卫"地名之始，清代设中卫县，缘袭至当代。2004年设立地级中卫市，辖沙坡头区（原中卫县改设）、中宁县、海原县。

（一）沙坡头区

明代设宁夏中卫。清雍正二年（1724年）裁卫置县，改称中卫县，沿用280年。2004年设中卫（地级）市。2016年8月19日，撤中卫县，沙坡头区正式挂牌成立。沙坡头，本为著名旅游景区，位于区境西部、腾格里沙漠边缘与黄河交汇之处，因沙丘密布且向河岸倾斜，故名。宋元之际名沙陀。《元史》载，1226年成吉思汗从河西走廊率蒙古大军东进灭西夏，"逾沙陀"。"陀"之正解为"倾斜不平"，与"沙坡"同出一辙。

（二）中宁县

清代属中卫县。1933年9月5日，宁夏省政府第45次委员会议召开，民政厅提议，分中卫县之东部置新县，县政府驻宁安堡，拟名"宁安县"。因宁安与黑龙江省宁安县重名，故会议决定：同意分设新县，取中卫、宁安之首字，命名中宁县。会议还划定两县以黄河为界，公布后，中卫籍绅士认为不便管理，且贫富悬殊，宁夏省政府遂令改为黄河北岸以胜金关为界、南岸以山河桥为界，并上报南京政府，年底批准。1934年1月1日，中宁县正式成立，县名沿用至今。

（三）海原县

明洪武二年（1369年），赐为楚王朱桢牧地。当地有土著蒙古族，官方称"土达"，形成聚落，称"海喇都堡"。成化四年（1468年），蒙古族人满四聚众叛乱，朝廷派右副都御史马文升率兵镇压，重修海喇都城。七年（1471年），兵备佥事杨勉扩筑。后改为西安州守御千户所海喇都堡。清代简称海城。乾隆十四年（1749年），平凉府盐茶厅同知奉文移驻海城。同治十三年（1874年），左宗棠裁厅设海城县。1914年2月24日，北京政府内务部统一改定全国各省重复县名时，因与奉天省海城县重名，加之地处塬上，遂改为海原县，沿用至今。

宁夏地名中的方言与乡音

宁夏地名中，有一批用字特殊或以方言读音的专名。如用于地形地貌的，有圪垯、敖包；用在居民点的，有生僻字屲、塪；有的用同一个字，但在宁夏南北，却有不同的发音。现举几例。

敖包与圪垯　贺兰山主峰在贺兰县洪广镇西界，海拔高3556米，相对高差2400余米，是宁夏第一高峰。它有个奇特的名字：敖包圪垯。敖包，出于蒙古语，意为"堆子"。在广袤的蒙古草原上，很容易迷失方向。聪明的牧民便在道路的岔口、通往聚落的地方，用泥土、石块垒成堆子，当路标使用。蒙汉两族的边界划分，则叫"界堆"。平罗县红崖乡有个村，明清以来就是蒙古族和汉族居地的交界地带，因为有5座黄土垒筑的烽火墩，故名"五堆子村"。贺兰山的主峰，遥望如堆子，蒙古族就将山峰叫敖包。而宁夏平原的汉族、回族，则把山峰、山头叫作"圪垯"。由此，产生一系列山名：贺兰山沿线，至今有10多个山峰叫"敖包"，20多个山峰叫"圪垯"。贺兰山在惠农区境内的40余公里，就有道劳苏海敖包、敖包梁、山丹花阴圪垯、东北圪垯、峰头圪垯、桃柴圪垯、大阴圪垯。至于宁夏中部的同心、中宁、海原等县，由于原住民以汉族、回族为主，有不少山峰、山头被叫作"圪垯"。如同心的罗山主峰，海拔2624.5米，是宁夏中部的最高峰，名叫好汉圪垯。中宁县有圪垯山、双圪垯、黑圪垯、尖子圪垯，海原县、同心县把山峰叫圪垯的更多。值得注意的是，现在各地也有写作"疙瘩"或"圪瘩"的，应该统一写作圪垯。

塄 用于乡镇、行政村、农村居民点。如海原县有贾塘乡，还有后塘、王塘、浪塘等行政村。仅原州区寨科乡就有东塘、西塘、北塘3个行政村及老地名白家塘。至于用在农村居民点的，仅海原、同心两县就有数十个。这里的"塘"字，读音不是[shǎng]，而是[táng]；其含义也不是土地面积计算单位，而是专指一种地形，即山间平坦之地。其面积较小，只有几平方公里。如面积再大，则称"塬"或"原"。近几年，各县把多数带"塘"字的地名更改为"塘"。这种改动并不恰当，因塘字的基本含义是面积不大的水池，完全失去了"塘"字的本义。宁夏原本也有一批带"塘"字的地名，源于清代康熙至乾隆时期所建军塘，分布在北京—宁夏—新疆以及西安—新疆的驿道上，每30里设一塘，配军丁、驿马，以接力方式传递军事情报，昼夜不息，日驰六百里，当时把这种军事情报叫"塘报"。在清代的宁夏府，就有张政塘、在城塘、适中塘、大坝塘等30多个军塘。至今仍在使用的仅1个：中卫市沙坡头区的甘塘。南部六盘山区使用至今的，有隆德县的沙塘镇。

凹 正确读音为[wā]，指山梁之下面积不大的洼地。而将凹下称为坡，用于行政村、农村居民点。南部山区除泾源县，其他五县区都有，以隆德县最多，现在仍然叫"凹"的地名，有20多个，如辽凹子、中梁凹、奚家阳凹、小阳凹、阳凹、白家凹、夏家凹、蒿地凹、大凹、阴凹等。海原县有大地凹、犏牛凹、窟窿凹等9个。彭阳县有王洼镇、罗洼乡，是指面积较大的洼地，与"凹"的含义不同。

堡 宁夏南北有数百个以"堡"为通名的乡镇、行政村及居民点，如北边的银川市有平吉堡、镇北堡、横城堡……多数源于明朝的军垦屯堡；南边的固原市有黄铎堡、彭堡、温堡、苏堡等地名，多数源于明、清两朝，少数源自北宋。在宁夏，地名中"堡"字的发音，都不读[bǎo]，而且在南北各有不同：其中在北部银川平原的读音为[pù]，在南部各地读[bǔ]。

贺兰山得名考

摘要：中国古代共有 4 个贺兰山，其中以宁夏的贺兰山最负盛名，得名于鲜卑族贺兰部。在北魏政权孕育进程中，贺兰部实力强大，能够废立国王，对拓跋珪统一诸部、建元称帝起了重要作用。贺兰部崇尚马，称颜色青白相间的"驳马"为"贺兰"，并以之为部族名；后来从阴山南下驻牧于贺兰山下，以族名山，形成山名。

贺兰山，是银川平原的天然屏障，阻挡了西北风及风沙的侵袭。在历史上，它又是朔方巨防，以岳飞《满江红》词中的"驾长车踏破贺兰山缺"而扬名天下。但是，对贺兰山的得名，过去多有附会，现在也有不同看法。本文将就这一问题，谈一些自己的看法。

全国有大小 4 个贺兰山

考诸史籍，全国共有 4 个贺兰山。

一为陕西横山县贺兰山。始见于唐代的《元和郡县图志》，记在夏州的宁朔县下："贺兰山，在县东北三十里。"而宁朔县又"西北至州一百二十里"[1]，故将这个贺兰山考订在今陕西横山县西界、靖边县杨桥畔北约 10 公里，海拔 1485 米。因何得名，史籍缺载。西夏时，山之东北有贺兰原，或称"贺兰坪"。西夏天盛七年（1155年），夏仁宗到贺兰原行猎，因道路不好，折损马足，"执治道者戮之"[2]。此后，横山县贺兰山地名消失，连地方志也无记载。

二为磁州贺兰山，在今河北省邯郸市磁县县城西北15公里、林峰村南。康熙三十九年《磁州志》载："贺兰山在州西北三十里……宋贺兰真人隐居于此，因以得名"。这里的"真人"指道士，"贺兰"是其姓。这座山与岳飞原籍汤阴县（今属河南省安阳市）邻近，所以有人把磁州贺兰山说成是岳飞《满江红》词中所写"贺兰山缺"。但磁州贺兰山很小，最高处海拔186.7米，相对高程仅72米，东西长只有10公里，出现时间亦晚，算不上名山。

三是郁孤台贺兰山，位于江西省赣州城区西北部，别名田螺岭，是城区的制高点。清同治《赣县志》："郁孤台，在文笔山，一名贺兰山，其山隆阜，郁然孤峙，故名。"此山更小，只是一个孤独的山岭，海拔才131米，其名气还远不如辛弃疾《菩萨蛮》词中的郁孤台。

四是宁夏贺兰山，实为山脉，长200余公里，平均海拔一般2000米，主峰海拔3556米，相对高差2200多米，故史籍称之为"巨防"，历史悠久，文化底蕴厚重，前面3个贺兰山皆无法与之相比。

岳飞当时是和金兵作战，也没有到过宁夏的贺兰山，《满江红》词中的"驾长车，踏破贺兰山缺。壮志饥餐胡虏肉，笑谈渴饮匈奴血"，是运用诗词的"借喻"手法，把金兵比作匈奴。以岳飞气魄，绝不会以很小的磁州贺兰山、陕北贺兰山比作金国的巨防。而江西贺兰山属南宋的腹地，更不可能写入词中。故本文只对宁夏贺兰山的得名作考证。

史籍中最早出现的贺兰山

隋朝以前的史籍，尚无贺兰山之名，只是在西汉时，有"卑移山"之名出现。《汉书·地理志》载，北地郡下置有廉县，"廉。卑移山在西北，莽曰西河亭"③。按《水经注》的记述，汉廉县的县城在今石嘴山市平罗县崇岗镇暖泉村，遗址尚存，属暖泉农场六队。据此，卑移山是指今石嘴山市境内的贺兰山北段。为何叫"卑移"，史籍无考。建县前，此地都属匈奴牧地。笔者揣测，可能是源于匈奴的某个部族，以族名山。

贺兰山一名，始见于隋初，即开皇三年（583年）八月以河间王杨弘为行军元帅，率赵仲卿、庞晃击突厥的战事中。杨弘"率众数万，出灵州道，与虏相遇，战，大破之，斩数千级"④。《隋书·赵仲卿传》的原文是："开皇三年，突厥犯塞，以行军总管从河间王弘出贺兰山。仲卿别道俱进，无虏而还。"⑤《隋书·庞晃传》的原文是："别路出贺兰山，击贼破之，斩首千余级。"⑥这次击突厥，是"出灵州道"；所经贺兰山，当然是今宁夏境内的贺兰山。《隋书·地理志》则将贺兰山列在灵武郡（大业三年以灵州更名）的弘静县（治今宁夏永宁县望洪镇）之西。

唐《元和郡县图志》对贺兰山的记述

到唐代，贺兰山之名已在史书、诗词中广为使用。王维的《老将行》，有"贺兰山下阵如云，羽檄交驰日夕闻"；贾岛的《送李骑曹》，有"朔色晴天北，河源落日东。贺兰山顶草，时动卷旗风"；韦蟾的《送卢潘尚书之灵武》，有"贺兰山下果园成，塞北江南旧有名"的名句。卢汝弼在《和李秀才边庭四时怨》的《冬怨》诗中，为我们留下了夜战中，朔方将士奋力保卫贺兰山防线的场景："朔风吹雪透刀瘢，饮马长城窟更寒。半夜火来知有敌，一时齐保贺兰山。""安史之乱"后，吐蕃大举东进，占领了陇山以西各州县。建中四年（783年）正月十五，唐朝与吐蕃在清水（甘肃清水县）设坛会盟。盟约也划定了在灵州的版图：双方以贺兰山骆驼岭为界。⑦这些记载表明，古代的贺兰山，是农耕文化和游牧文化的交融、碰撞之地。

唐元和年间李吉甫编修的《元和郡县图志》，是古代不朽的地理名著，书中在灵州保静县（治今永宁县望洪镇）下对贺兰山之名的来源、长度、地貌记载最为详细：

> 贺兰山，在县（保静县）西九十三里。山有树木青白，望如驳马，北人呼驳为贺兰。其山与河东望云山形势相接，迤逦向北经灵武县，又西北经保静县西，又北经怀远县西，又北经定远城西，又东北抵河，其抵河之处亦名乞伏山，在黄河西，从首至尾，有像月形，南北约长五百余里，真边城之巨防。山之东，河之西，有平田数千顷，可引水溉灌，如尽收地利，足以赡给军储也。⑧

这里有三点是清楚的：

第一，唐代的贺兰山，森林茂密，树木青白相间，远望如毛色青白相间的"驳马"。文中的"驳"即"駮"，指颜色斑驳，青白相间。

第二，今天的贺兰山脉，北起巴音敖包，南止青铜峡市马夫峡子，地理学界一般认定其长度为 200 余公里⑨。有的著述记为长 220 公里。而《元和郡县图志》记作"五百余里"。唐代的"里"比今之华里略大一点，其误差可忽略不计。为什么唐代多出六十多里？原来，李吉甫是把青铜峡河东的牛首山也算进去了。文中的"其山与河东望云山形势相接""从首至尾有像月形"，就说清了缘由。河东望云山，即今之牛首山。

第三，贺兰山的北端"抵河之处亦名乞伏山"。乞伏部是鲜卑兴起时较为强大的一支，在公元 350 年前后由阴山以北向西南迁徙。385 年，乞伏国仁称大将军、大单于、领秦河二州牧，史称西秦。388 年乞伏国仁死，其弟乞伏乾归继位，称河南王，迁都金城（今甘肃兰州）。394 年前秦主苻登败死，乾归尽有陇西之地，改称秦王。400 年迁都苑川（今甘肃榆中）。412 年乾归死，子乞伏炽磐继位，称河南王，迁都临夏（今甘肃临夏）。431 年，西秦灭亡。乞伏部从阴山向西南迁徙，其中一部分在今石嘴山市境留下驻牧，因而有了

"乞伏山"一名。

"北人"是指哪个游牧民族部落

《元和郡县图志》对贺兰山的得名说得很肯定:"望如骏马,北人呼驳为贺兰"。这里的"北人",当然是指北方的游牧民族或某个部族。具体是哪个民族,今学术界及网上又有多种说法。

一说为源自蒙古族。即贺兰山一名来源于蒙古语的"骏马"。蒙古语骏马的读音为"阿拉善",然后音转为"贺兰山"。这种说法目前广为流传,就连1999年版《辞海》贺兰山条的释文也采用此说:"一称阿拉善山,蒙古语贺兰,意即骏马。"宁夏人民出版社2008年出版的杨春光《宁夏文化的源与流探析》第六章也认为:"贺兰山……山势雄伟,若群马奔腾。传统说法认为,蒙古语称骏马为贺兰。"这里有三个明显错误:第一,蒙古族形成于12世纪,而贺兰山一名出现于6世纪末的隋代,此时蒙古族尚未形成,更没有蒙古语。第二,蒙古语称马为"毛勒";漂亮或俊美称"高依";骏马应称"高依毛勒",其发音与"贺兰"相去甚远。第三,"阿拉善"一名出现很晚,大致在清代,来源于"贺兰山"的同音,先转成蒙古语音,再写成汉文,就变成了"阿拉善"。把贺兰山说成是由阿拉善音转而来,刚好把事情说颠倒了。出现这种错误的根源,可能是《辞源》一书将"驳马"一词误看成了"骏马",如1979年版《辞源》:"贺兰,山名,山丘多青白草,遥望如骏马,蒙语称骏马为贺兰,故名。"

另一说为晋代匈奴族之黑难部。《晋书·北狄·匈奴传》卷九十七载,公元265年,"武帝践阼后,塞外匈奴大水、塞泥、黑难等二万余落归化,帝复纳之,使居河西故宜阳城下。后复与晋人杂居,由是平阳、西河、太原、新兴、上党、乐平诸郡靡不有焉"。此处对匈奴的黑难部内迁的地域说得很清楚,在今山西省,"与晋人杂居……诸郡靡不有焉"。如此分散,人数又不多，不可能对远在千里之外的山名产生影响。

又一说为晋代匈奴族之黑狼种或贺赖种。其根据仍是《晋书·北狄·匈奴传》：太康五年（284年）、七年、八年，约有3批约15万口匈奴人内附，诣雍州刺史扶风王骏降附的就有十余万人。《晋书》写到这里，将内附匈奴的种姓予以归纳："北狄以部落为类，其入居塞者有屠各种、鲜支种、寇头种、乌谭种、赤勒种、捍蛭种、黑狼种、赤沙种、郁鞞种、萎莎种、秃童种、勃蔑种、羌渠种、贺赖种、钟跂种、大楼种、雍屈种、真树种、力羯种，凡十九种，皆有部落，不相杂错。"其中的黑狼种、贺赖种与"贺兰"发音相近，但只能择其一，那就是更为相近的贺赖种。

有没有直接以"贺兰"为名的北方游牧民族？遍查隋朝以前的史籍，竟然在《魏书》中找到答案：鲜卑族中的"贺兰部"。仅《魏书》卷一《序纪》、卷二《帝纪》，就有十多处记载，如："炀皇帝讳纥那立……三年（325年），石勒遣石虎率骑五千来寇边部，帝御之于句注陉北，不利，迁于大宁。时烈帝居于舅贺兰部。帝遣使求之，贺兰部帅蔼头，拥护不遣。"⑩这段记载表明，在拓跋纥那被立为炀皇帝（代王）时，贺兰部首领蔼头并不赞成，竟拥护其外侄拓跋翳槐，与炀皇帝分庭抗礼。后来，拓跋翳槐统一鲜卑各部，成为烈皇帝。

"五年（327年），帝出居于宇文部。贺兰及诸部大人，共立烈帝。烈皇帝讳翳槐立，平文之长子也。以五年为元年。"⑪这段记载是说，贺兰部竟然另立拓跋翳槐为烈皇帝（代王），炀皇帝拓跋纥那被废掉，只好投奔宇文部。此后，拓跋翳槐成为北魏鲜卑政权的奠基者。

335年，贺兰部"蔼头不修臣职，召而戮之，国人复贰。炀皇帝自宇文部还入，诸部大人复奉之"。这段记载是说，拓跋翳槐因"不修臣职"而杀掉舅父蔼头，引起鲜卑部反叛，各部大人奉迎拓跋纥那复辟，历时三年，才依靠外部势力逐走。⑫

北魏的开国皇帝是道武帝拓跋珪，他的生母也是贺兰部人。376年，前秦灭代国后，拓跋珪随母亲贺兰氏流亡匈奴独孤部，于385年回到贺兰部。次年，依靠贺兰部复国，大会于牛川，建元，称登国元年（386年），不久改称魏王。秋七月，"幸贺兰部，阻山为固"[13]。

《魏书》《资治通鉴》对贺兰部还有多处记载。登国五年（390年），匈奴铁弗部刘卫辰遣子直力鞮进攻贺兰部，拓跋珪领兵20万解围。此后，贺兰部实力大减，遂听命于魏帝，逐渐融入拓跋部。

上述记载表明，在北魏政权建立前，贺兰部十分强大，在鲜卑诸部中，其实力仅次于拓跋部、慕容部。代王拓跋纥那、拓跋翳槐的立废，魏道武帝拓跋珪建立北魏政权，贺兰部都起主导作用。后来北魏政权建立，不会允许强大的部族存在，贺兰部在史籍中不再出现。

对贺兰山得名的考证，学术界有一个共识：源于北方游牧民族，即《元和郡县图志》所称"北人"。北宋乐史的《太平寰宇记》认为"鲜卑之类多依山谷为氏族，今贺兰姓者皆以此山名"[14]。到底是哪个民族？现在已有的观点是5个，即蒙古族，匈奴族的黑难部、黑狼种和贺赖种，鲜卑族的贺兰部。前已述，蒙古族、匈奴黑难部应首先排除。剩下匈奴族的黑狼种、贺赖种和鲜卑的贺兰部，三者相比，当然以贺兰部优势明显：一是字、音全部相同；二是人数众多；三是在历史上影响大；四是在正史中出现频率高；五是部族兴旺的时间与贺兰山名首次出现的时间更接近（200年左右）。匈奴族的黑狼种、贺赖种，都不具备这五点。

因此，本文的结论是：贺兰山之名，源于鲜卑族的贺兰部。他们崇尚马，称颜色青白相间的"驳马"为"贺兰"，并以之为部族名。后来从阴山南下驻牧于贺兰山下，以族名山，形成山名。但也存在一种可能：鲜卑族贺兰部的前身，就是匈奴的贺赖部，但无文献佐证。在隋朝以后的1400多年间，贺兰山一直未更名，而且是农耕文化和游牧文化的交汇之地。贺兰山主峰，今名敖包圪垯，海拔3556米。敖包在蒙古语中意为"堆子"，引申为标志；而这里的汉族往往把山头叫"圪垯"。所以，"敖包圪垯"，实际是两个民族语音的融合。

注释

① 李吉甫：《元和郡县图志》卷四，中华书局，1983年，第101页。

②《西夏书事·仁孝后罔氏》。

③《汉书·地理志》卷二十八下，中华书局，1962年，第1616页。

④《隋书·河间王弘传》卷四十三，中华书局，1973年，第1211页。

⑤《隋书·酷吏·赵仲卿传》卷七十四，中华书局，1973年，第1696页。

⑥《隋书·庞晃传》卷五十，中华书局，1973年，第1322页。

⑦《旧唐书·吐蕃下》卷一九六下，中华书局，1975年，第5248页。

⑧ 李吉甫：《元和郡县图志》卷四，中华书局，1983年，第95页。

⑨《宁夏百科全书》"贺兰山"词条，宁夏人民出版社，1998年，第27页。

⑩《魏书·序纪》卷一，中华书局，1974年，第10页。

⑪⑫《魏书·序纪》卷一，中华书局，1974年，第11页。

⑬《魏书·太祖纪》卷二，中华书局，1974年，第20—21页。

⑭《太平寰宇记》卷三十六，光绪八年金陵书局刻本，第13页："灵州废弘静县：贺兰山在县西九十三里，山上多有白草，遥望青白如骏马，北人呼驳马为贺兰。鲜卑之类多依山谷为氏族，今贺兰姓者皆以此山名。"

以数字命名的地名

全国各地都有一批以数字为专名的地名，宁夏也不例外。其中最多的是1958年人民公社化时命名的生产大队和生产队，包括今天仍在使用的村民小组，如一大队、二大队、三大队……一队（组）、二队（组）、三队（组）……这类地名，往往废弃了原有的老地名、老庄名，而改用数字序列，湮灭了地名的历史文化，是地名工作的倒退，而且数量巨大，故不予介绍。本文要介绍的，是蕴含地名文化而且富有趣味性的数字类地名。

一、"百户"变地名

宁夏海原县至今有3个行政村以"百户"相称，即李旺镇的七百户村和九百户村，在镇政府之北6—8公里；树台乡的二百户村，在乡政府之南约5公里。

而明清时期中卫县境内，还有3个堡子俗称百户：永康堡，俗称五百户，即今永康镇；宣和堡，俗名七百户，即今宣和镇；恩和堡，俗称四百户，即今中宁县恩和镇。此三地都在黄河南岸。

为什么把居民点叫"百户"？目前有三种说法：

第一种：按筑堡时民户的约数相称，户为通名，前面的数字为专名。有九百户上下便称"九百户"，五百户上下便叫"五百户"。这些堡子多筑于明代，而当时宁夏的屯堡，都属军屯，一般不带家属，不能叫"户"。再说，如真有九百户，人口将超过 4000 人，宁夏当时绝对没有如此规模的堡子。因此，这种说法应予否定。

第二种：将几个百户所合并为一堡。百户所是明代军队的基层单位，编制 112 人，相当于今天的 1 个连。如九百户，兵力达 1008 人，集中在环境恶劣、干旱少雨的李旺镇之北筑堡屯垦，也不可能。

第三种说法：源于元代的军事屯垦。元代在宁夏平原确实开展过军事屯垦，而在宁夏南部山区，主要是发展牧业。其规模都不如明代。海原县李旺镇的七百户村、九百户村，属干旱地带，不可能发展规模农业。再说，元代的千户所规模比明代小，分上中下三等：三百人以上为下千户所，五百人以上为中千户所，七百人以上为上千户所。后者可直接叫千户所，没有必要叫"七百户""九百户"。

笔者认为，上述几个"百户"地名，都出自明代军事建制"百户"的数字序列。每卫编制 5600 人，管 5 个千户所；每千户所编制 1120 人，辖 10 个百户所；最基层为百户所，管兵 112 人。每个千户所相当于近代的一个团。中国人民解放军在实行"三三制"时，每个团辖三营，每个营辖三连。这样一来，一个团共九个连，按一、二、三、四……排序，一直到九连，所以出现"南京路上好八连"这样的称呼。同样，千户所管辖的 10 个百户所，也分别叫一百户、二百户……五百户……九百户……由于只有驻军，没有农户，天长日久，便演变成地名的俗称。其中"百户"为通名，前面的数字为专名。

二、以官道（或驿道）出城后的里程为地名

如银川向北的交通大道，自古为驿道，所以出现八里桥、二十里铺、四十里店等历史地名。固原市向南，有通长安的古驿道，出城 15 千米，有古代的开远堡，今名开城镇，商铺较多，故名三十里铺。

三、以烽火台加数字为地名

今银川市兴庆区月牙湖乡，有头道墩、二道墩、三道墩、四道墩。盐池县也排到四道墩。青铜峡市境内有明代烽墩81座，当时都有墩名，多数年久不用而俗称以新名，其中以数字为序加"塘"为专名的有头塘墩、二塘墩……六塘墩。这里的"墩"，即古代的烽火台，明代称"烽墩"，筑于长城及道路沿线。在山区，烽墩一般筑于人们视觉的制高点。在平坦之地，都是每五里一墩。这些烽墩，筑成后都命以专名，后面加"墩"字为通名，如叫德胜墩、得胜墩、新墩的就各有几处。明代的《九边考》《九边全图总要》及地方志，就录有墩名700多个。到清代后，宁夏不再是沿边地带，烽火台都废弃不用，它们的本名绝大多数也被淡忘，就出现了以数字名墩的现象。明代宁夏镇由小北门、西门出城五里，都有老地名叫"五里台"，"台"即烽火台。今平罗县有个行政村叫"五堆子"，其地名来源也与烽火台有关。明嘉靖十五年（1536年），三边总制、尚书刘天和沿黄河东岸筑一百八十里"河东长堤"，南起黄沙嘴（横城堡北）接东边墙，北至今石嘴山黄河大桥东桥头，每五里一墩，共36座烽墩。这些烽墩一般高10多米，方形，基底边长12米左右。明清时期，这一线都是蒙古族牧民，他们在草原上的聚居点外垒砌土堆作为标志性建筑，叫"敖包"，汉译为"堆子"。这里有5座颓败的烽火台，故取名"五堆子"。

四、以数字为序的兵营地名

从固原市的原州区沿交通大道向北约70公里范围内，自明代以来，一直有头营、二营、三营直到八营的地名，而且多数沿用至今，如头营镇、三营镇、七营镇等。对这8个营，《嘉靖固原州志》卷一的"苑马寺"始有记载，弘治十五年（1502年），杨一清督理陕西马政，于头营置"开城苑"，管八[个]营："开城苑，在头营内。围长三员，领八[个]营马房六百三十九间，草厂八所，草场、马圈一十三处……[牧地]南北长一百二十六里，东西阔八十里"。今之二营村，则"置有苑马行寺，东至可可川、天城山、私盐路，南至古黑城……北至韩府群牧所……"此处"行寺"，即放牧管理机构。杨一清只是利用旧有兵营兴办官牧，这8个兵营始筑于何时，尚未查到文字记载，有待进一步考证。

五、以数字为序的水利设施地名

宁夏平原自秦汉以来即大兴水利，"宁夏引黄古灌区"已被列入世界灌溉遗产名录。各种水利设施的专名，也有一部分以数字为序命名。

一种是渠道。明代汉延渠的支渠，就有五道渠一名，始见于《嘉靖宁夏新志·水利》。今银川市兴庆区掌政镇的五渡桥村，即得名于此，以所创菜肴"五渡桥驴肉"驰名。今唐徕渠最大的支渠称"第一农场渠"；灵武市有第二农场渠。支渠之下分出斗渠，当代修建的扬黄灌溉工程，不少斗渠以一斗、二斗、三斗……为名。

第二种是排水沟，用于排涝、降低农田地下水位，防治土壤盐碱化。银川平原河西最大的5条排水沟，都建于1951—1965年，分别命名第一排水沟、第二排水沟……第五排水沟，长数十到百余公里。其下的支沟，也以数字命名，如三一支沟，是第三排水沟的第一条支沟；四三支沟，是第四排水沟的第三条支沟。这些支沟也较长，一般在20—40公里。

第三种是水闸。如平罗县有头闸镇，城关镇辖有二闸村、三闸村，惠农区有尾闸镇，吴忠市利通区扁担沟镇有二闸村，其专名都来自灌溉干渠的水闸。

六、公路的数字编号

我国的公路，一般以公路的起止点命名。由于起止点组合后名称太长，所以又以数字编号进行命名，分 5 种：

一是国家高速公路，前置 G，代表国道，编号为 2 位数。如 G06，代表北京至拉萨高速公路。

二是一般国道，仍以 G 字打头，编号共 3 位数。首位数为 1，代表从北京到全国各地的放射线，后 2 位数为放射线的序号，如 G109，即北京至拉萨的国道，是北京的第 9 条放射线，简称 109 国道。首位位数为 2，是指不经过北京的南北向纵干线。如 G211，是指从银川至西安的国道。首位位数为 3，是指不经过北京的东西向横干线。如 G312，是指上海至新疆霍尔果斯的国道。

三是省级高速公路，以 S 打头，代表省道，编号 2 位数。如石嘴山—平罗高速公路，编号为 S10。

四是一般省道，以 S 打头，编号为 3 位数：首位为 1，代表起点在省会的放射线，如银川至石嘴山市的省道，编号为 S101。其余编号方法参照一般国道。

五是县道，以 X 打头。编号方法同一般省道。

还有乡道，以 Y 打头，编号为 3 位数字，编号方法参照一般省道。

七、其他以数字命名的地名

泉水、河流，有一碗泉、二龙河、双泉、三眼井、四股泉、五桥沟、六羊河、七星渠、八号泉、九泉等。湖泊，有三塔湖、三丁湖、七子连湖、七十二连湖。关隘有头关、二关、三关、原州七关。山峰有双龙山、六盘山、七里宝山、九龙山。最多的是居民点，类似双河、三棵树、五星、五香、七星、上八顷、下八顷、九彩坪、什字路之类的村落，各地都有。

青铜峡之名的由来

（原载 1983 年 9 月 27 日《宁夏日报》）

青铜峡之名，无人不晓。历代文人多有吟诵："铜峡中间两壁蹲，何年禹祠建山根。"相传大禹治水到此，疏凿了河道，兴建了灌渠，后人就盖成禹王庙来纪念他。"古塔排峦云作阵，长河入峡浪翻空。"民间流传有穆桂英征西夏的故事。据说，这里的一百零八塔，便是她安葬一百单八将的故冢。"峭壁岈嶙相对峙，银川锁钥此称雄。"这里山河交织，地势险要，是银川平原的南大门。"高峡出平湖，塞上缀明珠。"如今，这里建成了拦河大坝和水力发电站，更是今世胜前朝。

青铜峡之名从何而来？对此，历代史志均无释考。现代专家学者，也无见教。现提出一种看法，算是抛砖引玉，以期引出更确切的答案来。

今青铜峡，东汉时叫上河，以后又叫过青山峡、上河峡、峡口。称青铜峡已到明代中叶，最早见于《嘉靖宁夏新志》（下简称《新志》）。该书卷一"山川"条说："峡口山，城（即宁夏城，今银川市）西南一百四十里。两山相夹，黄河经其间，古名青铜峡。有古塔一百八。"这里说得很肯定：青铜峡是个古名。有关"古名"的记载出自何处？《新志》接着说，"宋张舜民诗：'青铜峡里韦州路，十去从军九不回。白骨似沙沙似雪，凭君莫上望乡台。'"

原来，"古名"的根据仅此一诗。但《新志》抄录这首诗时，却有致命的一字之差。据《宋史·张舜民传》：元丰四年（1081年），张舜民随高遵裕征西夏，"辟掌机宜文字"，跟随大军由庆州（甘肃庆阳）、环州（环县）而至灵州（今宁夏吴忠县境内），确实写有"白骨似沙沙似雪"及"官军斫受降城（灵州城）柳为薪"之句。因为这两首诗，张舜民被人告发而谪官。《宋史》未载两首诗的全文，但《仇池笔记》却有详细记载，"张舜民通练西事，稍能诗。从高遵裕西征回，途中作诗曰：'灵州城下千株柳，总被官军斫作薪。他日玉关归去路，将何攀折赠行人。''青冈峡里韦州路，十去从军九不回……'"《东坡志林》的原文是"青冈峡"。此外，根据《甘肃新通志》辑录的《甘肃杂记》，引用这首诗时，也用的是"青冈峡"。由此可以证明：《新志》引作"青铜峡"是错误的。

一字之差，相去数百里。据五代、宋代的各种史籍看，青冈峡本在甘肃环县洪德之北，位于环江上游，控扼环、灵大路。这条大路，就是著名的"灵州大路"或"灵州道"。元丰四年，宋朝五路大军共五十万征西夏，只有两路曾到灵州城下。一路是刘昌祚，他率五万兵由镇戎军（固原）经鸣沙抵灵州；另一路就是环庆经略使高遵裕，有步骑八万七千，由环州北进，经韦州攻到灵州城下。当时为了配合进军，还在环州、韦州、灵州沿路设立了急递铺，以传送军情、公文，转运粮草军械。张舜民那首诗，是兵败后返回途中所写，因而有"青冈峡里韦州路，白骨似山山似雪"之句。他既未到达青铜峡，"韦州路"也不经过"青铜峡里"。一言以蔽之：青铜峡是个"古名"一说毫无根据。

《新志》将青冈峡误作"青铜峡"，估计系传抄之误。青冈峡的"冈"字，在正史如新、旧《五代史》，《宋史》，《资治通鉴》中就有3种写法。其他史料更不用说。有的用"岗"，有的用"刚"，多数用"冈"，还有的用"钢"。几经传抄，"冈"容易变"同"，"钢"稍不注意便写成了"铜"。而青冈峡这个五代、宋代时十分重要的地名，在元代之后又逐渐消失了。《新志》的作者大概不知其在洪德稍北，便误定在明代的峡口了。但是，《新志》

对此毕竟没有把握，所以又在卷三《所属各地·中路灵州》中，含糊其词地注了一句："青铜峡，疑即今之峡口也。"其本意还是在说：青冈峡可能就是今天的峡口。

从此之后，各地方志竞相传抄，有的还将张舜民那首诗加了个标题：《峡口吟》。但是，人们都忽略了这个"疑"字。所以，青铜峡一名的由来，纯属以讹传讹。尽管如此，这个地名已经沿用了四百多年。我们既无必要，也不可能将这个人人熟知的地名再更正过来。而张舜民的那首诗，倒应引起注意，切不可再把它当作是吟青铜峡的"峡口吟"了。

白寺高僧

（原载《新消息报》2016 年 5 月 16 日第 24 版）

银川市西北约 50 公里，贺兰山东麓的拜寺口，人们皆知是西夏的佛教圣地，至今存有一对秀丽的古塔。然而，多数银川人并不知道，在唐朝的开元盛世至五代，这里就已是佛教圣地，出过 4 位享誉全国的高僧；而"拜寺口"这个地名，也与他们修行的寺庙密切相关。

新罗国王子入山修行

贺兰山拜寺口这个地方，在唐宋之际称"白草谷"。白草，就是当今扎大扫把用的芨芨草，30 多年前随处可见，古代更多，《太平寰宇记》就有记载："贺兰山……山上多有白草。"唐开元中期，有位朝鲜半岛的年轻人长途跋涉来到白草谷脱俗修行。令人意想不到的是，他竟然是新罗国的王子，后来成为高僧，法名金无漏。

据赞宁的《宋高僧传》记载，金无漏原是新罗国国王第三子。成年后，因品德优秀，又是嫡子，国王宣布立他为储副。但他早已心系佛门，不愿将来继承王位，只想当"释迦王子"，遂乘海船偷渡到华夏境土，假道前往天竺（古印度）"礼佛八塔"。他只身一人沿着丝绸之路，渡沙漠，越葱岭，来到一座大寺院。寺中僧人学问高深莫测，告诉他以后的行程不像大唐境内，行万里不执尺刃，而是万分险恶。但他不听劝阻，执意要去。无奈，寺中住持只好让他先在当地的"毒龙池"独处49天，本意是吓退他。这49天，他踞石打坐，食野草，饮池水，经历了一段死而复生神话般的时光，也领略了人世艰辛。回到寺庙，观音化作一僧人劝他返回："尔缘在唐土，逢兰即住。"金无漏乃启程东归，当他路过贺兰山时，想起"逢兰即住"，认为是缘分已到，便入山至白草谷，结茅而栖，修炼佛法，佛学日渐精深，成为远近闻名的高僧。

至德元载（756年）七月，唐肃宗在灵武登基后，朝廷草创，每日忧心忡忡，常夜梦有金人在御座前诵宝胜佛经。派人寻访高僧，将金无漏请来。肃宗面见，一问姓金，与梦中"金人"暗合，于是下令在皇家内寺供养起来。金无漏住惯山野，"鸟厌雕笼，猴轻金锁"，再三要求回归白草谷，唐肃宗不允。不久，金无漏溘然仙逝。唐肃宗亲自前往悼视，然后下诏，按遗书要求，卸下居室的半扇门板，将遗体置于上，以卤簿（皇帝仪仗队）送导回贺兰山。途经怀远县城（银川市老城），送导者以无漏生前经常到此化缘为借口，将其遗体置于县署大堂。唐肃宗上元二年（761年），县令依当地众议，在白草谷另构堂宇，移入安置，即怀远县下院佛寺。赞宁写《宋高僧传》时，已历时200多年，金无漏仍"真体不坏"。金无漏活多少岁，史籍不载。死于756年，如果活60岁，则生于696年，公元720多年来华。他所栖贺兰山下的白草谷，后来又有多位高僧修行。

史增忍刺血著经书

另一位唐末著名高僧史增忍，原籍开封府陈留县，满腹经纶，却数次科举不中。会昌初（841年），31岁的史增忍"游塞垣访古贺兰山"，寻得净地白草谷，剃度皈依佛教。他刈草结茅为舍，潜心钻研佛学，并日益精进。附近的少数民族对他十分仰慕，纷纷送来酥酪，供应饮食。5年后，灵武节度使李彦佐嘉其名节，在灵州龙兴寺旁另建别院让其居住，取其始修道之地名，号白草院。史增忍天天在臂上刺血写经。李彦佐劝其不可自毁，但其仍坚持不懈，著《三教毁伤论》以明志。又诵经求千手观音，终于在空中见四十二臂，令画工录画，围观者无不称奇。此事应属幻觉，并无科学根据，但他录经书总计283卷、自著《大悲论》6卷、建阁画卢舍那佛巨像等事应当可信。因史增忍在佛教界享有盛誉，唐僖宗曾宣赐紫衣，敕法号广慧。咸通十二年（871年）仙逝，年59岁。灵州地方专为其在水馆之南建塔，曰念定塔。

佛教界领袖史无迹

唐懿宗时，全国佛教界有位领袖人物，法名史无迹，灵州人。大中九年（855年），无迹才13岁，便"决志舍家"，投白草院法空大师（即史增忍）为弟子，从事洒扫拂尘，潜心研究佛学，闲暇时习棋琴书画各艺。咸通三年（862年），史无迹被朔方节度使唐弘夫荐至长安西明寺，任京城两街功德使。唐武宗灭佛后，长安仅在最繁华的东街、西街各保留一寺。因此，两街功德使的职位相当高，而史无迹此时才21岁。咸通十四年（873年）三月，唐懿宗于凤翔法门寺迎佛骨真身，以史无迹充任"赞导"主持法事。事毕，圣心大悦，在御殿亲自接见，予以褒赏。这次迎佛骨活动，历时两月，规模空前，《资治通鉴》有大段记载："广造浮图、宝帐……皆饰以金玉、锦绣、珠翠。自京城至寺三百里间，道路车马，昼夜不绝……佛骨至京师，导以禁军兵仗，公私音乐，沸天烛地，绵亘数十里……"史无迹能在其中充当重要角色，与他的佛学造诣分不开。光启（885—888年）中，因传授自创的吉祥道场，史无迹回灵州结坛作法。道场必须很宽广，只好利用灵州的蹴鞠场。当今的世界足坛，早已公认足球起源于中国，即古代的蹴鞠。因此，《宋高僧·史无迹传》的这条记载，证实唐代的宁夏就已经有足球场。此后，史无迹在灵州任广福寺住持，皇帝也赐给了法号，一直活到83岁。

后晋高僧管道舟

管道舟，灵州回乐县（吴忠市利通区）人。少年时聪雅有仪，虽诵诗书，但乐于佛典，决志出家于灵州龙兴寺孔雀王院。他率领信众另造永兴寺，功成后不愿在寺中任住持，向灵武节度使韩洙辞谢，隐贺兰山白草谷修行。不久后就心有所得，登法台谈讲佛学，赞唱之音响彻云霄。他时常刺破手指，用鲜血画大悲千手千眼观音圣像。天气干旱时，他就绝食闭目，甚至割左耳为民求雨。天福六年（941年）二月六日卒，享年78岁。

白草谷与拜寺口

贺兰山的山沟，在西夏以前全部叫"谷"。如汉代有灵武谷，《西夏地形图》标有9个谷名，如大象谷、横涧谷、信宿谷……上述4位高僧，都先后在贺兰山白草谷修行。他们所在寺庙，都叫白草院，当地民众称白草寺。后来，老百姓干脆把这个山谷称为"白寺谷"。到明代，所有的贺兰山山谷都改称为"口"，如宿嵬口、大水口、灵武口、贺兰口……白寺谷也改作白寺口。"白"与"拜"谐音，后来就叫成了"拜寺口"。

地名是一个地方的名片，很多历史地名，都具有深厚的文化内涵。拜寺口就是一个典型，属宁夏佛教文化的代表，应当重点保护。

刁雍与"刁公城"

（原载1981年《宁夏日报》第3版文化与生活栏目）

历代封建王朝派驻宁夏的官吏中，贪官污吏不少，能为百姓办点好事的则不多。但北魏时的刁雍，却是个例外，为宁夏办了几件名垂青史的好事。

据《魏书》《北史》载：刁雍（390—484年），字淑和，渤海饶安（今河北省盐山县）人。北魏太平真君五年（444年）任薄骨律镇（北魏军镇之一，在今吴忠县西南）镇将，在镇十一年。

刁雍来宁夏的头一件"善政"是修艾山渠。他到镇后，看到这里的百姓很苦。滔滔河水北去，河西的大片良田荒芜着，原有的古渠干涸无水。原来，黄河日久变迁，河床变低，位于艾山（即今青铜峡峡口西面之山）之南的古渠口，已高于河水两丈多，致使河水不能入渠。刁雍经过勘测，把渠口向下游移了八里，又于黄河的西岔河筑坝，抬高水位，引水入渠。新渠宽十五步，北行四十里接入古渠，总长一百二十里，可灌田"四万余顷"。445年春，艾山渠大功告成。原来"功不充课"的河西川区，仅两熟便有"屯谷"五十万斛。（北魏一斛约为五十三斤）

刁雍在宁夏办的第二件大事是开创黄河水运。446年，魏太武帝拓跋焘诏令刁雍：由高平（今固原）、安定（今甘肃镇原南）、统万（故址在陕西靖边县红墩涧公社白城子）及薄骨律四镇出牛车五千乘（辆），运粮五十万斛至沃野镇（今内蒙古五原东北），以供军需。刁雍接诏后感到很为难。从薄骨律镇到沃野，计程八百里，沿途黄沙没胫，空车犹以为难，即令一车装谷二十石，遇深沙则"必致滞陷"，"难可全至"。再说，还要越渡黄河，顺利时百余日才可返，一年只能运两次，五十万斛就要运三年。这么长的时间，把一万多强壮劳力、上万头耕牛都抽去运粮，必定"大废生民耕垦之业"。因此，刁雍上表请求造船水运。当年冬，造成载重近三十吨的木船二百艘。次年春，水运开始。两船（并）为一舫，需船夫十名，共用船夫千人。重船顺流而下，一舫载谷二千斛，五天抵达沃野；空船拉纤而上，十日可返薄骨律镇。两百条船，一趟可运二十万斛，一年三运，即过五十万斛，和牛车运相比，大大节省了人力和畜力。

  刁雍在宁夏的另一功绩是置兵备守，常备不懈，使老百姓过着安宁的生活，其中特别值得一提的是筑"刁公城"。

  公元447年，刁雍因河西地处边表，上表要求抽农闲时间筑城备守。经皇帝诏许之后，该城于448年农历三月筑毕。魏太武帝下诏命名为刁公城，以表彰刁雍的功绩。原来无险可依的河西，从此有了积粮屯兵之所，从军事上来看，意义是重大的。

  由于黄河的迁移，刁公城早已被水毁，其具体地址也就不可考了。

郦道元在《水经注》中记述的宁夏历史地名

（原载《宁夏文史》2022年第1期）

郦道元（约470—527年），字善长，范阳涿县（今河北涿州）人，北魏著名地理学家。《魏书》给他的评价是"道元好学，历览奇书。撰注水经四十卷、本志十三篇，又为七聘及诸文，皆行于世"。他最大的贡献，是留下地理名著《水经注》。此书以大于20多倍的文字给桑钦的《水经》作注，实际上以《水经》为纲，详细记载了1200多条河流及流经的大山、城镇、各种历史遗迹、地名渊源、人物典故、神话传说等，是中国古代最为系统的地理著作之一。《水经注》的卷二、卷三《河水注》，记载有黄河宁夏段及其支流。以"河水"（黄河）为纲，还记载了各类地名78个。仔细品读，发现字里行间，透露出实地调查的信息。本文将考证郦道元在宁夏的活动，并就《水经注》所列地名作简要介绍。

一、奉诏至薄骨律镇：撤镇改州

北魏政权建立后，在北方"鲜卑故地"设镇，为军政合一机构，不领郡县。其中宁夏有二：薄骨律镇，治今吴忠市利通区古城镇，辖今宁夏平原及其周边；高平镇，治今固原市原州区，辖今宁夏南部山区。多部正史都有记载，北魏孝明帝曾诏令郦道元前往北方8个军镇撤镇改州，增设郡县，其中也包括薄骨律镇。对此，史书有3种不同记载：

《魏书》卷八十九《郦道元传》："肃宗（魏孝明帝谥号）以沃野、怀朔、薄骨律、武川、抚冥、柔玄、怀荒、御夷诸镇并改为州，其郡县戍名令准古城邑。诏道元持节兼黄门侍郎，与都督李崇筹宜置立，裁减去留，储兵积粟，以为边备。"

《北史》卷二十七《郦范附郦道元传》："明帝以沃野、怀朔、薄骨律、武川、抚冥、柔玄、怀荒、御夷诸镇并改为州，其郡、县、戍名，令准古城邑。诏道元持节兼黄门侍郎，驰驿与大都督李崇筹宜置立，裁减去留。会诸镇叛，不果而还。"

《资治通鉴》北魏正光五年（524年）八月："改镇为州，以怀朔镇为朔州，更名朔州白云州。遣兼黄门侍郎郦道元为大使，抚慰六镇。时六镇已尽叛，道元不果行。"

三部正史，对几个重要问题记述不一。

一是具体时间。《资治通鉴》列在正光五年（524年）八月，《魏书》《北史》均未提及时间。《魏书·贾显度传》记载：孝昌元年（525年），贾显度已被任命为"灵州别将"（后详）。按《太平寰宇记》的记载，正式改称灵州的时间为孝昌二年。而《资治通鉴》所记"正光五年八月"，是魏孝明帝下诏的时间，一年后完成撤镇改州，合乎情理。

二是魏明帝下诏交给郦道元的任务。《魏书》《北史》完全一致，是诏令将8个镇改为州，还要选一些有古城邑的地方，设郡、县、戍等下属机构，并予以命名。设置及裁减去留，自行定夺。《资治通鉴》虽写了改镇为州，但只写了改怀朔镇为朔州，后又更名白云州。而后文却说成"抚慰六镇"，显然有误。

三是郦道元是否持节前往。《魏书》说"诏道元持节兼黄门侍郎，与都督李崇"同行，其结果未提及。《资治通鉴》说是"道元不果行"，即根本未出发。《北史》为"驰驿"前往，说明是到了某一个镇，"会诸镇叛，不果而还。"查《魏书》，正光五年（524年）三月，沃野镇（内蒙古五原）破六韩拔陵反，后向东发展，一度攻占武川等镇。四月，高平镇（宁夏固原）胡琛反。孝昌二年春，朔州反。八镇之中，此时唯有薄骨律镇控制在朝廷手中。孝昌元年（525年）高平起义军围攻灵州，其守将称"灵州别将贾显度"。北魏时，别将是隶属总管府的"五将"之一，正六品军职。说明薄骨律镇已经改为灵州（见《魏书·贾显度传》），并设有军事性质的总管府。这些史实说明，郦道元奉诏改八镇为州，实际只到了薄骨律镇，于孝昌元年将其改为灵州。其他各州，皆因反叛，郦道元未去，所以，《北史》称之为"会诸镇叛，不果而还"。

另需说明的是，李崇是北魏皇室外戚，授都督，正光五年病故，不可能与郦道元同行。

二、对地名的调查：访诸耆旧

郦道元到薄骨律镇改镇为州："其郡县戍名令准古城邑"，就是州下还要设郡、县、镇、戍，在古城邑基础上命名；"持节"，就是授权郦道元，自行定夺。为了完成这些任务，必须在当地对古城邑等老地名进行调查研究。

对此，《水经注》留下了宝贵的记载。

> 河水又北，薄骨律镇城，在河渚上，赫连果城也。桑果余林，仍列洲上。但语出戎方，不究城名。访诸耆旧，咸言故老宿彦云：赫连之世，有骏马死此，取马色以为邑号，故目[曰]城为白口骝，韵之谬，遂仍今称，所未详也。

这段文字，全部是郦道元对薄骨律镇地名文化的实地调查。他首先察看了镇城的地理环境，认定原是赫连勃勃的果园，但不知城名的含义和来源，于是又访问了很多年高望重的老者。而这些老者又都说，他们听故老及宿彦（老成而有才德之士）讲过，赫连勃勃统治时，"有骏马死此，取马色以为邑号""桑果余林，仍列洲上""访诸者旧"，证明郦道元不但到了薄骨律镇，而且做了大量实地调查。

为什么最后定州名为灵州？因为这里在西汉初年有一个巨大的黄河洲岛，"随水高下，未尝沦没，故号灵州"。按《汉书·地理志》记载，汉惠帝四年时置有灵州县。当时的文字尚无"洲"字，以象形文字的"州"代表"河中可居者曰洲"。所以，郦道元所置灵州，比西汉的灵州县高两级：灵州之下，又新设有普乐郡、回乐县、怀远县、鸣沙县、宏静镇、历城。这些北魏地名，都是郦道元命名。

三、对高平川水的记述：细致入微

令人惊叹的是，郦道元对高平川水的记述，达到了细致入微的程度。高平川水就是今天的清水河，属黄河的一条小支流，源出固原市西南40里开城乡黑刺沟垴，流经城东南，再经海原、同心县境，至中宁县泉眼山西入黄河。流域面积8500平方公里，干流长只有200余公里。对这样一条小河，注文用770余字的篇幅（比宁夏段397公里黄河干流还多200余字），详细到对13条二级支流、三级支流都逐一记述。1988年，我带着王国维的《水经注校》和宁夏地图，乘越野车"按图索骥"，用4天时间考察了这些支流，虽然河流名称古今不同，但其走向、汇入清水河的位置，《水经注》的描述与当代的实况基本一致。例如：

龙泉水　即今固原市原州区北之北海子，系清水河支流。《水经》称龙泉水；明代音转称暖泉，又名北鱼池；民国年间称临洮泉水。

石门水　今固原市原州区北境之中河，系清水河主要支流，因流经石门

（今寺口子），故《水经注》称石门水，"水有五源，东水导源高平县西八十里，西北流；次水注之，水出县西百二十里如州泉，东北流；右入东水乱流，左会三川，参差相得……谓之石门口"。今天的中河仍然由5条小河汇集，入寺口子水库后，再东经黄铎堡、代店、平路向东北汇入清水河。石门口即今须弥山石窟唐代大佛下的峡谷。

自延水 今海原县东境之苋麻河，系清水河支流，《水经注》称自延水，民国年间称北河。源出海原县南华山东侧，再经固原黑城乡向东北流注于清水河。

肥水 今海原县石峡口水，系清水河支流。《水经注》的记载是："肥水……水出高平县西北二百里牵条山西（董祐诚注：今固原州西北二百十里有海喇都堡，西有水，牵条山当在此），东北流，与若勃溪合。水有二源，总归一渎，东北流入肥。肥水又东北流，违泉水注焉。泉流所发，导于若勃溪东，东北流入肥。肥水又东北出峡，注于高平川"。肥水的主源，应是今海原县的园河，发源于西华山西麓，经树台、西安州向东北流至关桥，再与若勃溪合。这两条源流汇合后，再向东北流，即称肥水。若勃溪，即今海原县贺堡河，发源于贺堡，向东北流注入肥水。肥水再东北，又有违泉水注入。违泉水，即今海原县马营河。马营河又有二源，西源在海原县城关乡杨家套子，东源在海原县贾塘乡西北上马营。以上，无不与《水经注》记载相吻合。以前，宁夏人从不知境内有古老的温泉留存。但《水经注》有这样一段记载："肥水又东北出峡，注于高平川，水东有山，山东有三水县故城……县东有温泉，温泉东有盐池。"1989年9月12日，我按肥水注入高平川水的位置，然后向东穿越大罗山，在山的东麓红城水找到汉代的三水县遗址。再向东，很容易地在同心县韦州镇巴庄找到了这处温泉。清澈的泉水，从5组30多个泉眼翻滚涌溢，汇聚成湖，当地人说冬天热气蒸腾，夏天水温清凉。湖水再夺路而出，成为甜水河之源。在极度缺水的宁夏中部干旱带，即便有条河，也都是苦水，能找到这个甜水温泉，全靠郦道元指点迷津。

四、对弹筝峡的描述：让读者身临其境

《水经注》的泾水卷已佚失，但从其他古籍的转引中，可知郦道元也曾亲历泾源县东部的六盘山镇三关口。

人们都知道，描述风景名胜、险关要隘，若无前人记述，必须身临其境。位于泾源县六盘山镇东南的三关口，是古代著名的险关要隘，也是一处名胜。郦道元曾来到这里，写下一大段脍炙人口的千古文章，被后来的历代地理名著不断转引，说明郦道元是以文墨关注此地的"第一人"。

如唐代《元和郡县图志》卷第三原州下泾水条转引《水经注》："又南流经都卢山，山路之中，常如弹筝之声，故行旅因谓之弹筝峡。"

又如北宋《太平寰宇记》卷之三十三原州百泉县下转引《水经注》："泾水。源出县西南泾谷……《水经》云：泾水出安定泾阳县高山泾谷。郦道元注云：《山海经》曰高山，泾水出焉，东流注于渭，入关谓之八水。"这是在记述泾水的源头：泾阳县，西汉安定郡属县；"高山"，即明、清的美高山，今讹为"米缸山"，是六盘山的主峰；泾谷，就是泾源县的老龙潭。

《太平寰宇记》在同卷又引："弹筝峡，《水经注》云：泾水经都卢山，山路之内，常有如弹筝之声，行者闻之，歌舞而去。又云弦歌之山，峡口水流。风吹滴崖，响如弹筝之韵，因名之。"这段注文，描写的是泾水的东源——颉河（亦名汭水）；而后人读起来，领略的是山水文化。弹筝峡今名三关口，控汉萧关、唐六盘关和制胜关之口，故名。关口是一个只有30多米宽的峡谷。两侧绝壁高耸入蓝天，如鬼斧神工，峻不可攀。水流从峡谷内夺门而出，水声淙淙，回荡峡中，犹如弹筝之声，昼夜不绝。

郦道元不但考证了弹筝峡的得名，还记述了泾水、泾谷、高山、都卢山、安定、泾阳县等地名。这一段精彩的文学佳作，引发无数文人迁客的兴致，在这里或勒石立碑，或摩崖题款。今天，这里尚存有由斗大的字组成的四款

摩崖石刻：峭壁奔流、山光水韵、山水清音、泾汭分流。据清末宣统年间成书的《固原州志》记载，这里还有"控扼陇东""山明水秀"等摩崖石刻。其中有一方题为"萧关锁钥"的大字石刻，道光末年成书的《度陇记》上说"书于北壁"，是作者董醇现场所见。而《宣统固原州志》成书时就"仅存锁钥二字"，萧关二字"土人云早年见之"。萧关是西汉时关中北面雄关；而弹筝峡又是萧关锁钥，其险要程度可想而知！董醇的评论是：一夫任之，万夫莫开。

五、《水经注》所记宁夏古地名

《水经注·河水注》的卷二、卷三，共记载宁夏境内78个地名。其中水道21个，山名10个，城名28个，峡谷名6个，其他泉、岗、坛、长城、盐池等13个。

（一）水道

河水　即黄河干流。《水经注》记述黄河宁夏段共用489字。郦道元按桑钦《水经》原文作注，记述两汉时黄河干流，其走向分三段：第一段今中卫至青铜峡市峡口段，为西→东走向，与今天的走向相同。第二段今吴忠市利通区金积镇至贺兰县暖泉农场段，为南→北走向，经青铜峡市的连湖农场、银川市的西湖及阅海公园、贺兰县的常信乡至暖泉农场，唐代的千金大陂，清代的七十二连湖，今之七子连湖、阅海公园，即为两汉时黄河故道遗存之湿地。第三段暖泉农场至兴庆区月牙湖乡，为东偏北走向。这三段走向说明，桑钦著《水经》时，银川平原黄河干流的走向与今天全然不同。

枝津　东枝　银川平原两汉时的黄河支流。"迳富平城，所在分裂，以溉田圃，北流入河，今无水……"至浑怀障（今兴庆区月牙湖乡西北）西与主流汇合。这条支流的走向，与今天黄河干流的走向大同小异。

北河　两汉时朐卷县（今中宁县宁安镇古城村）至富平县（约今利通区

金积镇）一段黄河的别称。今河套地区的黄河，在秦汉时期也叫北河。

上河　西河　两汉时宁夏黄河主流第二段（见前文河水条）的别称。

西谷川　今名高崖沟，又名孙家沟，发源于甘肃省靖远县黄家洼山，在中卫市沙坡头区北长滩汇入黄河，长76公里。

高平川水　即今清水河，因其冲积平原称"高平川"，故名；或曰因汉在其上游置有高平县而得名；又因汇水含碱量高，水质咸苦，亦名苦水。唐、五代、宋、西夏改称蔚茹水，宋代又称葫芦河。详见前文。

苦水谷　龙泉水　龙泉　东水　次水　如州泉　石门水　石门口　自延溪　苦水　若勃溪　违泉水　肥水　均为高平川水支流。

泾水、泾谷　《水经注》将今天的颉河当作泾河，并详细描述了弹筝峡。实际上，颉河只是泾河的支流。这是我在该书唯一见到的错误。乾隆皇帝为解决这一问题，曾派中卫知县胡纪谟前往实地考察，写成《泾水真源记》。

（二）沿河城镇

《水经注》记述的28个宁夏古城镇，与历代《地理志》对照，多数为西汉、东汉所筑，只有薄骨律镇，赫连果城，历城，东、西太楼城属于十六国至北魏时期。

安定郡　高平县　高平第一城　在今固原市原州区，高平县为安定郡治，因城池坚固，东汉时称高平第一城。高平川水在城南流过。

眴卷县　西汉县名，属安定郡，在高平川水汇入黄河的河口之东侧，即今中宁县宁安镇古城村。东汉县废。

三水县　两汉安定郡属县，设属国都尉，管理匈奴降众。今同心县下马关镇红城水有遗址。

北地郡　富平县　特武县　西汉北地郡治马岭（今甘肃庆城马岭镇），辖富平县。王莽将富平县更名为特武县。东汉北地郡徙治富平县，在今吴忠市利通区金积镇境内。

薄骨律镇　赫连果城　北魏前期军镇，设在赫连勃勃所建果城处，即西汉之灵州县城。

灵武县　威戎亭　典农城　灵武县为西汉北地郡属县，治典农城，在当时黄河主流西侧，即今青铜峡市邵岗镇西。王莽更名威戎亭，东汉县废。

上河城　属灵武县，在当时黄河主流西侧。西汉于此置上河农都尉以主屯田。在今永宁县西。

[北]典农城　吕城　西汉冯参为农都尉主屯田筑之，属灵武县，即郦道元《水经注》所言"俗名之为吕城"。在当时黄河主流西侧，即今永宁县西北。

廉县　西河亭　汉武帝时置廉县，上隶北地郡。因在当时的黄河西岸，王莽时更名西河亭，东汉后期县废。两汉时，黄河在此由正北流转向东北流。今平罗县崇岗镇下庙村南有遗址。

浑怀障　历城　在今银川市兴庆区月牙湖乡西北，蒙恬于秦始皇三十三年（前214年）筑以御匈奴。障，秦汉时的防御工事；塞外，长城以外；为浑怀都尉理所，故名。西汉因之。《水经注》卷三载：两汉时，浑怀障为河水干流与支流汇合处。北魏太和初灭三齐，徙历下（今山东济南市历下区）民居此，故名历城。

泾阳县　麦田城　黑城　延城　廉城　东、西太楼城　铺睦　上述8个城镇的具体位置尚待进一步考证。其中的泾阳县，处泾水之阳，当在今泾源县或甘肃平凉市境内；麦田城、黑城，《水经注》记录在黄河进入宁夏之地，当在今中卫市境。东、西太楼城在高平川水侧，疑是隋朝之他楼县，在今海原县李旺镇。

（三）高山及峡谷

大陇山　陇山　高山　大陇山、陇山即今六盘山脉，高山是其主峰，明清叫美高山，今名米缸山。

牵条山　又名牵屯山，即今海原县南华山。

卑移山　在西汉廉县西北，即今贺兰山北段。

青山峡　上河峡　青山　即今黄河青铜峡。峡两岸之山，《水经注》统称青山。

都卢山　弹筝峡　弹筝峡即今泾源六盘镇蒿店村三关口，峡谷两侧之山，《水经注》称都卢山。

麦田山　今中卫市香山。

酸阳山　百里山　九里谷　3个地名待考。

（四）其他地名

秦长城　即宁夏境内的战国秦长城。《水经注》记在高平川水的高平县北十五里，今固原市原州区之北8公里有遗址。

湫渊　秦汉之际朝廷所祭祀的黄河、长江等6处水域之一，湫渊是唯一的湖泊代表，《水经注》记在高平川水的发源地，即今固原市开城镇东海子水库。今水库之东南存有祭坛遗址，地属彭阳县古城镇。

温泉　在今吴忠市太阳山开发区203省道公路北侧，东至盐池县惠安堡镇8公里。有泉眼20多个涌水。2003年被采石者用炸药破坏。

盐池　盐官　盐池县惠安堡镇西北有3个盐湖，在温泉之东约10公里。自西汉由朝廷设盐官管理。盐官实际为一座城池。

魏行宫　自延口　麦田泉　风伯坛　风堆　龙东　高岗亭　以上7个地名，具体位置尚待考证。

（编后注：《水经注》有多种版本。本文主要参考王先谦的《合校水经注》，中华书局2009年点校本，以及王国维的《水经注校》，上海人民出版社1984年版。）

通智修渠对地名的影响

通智（生卒年不详），满族，满洲正黄旗人。曾任兵部左侍郎，于雍正十三年八月乙酉（1735年10月4日）任兵部尚书，乾隆元年八月丁亥（1736年9月30日）解职。雍正四年至十年（1726—1732年）在宁夏主持水利事务。雍正初年，川陕总督年羹尧奉命到宁夏视察河渠后，朝廷相继派户部侍郎单畴书、右通政使史在甲和兵部侍郎通智来宁夏主持开渠，并号召宁夏籍文武官员推动宁夏垦荒。不久，单畴书在宁夏病故，由通智主持开渠。

一、为开发查汉托护开渠引水

清雍正四年（1726年）五月，工部侍郎通智和川陕总督岳钟琪前往查汉托护（今石嘴山市沿河地带）勘查，并奏报朝廷在此进行大规模的水利建设。七月，通智主持开凿惠农渠，历时3年告成，耗银16万两。惠农渠进水口设在宁夏县叶升堡（今青铜峡市叶盛镇）东南陶家嘴南黄河花家湾。渠口处多为卵石层，渠岸坚实，不易坍塌。渠道由此向东北行，至平罗县西河堡，导入西河汊，最后归流黄河。渠长300里，渠口宽13丈，渠尾宽四五丈，渠深一丈一二尺至五六尺不等。为了调节渠水流量，建进水正闸1座、退水闸3座。又建涵洞数座，或便于上下渠道交流，或为了排泄他渠余水。沿渠建桥22座，西河上建桥16座，以便行人往来。开支渠百余道，长七八里至三四十里不等。此外，还在惠农渠之东的黄河岸边筑防洪长堤320余里，以阻挡黄河水泛滥时对惠农渠的冲击。叶升（盛）正闸上建桥房数楹，可供守闸人居住；其余各闸旁也建有水手房。沿渠两岸种植护堤杨柳树10万余株。

惠农渠开通后，通智又将黄河的岔河"六羊河"建成一条长110余里的"六羊渠"（即昌润渠）。后昌润渠改由惠农渠进水，流至平罗县省嵬城（今惠农区庙台乡庙台村）归入黄河。

二、通智对石嘴山地区经济发展的贡献

惠农、昌润两条干渠的修成，使宁北地区大片生荒地得以垦殖。清政府又拨库银15万两，招徕宁夏县、宁朔县、灵州、中卫县和固原州等地居民万余家到查汉托护安家垦殖。数万移民在新灌区"辟田园，葺庐舍，犁云遍野，麦浪盈畴"，使原先地旷人稀、相对落后的石嘴山地区，成为渠道纵横、田连阡陌、旱涝保收的沃野，农业经济实现了跨越式发展，通智功不可没。

惠农渠的修通，使宁夏平原的灌区从宁夏城（现银川老城）附近向北延伸二百里。正如当时的诗人歌颂的那样："察汗弃壤通埋疆，绣畦北尽省嵬旁。""灌沃原田三百里，边氓乐业如归市。""若说良田更无限，风光谁亚小江南。"另外，通智又对唐徕、汉延、大清三渠进行彻底整修，并建立了一套测量水文的办法。在修浚唐徕渠时，运土令改背斗（用芨芨草或柳条编制的背在背上的运土工具），后世沿用其法200多年，"工省而取土多，盖公之遗制也"。

雍正十年（1732年），通智完成了在宁夏的治水任务回京，随后升兵部尚书。仅任职两年，在乾隆登基之后即被解职，原因不详。《清史稿》也未给通智立传，有可能是受了些冤枉。宁夏流传有民间传说，大意是：有人诬告，说惠农渠沿线新设之堡，皆以"通"字命名，如通宁、通朔、通贵、通昌、

通吉、通义、通伏、通润等。通智贪天之功为己有，图谋不轨。皇帝轻信，遂降旨在叶盛龙门桥将通智斩首示众。宁夏人民尊他为四渠（大清、唐徕、汉延、惠农）总龙王，并于今青铜峡市叶盛镇龙门桥村惠农渠正闸桥旁建龙王庙塑像，每年四渠春工完竣之时，首先祭奠总龙王，亦表示对通智治水利民的肯定与怀念。此庙在"文化大革命"中被毁，只留下残垣断壁。

三、通智对石嘴山地区地名历史的影响

通智建惠农渠，又招民垦殖，设县立堡，在石嘴山地区辛劳近7年。与此同时，通智对石嘴山市地名的影响也十分深远，主要是：

第一，大量记录了石嘴山市的重要历史地名。在通智之前，石嘴山只有4个历史地名见诸史籍，即汉代的廉县、唐代的定远军城和定远县、西夏的省嵬城、明代的平虏城，记载都十分简略。而通智在《惠农渠碑记》中，除水利设施，还记有20多个重要地名。首句"黄河发源于昆仑，历积石，经银川，由石嘴而北"，是首次将"银川""石嘴"当作地名记录在案。"查汉托护"，则是对石嘴山市平原地带的统称。1697年，康熙亲征噶尔丹来宁夏，曾批准在平罗县城设蒙汉民族贸易市口，而乾隆以后，石嘴山却变成了市口。何时迁移的，当代著述不知其详，是因没有细读通智的碑记，其中就有"移市口于石嘴，汉夷皆便"一句，说明是通智在惠农渠竣工后迁移的。这个市口，最早为蒙汉民族贸易，后来演变为蒙汉回民族贸易，一直延续到民国年间，商贾云集，对石嘴山市的历史影响甚大。

第二，设县筑堡，形成一大批政区居民点地名。惠农渠修建中，通智即上奏朝廷，乞颁银16万两，在"查汉托护"地方新筑2座县城，分别命名为宝丰县、新渠县。渠道竣工后，又乞奏"颁帑银十五万两，以为招来户口恒产耕种之资。由是亿兆欢呼，争先趋附，辟田园，葺庐舍，犁云遍野，麦浪盈畴"，修筑53座民堡，各有其名。今平罗县109国道以东的头闸镇、

宝丰镇、灵沙乡、渠口乡、通伏乡及59个行政村名，惠农区的尾闸镇、庙台乡、礼和乡及所辖20个行政村名，多数是在此时形成，少数是在乾隆年间形成。

第三，产生众多的水利设施及相关地名。主干渠有惠农渠、昌润渠；支渠有600多条，各有专名，沿用至1936年，《宁夏省水利专刊》记有惠农渠在石嘴山市境内的支渠376条。通智的《昌润渠碑记》上，又记有支渠20余条。另在两篇碑记中，还记有各种节制闸、退水闸10余座，今天作为乡镇专名仍在使用的有头闸、尾闸。通智又在市境的惠农渠上建桥15座，西河上建桥16座，各有专名，有的已演变成居民点地名。还在黄河西岸筑防洪堤320余里，是为黄河宁夏段修筑防洪堤之始。

附录一

惠农渠碑记
（清）通 智

黄河发源于昆仑，历积石，经银川，由石嘴而北绕鄂尔多斯六部，落入黄甫川，逾潼关，会泗沂，合淮归海，源远流长。而朔方一带导引灌溉，厚享其利焉。独查汉托护地方，沃野膏壤，因汉、唐二渠余波所不及，遂旷为牧野。我皇上轸念宁夏为边陲重镇，建新城，设将军，领兵驻防，特命侍郎臣通智，会同督臣岳钟琪，详细踏勘。嗣命臣通智，偕侍郎臣单畴书，专董是役。复拣选在部、道、府、州县十五员，命赴工所分司其事。又奏请调取官弁武举等十有二人，共襄厥工。

乃相土宜，度形势，以陶家嘴南花家湾为进水口，近在叶升堡之东南也。黄流自青铜峡口而下支派分流，至此而滔滔汩汩，顺流远引，足溉数万顷之田。其渠口石子层累，底岸维坚。由此而东北，遍历大滩。择地脉崇阜处，开大渠三百里，口宽十三丈，至尾收为四五丈，底深丈一二以至五六尺不等。高者洼之，卑者培之。引入西河尾，并归黄河。建进水正闸一，曰惠农闸。建退水闸三，曰永护，曰恒通，曰万全。节宣吐纳，进退无虞。设永泓、永固暗洞二，以通上下之交流。设汇归暗洞一，以泄汉渠之余水，正口加帮石囤，头闸坚造石桥，则渠源不患冲决。特建尾闸以蓄泄之，外累石节以巩固之，则渠稍可以永赖。大渠口以东，俱引灌大渠水，其田势高处，刳木凿石为槽，以飞渡汉枝渠之水而东之，仍不失其已然之迹。西坝渠尾以南，道抵渠口。其西岸不能归暗洞之小退水，特留玃洞，放之大渠一带出之，亦绝无涨漫之患。任春、叶升二堡，为往来孔道，于正闸覆造桥房，旁列数楹，可为守者居，兼为行者憩。建龙王庙，立碑亭，以记工程，并壮观瞻，沿渠之桥二十有二。西河之桥十六，行旅往来，赖以普济。

其枝渠四达，长七八里以至三四十里者百余道，均作陡口飞槽，而户口人民又沿渠各制小陡口、小玃洞千余道，以相引灌。自此沟塍绣错，二万余顷良田无不沾足，于渠之东，循大河涯筑长堤三百二十余里，以障黄流泛溢。于渠之西，疏通西河旧淤三百五十余里，以泻汉、唐两渠诸湖碱水。各闸旁建水手房四十二所，以司启闭。遍置塘房三十七处，稽查边汛。而大渠长堤以至西河，兼恃防护渠堤，两岸俱夹植垂杨十万余本，其盘根可以固堋，其取材亦可以供岁修。

至于东北隅一带，其地尤广，其土尤沃，改六羊河为渠一百一十余里，以佐大渠所不及。奏请建县城二：其一在田州塔南，为新渠县；其一在省嵬城西，为宝丰县。立县以膺民社，设通判以司水利，建学校以育人材，置营弁以备防汛。移市口于石嘴，汉夷皆便；建城堡于山后，守御相资。

兹役也，蒙皇上特颁帑银十六万两，以为工匠车船、一切物料之用，纤微不累于民。肇始于丙午之孟秋，工竣于己酉之仲夏。向之旷土，今为乐郊。复蒙皇恩广被，又颁帑银十五万两，以为招来户口恒产耕种之资。由是亿兆欢呼，争先趋附，辟田园，葺庐舍，犁云遍野，麦浪盈畴。勤耕凿者歌帝力，安陇亩者颂高深。奏之九重，锡以嘉名曰惠农渠。遐陬赤子尽戴光天，边塞黎民欣逢化日。诚国家万年之基，而民生世享之业也。爰立石而为之记。

（编后注：原载《乾隆宁夏府志》卷二十《艺文志三》。通智主持修浚的惠农渠，按长度、灌田面积，均为宁夏第二大干渠，紧贴黄河西岸，受益最大的是石嘴山市。此碑记中，记录了若干旧地名及通智命名的十多个新地名。有的影响深远，为地名来源的考证提供了依据。如作为地名的"银川""石嘴"，都属最早使用。）

附录二

昌润渠碑记

（清）通 智

雍正四年岁次丙午，皇帝命侍郎臣通智、单畴书，会督臣岳钟琪，经营查汉托护地方。开大渠以资灌溉，筑长堤以障狂澜，易畜牧为桑麻者，三百余里。但大渠之东南隅，滩形广阔，水难遍及。有黄河之支流名六羊河者，口形如列指，斥游数里，复合为一，逶迤而北，经大小方墩，越葫芦细，历省嵬城，而仍归于大河。沃野腴壤。绵亘百余里。因迤黑龙沟而西，故水势顺下，漫无停蓄，不能引之滩中，河之下流遂淤。率诸执事，循其已然之迹，顺其势而利导之。凡湃岸之倾圮者，培之使平，河流之淤塞者，浚之使通。爰于渠口建正闸一，曰昌润闸。外设退水闸，曰清安，使水有所泻，以备岁修堵口也。内设退水闸，曰清畅，使水有所分，以杀湍流涨溢也。相地制宜，分列支渠二十余道。中多高壤，不能尽达，复设逼水闸三，曰永惠、永润、永屏，束之使其势昂而盈科而进。仍由故道以入于河。诸闸既建，俱跨桥以通耕牧往来。正闸之上，覆以桥房，其旁则立有龙王庙碑记亭。渠两旁俱插柳秧，资其根力以因固湃岸。自此启闭以时，蓄泄有方，而大渠以东遂无不溉之田矣。钦定名曰昌润渠，以昭示来兹，垂之永久。是役也，用以仰副我皇上仁育万物无远弗届之至意。渠之两旁，良田万顷，比户千家。白叟黄童均沾圣德。青山绿水悉载皇仁。诚盛世之宏模，而万年之乐利云。

（编后注：这篇碑记，留存平罗县13个历史地名。昌润渠，今仍在使用，当时引黄河岔河为水源，今改为从惠农渠引水；六羊河，黄河西岔河，上有五支，下归一；渠口，即引水正闸，今有渠口乡；省嵬城，西夏城名，在今惠农区庙台乡；黑龙沟，今西河沟；正闸、清安闸、清畅闸、永惠闸、永润闸、永屏闸，都是通智命名的闸门；龙王庙，当时修建。其中有7个地名今未使用，可留存地名储备库，以便今后随时选用。）

附录三

唐徕渠碑记

（清）通 智

我皇上御极以来，宵衣旰食，轸恤民隐。以万民衣食之源在于水利，于雍正四年六月间，特命侍郎臣通智与原任侍郎单畴书，在宁夏查汉托户地方，开惠农、昌润二渠，筑新渠、宝丰二县，招徕户口，安插垦种。大工将竣，于雍正八年五月间，荷蒙圣恩，复念唐来、汉延等渠，灌溉地亩，宁郡民食攸关，其闸道湃岸，废弛损坏，若不补修，将来难以经理。以臣通智在宁开浚渠道，自然明悉，着会同臣史在甲，即行查议。臣等钦奉上谕，详勘确估，三渠工程难以并举，奏请先修唐渠。奉旨依议，钦此钦遵。

伏查唐渠自始，莫可考究。观其形势，自青铜峡百八塔奇下，分河流为进水口。由大坝绕宁城，逾平罗，入于西河，绵亘三百零八里。沿贺兰山一带田地，均资灌溉，遍稽志乘，名曰唐来渠。元时行省郎中董文用、河渠提举郭守敬，曾加疏导，而闸犹系木植。至明隆庆间，督储河西道汪文辉始易木为石。后一百六十余年，虽例设岁修，而司其事者，多因循苟且，遂至闸座倾坏，渠身淤澄，臣等遵旨浚修。爰于雍正九年二月二十日，率领效力文武官弁等四十员，并协办宁夏道、府、厅、县，分布兴工。起自进水口，其迎水湃甚低，且多冲坏。舡运峡口石块，杂以麦草，直分河流，帮砌石湃，兼内外码头，共长三里零十丈。倒流河决口，宽百余丈，每年用草滚埽，一遇大水仍行冲决，水势既下，难以挽之使上。且安澜闸底高水背，又被冲刷倾坏，乃循旧迹，自上流另开渠身一百八十余丈，顺引而下，扼顶冲处，造滚水石坝三十丈。水小则束之入渠，水大则从坝出，以杀急湍，又将安澜闸移下，迎溜展造四墩五空石闸一座，以退余水。其大小双闸，底高空窄，出水不畅，乃稍移而南，合造三墩四空石闸一座……关边闸虽出水甚利，并正闸、贴渠、底塘、梭墩、石墙，俱多损坏，皆添石重修。并展造桥房十三间，以及碑亭廊房数楹，正闸之北为龙王庙，因旧制而恢广之。凡退水尾俱短，水出即折激湍之势，淘坑冲刷以致闸座不坚。因势疏浚，顺引归河。且退水归入倒流河，反与大流河漾水会射刷湃，不但大湃日险薄，而田地时遭淹泡。因于来水口厚加修筑，使水顺流而下。湃岸既坚，旁地俱可耕种。自进水口抵正闸前，计九里三分零八丈，皆沙石淤塞，分为一工。自正闸后抵月牙湖脑三十二里八分，抵玉泉桥又二十二里一分，抵宁化桥又二十三里二分零十一丈，抵大渡口又二十一里七分零十七丈，抵和硕墩又二十一里八分零二丈。渠西浮沙弥漫，渠内淤澄甚厚，湃岸低薄，分为五工。自和硕墩抵三渠湾二十四里三分，抵保安桥又二十一里七分，抵满达喇桥又二十三里一分零一十一丈，抵站马桥又二十五里六分。虽湃岸，而偏坡转嘴甚多。分为四工，自站马桥抵张明桥二十六里一分零八丈，抵张贵桥又二十四里一分，抵李市桥又三十八里七分。渠身太窄，淤嘴亦多，分为三工……桥座一十有七，皆添木补修。新开渠尾，架桥二座以通往来。又于正闸梭墩尾，及西门桥柱刻划分数形势，兼察淤澄。渠底布埋准底石十二块，使后来疏浚，知所则效。

于四月十四日工竣放水。是役也，皆仰体皇上……

（编后注：原载《乾隆宁夏府志》卷二十五《艺文志三》。此文记述了通智完成惠农渠修建工程后，又上奏朝廷，整修唐徕的工程概况，记录了沿线的许多地名。）

银川平原源自人名的地名

（原载《宁夏地名文化 2021》，中国社会出版社 2021 年出版）

1986 年 1 月 23 日，国务院颁布《地名管理条例》，其中第四条第二款规定："一般不以人名作地名。禁止用国家领导人的名字作地名。"其实，早在中华人民共和国成立后，党和国家第一代领导人就反对以他们的名字作地名。中央领导带头，形成风气，所以，1950 年后，全国再没有出现以人名命名的地名。据不完全统计，全国现用地名中，有 9 个市县用人名命名，多数为革命先驱，如中山市、黄骅市、志丹县、子长市、靖宇县、左权县、子洲县、尚志市，只有宁夏的吴忠市，以明朝的低级军官姓名命名。全国各地的乡镇地名中，以人名命名的也不多，有人统计共 50 多个，也都是著名历史人物或革命烈士。

可是在宁夏的银川平原，仅明代以来有 37 个地名以人物的姓名相称，这些人物，既不是历史名人，也不是革命烈士。虽经几十年更改，但其多数至今仍在沿用。为什么会出现这种现象呢？

一、历史原因

明初，宁夏属沿边地带，筑有外边、内边两道长城拒守。《嘉靖宁夏新志·建置沿革》记载，为了建立真空防御带，于洪武五年（1372年）废宁夏府，"徙民于陕西"。又过了4年，才成立宁夏卫，任命耿忠为指挥使，"徙五方之人实之"。宁夏卫为军事机构，"五方之人"实际就是从外地调来的士兵。接着，又设4个屯卫，遍筑屯堡开展军事屯垦。每个屯堡驻军百余名，委派一名"百户"（以下称堡官）管理。由于原住民都已迁走，造成"地名丢失"。屯垦士兵都是外地人，邻堡之间，只好以堡官姓名相称，如叶升堡、王泰堡之类，形成以人名堡现象。

二、以人名堡的数量及分布

明代宁夏镇为长城沿线"九边重镇"之一，辖有前述5个屯卫及宁夏后卫、中卫、4个独立的千户所。按明代地方志记载：宁夏后卫不辖屯堡；宁夏中卫屯堡虽多，但各自都有老地名。只有以下几个军事单位存在"以人名堡"现象。

宁夏卫 领屯堡11个，屯田3370.8顷（每顷100亩，下同），其中以堡官姓名命名的8个：潘昶堡、金贵堡、李祥堡、杨和堡、王泰堡、王铉堡、任春堡、叶升堡。

宁夏左屯卫 领屯堡14个，屯田2991.41顷，其中以堡官姓名命名的13个：蒋鼎堡、陈俊堡、瞿靖堡、林皋堡、邵纲堡、李俊堡、王佺堡、刘亮堡、魏信堡、张政堡、唐铎堡、许旺堡、王澄堡。

宁夏前卫 领屯堡9个，屯田2258.96顷，其中以堡官姓名命名的6个：谢保堡、张亮堡、李纲堡、丁义堡、周澄堡、宋澄堡。

宁夏右屯卫 领屯堡18个，屯田1277.44顷（此数太少，对照屯堡数，疑为3277.44顷），其中以堡官姓名命名的8个：杨显堡、雷福堡、桂文堡、常信堡、洪广堡、高荣堡、姚福堡、杨信堡。

宁夏中屯卫 领屯堡5个，屯田1931.14顷，其中以堡官姓名命名的1个：

虞祥堡。

灵州守御千户所 领屯堡13个，其中以堡官姓名命名的1个：吴忠堡。

以上合计，共有屯堡70个，以堡官姓名命名的37个。除吴忠堡，都分布在银川平原的黄河以西，包括银川市的兴庆区、金凤区、永宁县、贺兰县及青铜峡市。平罗县地域当时多数在长城外，故只有3个。

三、堡名的变更

上述三十七堡，始置于洪武九年（1376年），距今645年。整个清代，全部沿用，但均已变成民堡。民国年间，多数成为乡名，但其专名有两种改动：

一是将生僻字、笔画多的字简化，如王鋐堡改为王洪堡，虞祥堡改为于祥堡。二是以谐音改名，去掉人名字的含义。1941年8月底，宁夏省政府以公路沿线地名"多系用私人之名称相沿称呼，习久成名，考其意义，即鄙俚不堪"，故下令将姚伏堡改称邀福堡，李刚堡改称立刚堡，谢刚堡改称习刚堡，杨和堡改称养和堡，王太堡改称和乡堡，王洪堡改称望鸿堡，任春堡改称仁存堡，叶升堡改称叶盛堡。中华人民共和国成立后，又按谐音改动、去人名含义的原则，将张政堡改为掌政乡，习刚堡改为习岗乡、邵刚乡改为邵岗乡。但个别地名改动，反而又倒退回去，如养和镇，又改作杨和镇。

四、现在使用情况

前述37个地名，已经废弃不用的有5个，以谐音更名的13个。1950—2003年，多数用于乡名、公社名，少数用作行政村名。2003乡宁夏撤乡并村后，以明代堡官姓名为专名的仍有19个，其中地级市1个，乡镇6个，行政村12个。（详见附表）

明初以"百户"姓名命名的屯堡地名变化情况

始　名	曾用名	现今地名 名　　称	现今地名 隶属与级别
专名沿用至今的			
吴忠堡	西汉至明初灵州治所	吴忠市	宁夏地级市
金贵堡	曾名乡、公社	金贵镇	贺兰县　乡镇
常信堡	曾名乡、公社	常信乡	贺兰县　乡镇
洪广堡	曾名洪广营、乡、公社	洪广镇	贺兰县　乡镇
杨和堡	1941年曾更名养和镇	杨和镇	永宁县城
李俊堡	曾名乡、公社	李俊镇	永宁县　乡镇
瞿靖堡	曾名乡、公社	瞿靖镇	青铜峡市　乡镇
潘昶堡	曾名乡、公社	潘昶村	贺兰县金贵镇辖
唐铎堡		唐铎村	永宁县望洪镇辖
许旺堡		许旺村	永宁县胜利乡辖
王澄堡		王澄村	贺兰县金贵镇辖
张亮堡		张亮村	贺兰县常信乡辖
丁义堡	曾名乡、公社	丁义村	贺兰县常信乡辖
宋澄堡	曾名乡、公社	宋澄村	永宁县望洪镇辖
桂文堡		桂文村	贺兰县常信乡辖
杨显堡	曾名乡、公社	杨　显	永宁县胜利乡辖
高荣堡		高荣堡	平罗县姚伏镇辖
陈俊堡		陈俊村	青铜峡市大坝镇辖
林皋堡		林皋村	青铜峡市小坝镇辖
民国至当代以谐音更名的			
王鉷堡	隋唐为弘静、安静、保静县，西夏升静州，1941年改望鸿堡	望洪镇	永宁县　乡镇
叶升堡	1941年改叶盛堡	叶盛镇	青铜市　乡镇
张政堡		掌政镇	银川兴庆区　乡镇
谢保堡	谢刚堡，1941年改习刚堡	习岗镇	贺兰县城
李纲堡	李刚堡，1941年改立刚堡	立岗镇	贺兰县　乡镇
姚福堡	姚伏堡，1941年改邀福堡	姚伏镇	平罗县　乡镇

续表

始 名		曾用名	现今地名	
			名　称	隶属与级别
民国至当代以谐音更名的	邵纲堡	邵刚乡，当代改名邵岗乡	邵岗镇	青铜峡市　乡镇
	任春堡	1941年改仁存堡，设仁存渡	雷台村	永宁县李俊镇辖
	王佺堡		旺全镇	永宁县杨和镇辖
	王泰堡	1941年改王太，曾设乡	王太村	永宁县杨和镇辖
	周澄堡		周城村	平罗县姚伏镇辖
	虞祥堡		于祥村	贺兰县常信乡辖
	蒋鼎堡	2003年前为蒋鼎乡，后改村	蒋顶村	青铜峡市瞿靖镇辖
废弃不用的	李祥堡		今永宁县望远镇李桥村民小组	
	刘亮堡		今地待考	
	魏信堡		今永宁县胜利乡许旺村	
	雷福堡	明万历年间改名丰登堡	今银川市金凤区丰登镇联丰村	
	杨信堡		今贺兰县常信乡南境	

五、对吴忠市、望洪镇的更名建议

这19个地名，不符合"一般不以人名作地名"的规定，但都属历史地名，是否需要更名，是一个值得商榷的问题。但有两个地名，依愚见应该更名。

一为吴忠市，是全国除广东中山市之外唯一以人名为专名地级市。吴忠系明代"百户"，领兵仅120人，怎能和孙中山先生相比！考诸历史，吴忠市本有自己的地名，即西汉惠帝四年（前191年）所设灵洲[州]县。《汉书·地理志》注："此地在河之州，随水高下，未尝沦没，故号灵州。"北魏孝昌二年（526年），诏郦道元持节前往改军镇为州，沿用灵州之名，下设郡县。隋唐至宋代，灵州仍为北方雄镇，系朔方节度使驻地，演绎过唐太宗勒石灵州、唐肃宗灵州登基等重大事件。灵州物产丰富，《新唐书·地理志》列有贡品 21 种，在全国各府州列第 2 位。明洪武十六年（1383 年），灵州古城被河水冲毁，但其故址可考，就在吴忠市城区（利通区）的古城镇，有 1500 年历史。将名冠青史的灵州地名闲置不用，而采用明代一个"百户"姓名为地级市专名，是地名工作的失误。因此建议：尽快将吴忠市更名为灵州市。

二是永宁县的望洪镇，明代称王铉堡，也源于一位"百户"姓名。后因生僻难认，改称王洪堡，1941 年改望鸿堡，当代又改望洪堡。因地处黄河岸边，从字面上看，有经常望见洪水之意，并不吉利。同样，此地也有厚重的地名文化。北魏太平真君五年（444 年），刁雍修艾山渠，溉田四万顷，连年丰稔，仓储满盈，四处平田积谷，遂于九年上表，请修仓城。诏准，次年仓城筑就，赐名刁公城。又招民屯垦，更名弘静镇。刁雍系儒将，手不释卷，倡导恬静、平和，取此名寓意弘扬平静，使地方永远安定。隋升弘静县，唐改安静县，唐后期更名保静县，西夏升静州。依惯见，应将望洪镇更名为弘静镇，即可成为千年古县。

实地考察

红城水古城承载的历史文化及遗址考察

同心县下马关镇北有个红城水村，因一座历史悠久的古城和著名的泉水而得名。这里的历史文化遗存，最早的是新石器时代遗址；其次是两汉的三水县和属国都尉驻地；到唐代，原居青海的吐谷浑王国被吐蕃打败，内迁至此成立安乐州，"欲其安且乐云"。吐谷浑迁此后，实现了安乐，又更州名为长乐州。广德元年（763年）被吐蕃攻占，大中三年（849年）收复，又以长乐州最后一任刺史慕容威之名更名为威州。现存古城遗址一处，笔者曾5次前往实地考察，现将其遗址及历史文化介绍于后。

第一次考察：核实古道走向及三水县城位置

1981年初，我受命主修《宁夏交通史》，对同心县东部的道路交通心中无数，故于1982年入夏要了辆北京吉普，到韦州、下马关、预旺一线实地考察。

第一项任务是在韦州调查骆驼驮运。民国年间宁夏的骆驼运输很繁忙，驼户主要集中在同心县的韦州。找了几位以拉骆驼为生的老人，其中年龄最大的已过90岁。他们拉骆驼跑遍整个大西北及京津晋蒙，调查结果令人十分满意，解决了写骆驼运输所需的基本素材。

第二项任务是核实古道走向。《水经注》卷二高平川水："肥水又东北出峡，注于高平川，水东有山，山东有三水县故城，本属国都尉治，王莽之广延亭也。西南去安定郡三百四十里。"这就是说，西汉时，从安定郡（今固原市）到三水县，就有古道一条。唐大中三年（849年），从吐蕃手中收复三州七关后，又由白敏中规划了"萧关通灵威路"。清代这一线有驿道一条，按各驿站程途相加，由红城水向西南，经下马关、豫旺古城至固原州，也是340里。沿路考察，还发现我们所走惠安堡至预旺的公路沿线，每五里有一座明代烽火台，保存基本完好。由此可以断定：西汉安定郡至三水县的古道、唐朝的萧关通灵威路、清代的驿道，在同心县东部的走向完全相同，自南而北，即从今海原县李旺镇向东约2公里过清水河入同心县，经羊路、张家塬、预旺、下马关、红城水、韦州，继向东经惠安堡折向北至吴忠市。

第三项任务是核实两汉三水县的位置。《汉书·地理志》卷二十八下记载，安定郡辖有三水县，为属国都尉治。元鼎三年（前114年）划归安定郡，故改称"安定属国都尉"，直到东汉。三水县城的位置，应在我们所考察的古道上。对此，《水经注》卷三高平川水有记载："三水县故城，本属国都尉治，王莽之广延亭也。西南去安定郡三百四十里。议郎张奂，为安定属国都尉，治此。"安定郡就在清朝的固原州、今天的固原市。按照340里这个距离，我们很快就在下马关乡的红城水找到一座古城。城池很大，就在大罗山的东麓，东距203省道公路约500米。从公路向西到居民点有一条可行汽车的村道，古城就在村道之北100多米。由于当时我还没有研究历史地理，也没有文物部门的指导，并未对城池作仔细考察，也没有对周边环境进行研究，更未做考察笔记，可以说是走马观花。

这里的"属国都尉"，是指西汉元狩二年（前121年）派卫青、霍去病击败匈奴后，在沿边五郡为安置匈奴降众所置，朝廷派都尉率兵镇守，内部由其自行管理，有很大的自治权。《史记·卫将军骠骑列传》卷一一一记载："〔元狩二年〕乃分徙〔匈奴〕降者边五郡故塞外，而皆在河南，因其故俗，为属国。"《史记正义》：以降来之民徙置五郡，各依本国之俗而属于汉，故言"属国"也。五郡谓陇西、北地、上郡、朔方、云中。

设在三水县的，先属北地郡，故称"北地属国都尉"。元鼎三年（前114年）改属安定郡，称安定属国都尉。

东汉仍在三水县设安定属国都尉，著名清官张奂曾任此职，并受到各民族拥戴。《后汉书·张奂传》卷六十五："永寿元年，迁安定属国都尉。初到职，而南匈奴左薁鞬台耆、且渠伯德等七千余人寇美稷，东羌复举种应之，而奂壁唯有二百许人，闻即勒兵而出。军吏以为力不敌，叩头争止之。奂不听，遂进屯长城，收集兵士，遣将王卫招诱东羌，因据龟兹，使南匈奴不得交通东羌。诸豪遂相率与奂和亲，共击薁鞬等，连战破之。伯德惶恐，将其众降，郡界以宁。羌豪帅感奂恩德，上马二十匹，先零酋长又遗金鐻八枚。奂并受之，而召主簿于诸羌前，以酒酹地曰：'使马如羊，不以入厩；使金如粟，不以入怀。'悉以金马还之。羌性贪而贵吏清，前有八都尉率好财货，为所患苦，及奂正身洁己，威化大行。"

第二次考察：确定唐代的安乐州遗址

唐咸亨三年（672年），以灵州之鸣沙县地置安乐州，安置吐谷浑，属灵州都督府。开元二十二年（734年）属原州都督府。至德（756—758年）后没于吐蕃，大中三年（849年）收复，更名威州，领鸣沙、温池两县。我曾写过一篇论文，标题为《唐威州地望考》，载《西北史地》1986年第2期。其结论是唐威州在今同心县韦州附近，并未指出准确遗址。此后，又查阅了大量史料，包括：

《旧唐书·高宗下》卷五：［咸亨元年］秋七月戊子，……吐谷浑全国尽没，唯慕容诺曷钵及其亲信数千帐内属，仍徙于灵州界。

《旧唐书·西戎传》卷一百九十八：吐谷浑……于是吐谷浑遂为吐蕃所并。诺曷钵以亲信数千帐来内属，诏左武卫大将军苏定方为安置大使，始徙其部众于灵州之地，置安乐州，以诺曷钵为刺史，欲其安且乐也。

《新唐书·西域上》卷二百二十一上：［咸亨］三年，乃徙浩亹水南。诺曷钵以吐蕃盛，势不抗，而鄯州地狭，又徙灵州，帝为置安乐州，即拜刺史，欲其安且乐云。

最重要的是，从文物部门查到安乐州最后一任刺史慕容威夫妇合葬墓的位置及墓志铭。根据这些线索，基本上确定安乐州城的位置也应在红城水。1989年9月上旬，《宁夏历史地理考》一书接近完成。我和吴忠礼先生、徐庄女士到西海固实地考察4天，于9月12日从固原返回。中午到同心县城，请县文物管理所所长马占福当向导，到红城水实地考察。在车上，马所长对古城遗址作了初步介绍，他们曾在遗址内掘探沟一条，出土唐开元通宝多枚、唐代白瓷碗一件及许多残瓷片，还有少量汉代陶片及灰砖，因此可确定为汉城、唐城。

到了红城水村，我们在村内的东西主干道停车，路北侧有一条引泉水的渠道，村民说可以直接饮用。我也用手捧起喝了几口，确实清凉甘甜。对这处泉水，《元和郡县图志》卷第四也有记载："灵州……安乐川在灵州南稍东一百八十里。长乐山，旧名达乐山，亦名铎洛山，以山下有铎洛泉水，故名。"跨过小渠，北行100余米，就到了那座古城，也就是我十多年前来过的两汉三水县城址。城墙清晰可辨，东西约530米，南北约560米。为黄土夯筑，夯层8—13厘米。多已坍塌，残墙最高的约9米，底厚11米。四面均有城门。城墙中间为耕地，所种小麦早已收割。我登上较矮的墙，沙化的墙土被脚蹬走，竟然露出2件文物。一件是新石器时代加工粮食的石杵，长约20厘米，直径7—8米，全身被磨得十分光滑。显然，它是筑城墙取土，被随带筑入墙体的。另一件为咖啡色小瓷碟，直径约10厘米，但缺一小块，应属西夏至元代的小器物。文物部门已获取的文物，加上这两件文物，足以证明红城水古城是文化层叠加：最底层为新石器时代；上面为汉代；再上为唐代；最后为西夏。其中，唐代的安乐州（后改长乐州、威州）历史文化最为厚重。我不搞文物收藏，捡到文物，从来都是交给文物部门。那件石杵也不例外，当场交给了马占福所长。

这次考察，由于有马占福当向导，顺便又看了新石器时期遗址。其位置在我们停车的村道南面约150米。是一片无人居住，也未耕种的空旷地，高于周边约50厘米，面积约6万平方米。马占福介绍，他们作过试掘，文化层厚1—3米，出土有新石器时期的陶片及石斧、刮削器、石磨棒、石叶等。陶器残片有彩陶、灰陶、罐、钵、双耳罐等。

第三次考察：娘娘庙中的红军标语

2004年夏季，为了写好《宁夏通志》的交通邮电卷，我要了辆车，在吴忠公路管理局工会刘主席等人陪同下，沿203省道考察。主要目的是察看新建的203省道。这条省道，是交通部批准的宁夏东部公路纵干线，为交通扶贫项目，北起石嘴山黄河大桥东岸，经陶乐、横城、灵武市、白土岗子、惠安堡、韦州、下马关、张家塬、彭阳至甘肃平凉界。我们主要考察同心县境内段。崭新的沥青路，行车舒适无比。下马关乡赵家庙村有座黑风沟桥，是全路的控制工程，因河水冲刷，形成20多米深的沟壑，两岸直立，原先没有桥，连牛马也过不了。"文化大革命"前就开始立项修桥，两次半途而废。这次修通，终于打通了宁夏东部交通的梗阻。

黑风沟桥西北的赵家庙，有安乐州最后一任刺史慕容威夫妇的合葬墓。这里北距红城水仅5千米。返回时，又察看了安乐州古城。由于农耕，只见一片绿油油的玉米，我们所站的南段，已完全找不到城墙的遗迹。只有北段能看少许残墙。这就是农耕和文化保护的矛盾，只要允许农垦，必然破坏文物。

这次考察也有另外的收获，就是实地看到了红军西征写的标语，今称"红色文化"。地址仍在红城水，位于村之南的娘娘庙内。此庙始建时间不详，光绪十四年（1888年）重修。有围墙，主体建筑为60余平方米砖木结构正殿，供奉送子娘娘。1936年红军西征时，在此住过一段时间，正殿东西的白色墙上，写有"打倒土豪救穷人""打倒卖国贼救同胞""打倒日本救中国"等标语。

此后，因考察烽火台、拍照片，还曾两次去过红城水村。大概在 2001 年前后，当地有关部门将此村一分为二，村道以北叫"上垣村"，村道以南叫下垣村。此处的"垣"，无任何地名含义，也找不到地名渊源，完全是凭空杜撰。废弃历史悠久、地名文化厚重的"红城水"地名不用，有违国务院颁布的《地名管理条例》，我认为应予以纠正，最好是改为"安乐村""长乐村"，以后就可申请"历史名村"了。

实地考察回忆录两则

（原载《宁夏文史》2021年第2期）

余研究宁夏历史地理，注重实地考察。对于历史遗迹，不管是书上看到的，还是听朋友说的，必亲睹为快。其中有两处比较重要的遗迹，因为已遭彻底破坏，只留下我考察的记忆和一张照片。在此将这两处实地考察写成回忆录，以供后人研究时作参考之用。

汝箕沟口修建关隘的石刻群

翻老照片，一张模糊的黑白照勾起了我的回忆：贺兰山中，有一处记录修建明长城关隘的石刻群。有关明长城在贺兰山修筑关隘的石刻，在其他地方也曾发现一两处；但数方石刻在一块，可能独此一处。但可惜，都已被采石者炸毁。这张照片，就是留下的唯一证据。为了给后人留下记忆，特围绕这张照片，作如下回忆。

1976年3—6月，我所在的宁夏汽车运输公司汽车三队奉命入驻贺兰山汝箕沟内，从汝箕沟煤矿往西大滩火车站转运无烟煤，属外贸商品，在国际市场十分抢手，即后来所称"太西煤"。全程36公里，我们车队驻地居中，为一荒草滩，有5户人家，冠雅名"黄草滩"。车队共68辆解放牌货车，多数带拖挂，每车载重9吨多，每天平均要跑3趟才算完成任务。

我在车队任职为汽车调度员，成天和司机打交道，相处得还不错。一天，有个叫石蕴璞的青年司机告诉我，他曾在运输途中某处停车方便，蹲下后发现石头上有很多文字，细看又不解其意。我很感兴趣，当即坐上他的车到现场。此地叫土坑子，在我们驻地之东约4公里。停下车，北跨水沟，就见几块光秃秃的岩石兀立于缓坡，高2—4米不等。走到近处一看，果然有5块馒头状的巨石，石壁上刻有文字，都是先勾刻出碑形外框，框内再刻文字，俨然一碑铭。五方碑铭框线最高的及胸，约1.5米，最低到小腿，离地30多厘米。方框上部都刻一弧线，为碑额，都是4个大字：汝箕外口。但是，细看小字铭文，只有一方石刻字迹清晰，其他四方或因年代久远，或因刻线较浅，字迹模糊。铭文最长的两方，大约有100字，只有少数能够辨认。其他三方，都只有50多个字。题刻时间有2方可以确定，一为嘉靖十年，最清晰的为嘉靖二十八年所刻。此时，我对历史还是门外汉，仅知这些石刻是修筑关隘以控制道路的真实记录，回驻地只在笔记本上简单记了几句，再未深究。

1980年初，交通部决定，在全国开展交通史编修工作。宁夏交通厅遂决定：成立交通史编委会，下设办公室，简称"编史办"，将我调回主持编修业务。工作展开，第一步是搜集资料，我首先想到，汝箕沟那些石刻，不都与古代道路有关吗？应该搜集回来。于是，我让编修人员、擅于制作拓片的祁福星备好宣纸和拓制工具，又让摄影爱好者陈鸣岐带上照相机，要了辆车驶向汝箕沟。

到现场，都围到文字最清晰的那方石刻前。先用卷尺量了下：石刻框线高1.33米，宽0.8米，碑额弧线顶高13厘米。随后开始做拓片，由于崖石历尽风霜雨雪，字迹边界痕迹不清，三次制作拓片都不成功；照相，又因风吹雨打，字的刻痕和无字的石头都是暗黑色，没有反差，镜头上一个字也看不清；想用湿毛巾擦洗，可正值寒冬，贺兰山内气温极低，山沟中见冰不见水。怎么办？大家冻得直打哆嗦。负责照相的陈鸣岐、负责做拓片的祁福星都劝我放弃。已经上车准备离开，我突然想起，没有水，能否浇上小便试试？于是，我们连同司机4个人，相互搀扶登上石头之顶，轮流把小便淋下，然后抓起地上的干沙土撒在上面，奇迹出现了：所有的字个个清晰！于是，便留下一张珍贵的照片。全文63字（标点符号为新加），照录如下：

碑额：汝箕外口

碑文：巡镇衙门会委监工指挥朱楫管领官军三百员名，重修关隘，以遏虏道。

管工百户李经、郭春，经砖百户程万里，千户江嵒、李江。

嘉靖二十八年四月吉日

另外四方石刻，因字迹多半认不清，没有拍照。五方石刻，是这里修筑长城关隘真实的记录。石刻的北面，存有一道黄土夯筑的长城，长约 30 米，已是残垣断壁。"重修关隘"，说明只是修复工程。动员"官军三百员"，说明工程量不小。"以遏虏道"四字，说明这里是蒙古部族进入宁夏平原的孔道之一。这条道路，1950 年后变成通汝箕沟煤矿的公路，从今西大滩到汝箕沟为 38 公里，全部在沟谷中，蜿蜒曲折。汝箕沟煤矿再西 4 公里，就是贺兰山分水岭，名叫大岭湾，是宁夏和内蒙古的省界。再西 3 公里，地名古拉本，由此下山，有大道直达阿拉善盟首府巴彦浩特。土坑子的关隘，只是"汝箕外口"，应当还有汝箕里口。我当调度 7 年，每年都要在沟内驻 3 个月，每天至少要乘车跑一趟。一遇夏秋，还经常登山、深入岔沟采摘山杏、看青羊、探险，对山沟的一切，实在太熟悉了，可惜从未发现第二道关隘遗址。只见过有一个叫花寺洞（画石洞？）的地方，刻有一尊 2 米多高的佛像，为浅浮雕，线条流畅，人物面容丰满，保存很好。当时的公路养护道班，就设在花寺洞之东 200 多米。

明代的宁夏为"边防前线"。为了保卫家园，防止蒙古族鞑靼、瓦剌部的入侵，修建了总长达 3000 里的长城，当时称"边墙"。在贺兰山一线，则充分利用山险，只在骑兵可以通行的沟谷修筑关隘。一般设关门，可启闭；两翼筑高墙，至悬崖峭壁而止。贺兰山南北长约 200 公里，有十几条沟口可以穿越，形成谷道。大的谷道，如赤木关、归德沟、韭菜沟，都有三道关。汝箕外口，只是贺兰山诸多沟谷隘口之一。

1991 年冬，宁夏文物考古研究所的许成、牛达生两位先生不知从何得到消息，要我当向导，去现场考察这处石刻。可到土坑子一看，我的心都凉了半截：这里不知何时已变作采石场，开山炸石，狼藉一片。原来的几块刻字巨石，无一留存。找来找去，最后在石料场的边缘，找到那方我拍过照的石刻残迹。炸石者将 4 块破石拼到一处，还能看清多数文字。我建议将这些石块搬回，但苦于没有民工，我们 3 人又搬不动，只好作罢。

寻找郦道元笔下的温泉

1987 年，着手整理宁夏历史地理方面的资料，有 3 个重要线索引起了我的注意：一是位于盐池县惠安堡北偏西的 3 个湖泊，是古代闻名全国的产盐之湖，西汉已设"盐官"，唐代称"温泉盐池"。二是再往北的今盐池村，是唐代温池县城所在。三是郦道元的《水经注》，也在关于黄河宁夏段支流的描述中，出现过"有温泉"的文字记载。这说明，宁夏在古代确实有温泉。那么，这个温泉到底在哪里？今天是否仍然存在？这个问题，一直萦怀于心。

到了 1989 年 9 月上旬，《宁夏历史地理考》一书接近完成。我和吴忠礼先生、徐庄女士到西海固实地考察 4 天，于 9 月 12 日从固原返回。我猜想，这个温泉，大致在今同心县韦州以东，遂决定去找一下。

我们乘车从同心县城向东北，先到了辛庄集，然后从北面绕过大罗山，顺利到达韦州。问了几个当地人，都说附近叫"泉"的地名多得很，就是没有什么温泉。但我并未死心，因为出发前我又重温了一下《水经注》卷二的记载："肥水又东北出峡，注于高平川，水东有山，山东有三水县故城……县东有温泉，温泉东有盐池。"文中的"山"，就是大罗山；"三水县故城"，就是韦州旁边的红城水古城，我去考察过不止一次；"盐池"，就是惠安堡西北的 3 个盐湖。照文中描述，温泉就在韦州和惠安堡之间。我对宁夏的公路很熟悉，知道二者之间的距离为 28 公里。于是，我们又向惠安堡方向进发，沿路边走边问。又走了十几公里，终于遇到一位开手扶拖拉机的中年人。他告诉我：前面再走三四公里有一个湖，冬天不结冰，还冒热气，就在公路的左手边。

汽车继续北行。我盯着路旁的里程碑，又走 3 公里，在公路里程碑 10 公里（距惠安堡里程）桩号让司机停下车。当我走上路旁的小土梁，一眼就看到一片湖泊。又走 50 多米，就到了湖边。看到的景象是：有 5 组泉眼在翻滚涌水，每组又有四五个泉眼。涌水区域约 2 亩地，积水很浅，都不超过 30 厘米，清澈见底，全是很干净的细沙。这些泉眼，时而冒清水，时而气泡翻滚，咕嘟之声此起彼伏。最大的气泡，直径有七八厘米，冒出的泉水分两股流向大湖，流出 30 多米，又各有一股大的泉眼，水量大但无气泡。涌出的水向北汇成约 14 亩的湖泊。大湖的北面、东面边缘长满芦苇，其余都是平静的水面。湖水多了盛不下，便在西北角夺路而出，形成七八米宽的沟渠，余水沿着沟渠流出浇灌农田。当时是下午 5 时许，见一位牧羊老者正看着他的羊群在西岸饮水，我便上前询问。他告诉我，这里的地名叫巴庄泉，属于同心县巴庄乡。北面山上便是太阳山煤矿。民国年间就有人开采，建有炭窑，民众将此小山俗称"炭窑山"，音转为太阳山。大湖南面的泉水，一年四季不断涌出，冬不结冰，热气蒸腾，民众俗称"暖泉"。周围的农田，都靠引出的水浇灌。多余的水，汇进一条小河，叫甜水河。正说着，看见湖中有位捕鱼者，用粘网捕得一条 3 斤多的鲤鱼。

这个温泉已存在约 1500 年。在干旱少雨的韦州一带，能有这样一个温泉，可以说是一个奇迹。考察回银，便写了篇文章刊在《宁夏日报》上。文章的最后，建议有关部门要好好保护这处温泉，最好把泉水拿去化验化验，说不定其成分适合开发成矿泉水。

1999 年，我到交通部工作了 4 年。2003 年，又回到宁夏。当年夏天，再次经过巴庄时，发现公路边成了采石场。这里地表都是黄土，但三四米之下，都是石灰岩。所采石料，用来烧制石灰。这条公路归吴忠公路段管理。陪同我的公路段工会刘主席说，是用炸药爆破，震断了泉水的输送脉络。泉眼、湖泊踪迹全无，只在原来涌水区，能看见湿润的地表。又过了四五年，这里划入太阳山开发区，大兴土木，建成了一个人工湖。当然，泉眼是不可能恢复了。1500 年的温泉，毁于一旦，不禁喟然兴叹！

对银川平原黄河重要水利设施的实地考察

全国第二次地名普查结束后,由我负责将普查成果转化为《宁夏标准地名志》。其中水利上的渠道名,尤其是主干渠,因地跨多个县市,地名普查登记时根本未做普查。多数县市未填写地名登记表,少数县市虽填了地名登记表,但内容都经不起考证。因此,我只好参阅1992年版《宁夏水利志》、2004年版《宁夏水利新志》、《宁夏百科全书》、《宁夏通志》等权威著作,将每条干渠的现状先写好;再查阅其他历史文献,补充历史沿革。写好后仍觉得有问题,遂于2020年8月、9月,先后3次对黄河宁夏段重要水利设施进行实地考察,均由宁夏地名学会秘书长刘万银陪同。第一次为8月12—13日。12日,乘车直达青铜峡市叶盛镇龙门村。随后考察韦桥村、小坝汉渠正闸。中午在渠首管理处就餐,下午考察西干渠、泰民渠、河西总干渠、秦汉渠首、东干渠。晚宿中卫。13日上午考察中卫沙坡头水利枢纽。第二次为9月20日、21日,主要是对建在防洪堤上的滨河大道进行考察。这一考察,才知做学问要多读书,但不能尽信书。有的著述虽属权威,但也有谬误。现列出,以警后人使用时小心谨慎。

一、河西总干渠

河西总干渠是宁夏平原最大的自流灌溉干渠,是银川平原黄河以西各干渠的引水段，故名河西总干渠。其引水水量高达 450 米^3／秒，是河东总干渠的 4 倍、卫宁灌区各渠的 5 倍。宁夏现今的十大干渠，灌溉面积排在前四位的唐徕渠、惠农渠、汉延渠、西干渠都由河西总干渠引水，足可称之为宁夏引黄灌溉的"龙头"。

1992 年版《宁夏水利志》157 页载："河西总干渠……从青铜峡枢纽坝下到大坝营唐徕渠正闸前，全长 8 公里。由 1 号机组发电尾水及灌溉孔供水，最大过水能力 480 米^3／秒。在总干渠 1 公里处新建有 1 号退水闸……6 公里处的 2 号退水闸（原唐徕三闸，亦称汇昌闸），给惠农渠供水。8 公里处的 3 号退水闸（原唐徕渠头闸，亦称边关闸），给汉延渠供水。大清渠口（原贴渠口）及唐徕渠正闸并列于总干渠尾。"

8 月 12 日上午，我在自治区水利厅渠首管理处一位高工陪同下，到韦桥村考察了河西总干渠的尾段。下午，考察了河西总干渠的其余各段。发现以上记述有以下错误：

1. 河西总干渠"全长 8 公里"：实际是从青铜峡水利枢纽坝下到青铜峡市大坝镇韦桥村唐徕渠进水闸前，全长为 6 公里。因为总干渠的左岸，设有里程碑和百米桩，我乘车都看到了，应是 6 公里。在吃中午饭时，还特别询问了管理处的处长，他肯定"6 公里"没有错。

2. 河西总干渠"最大过水能力 480 米^3／秒"，应为"最大输水量 450 米^3／秒"。

3. 河西总干渠 1 号退水闸"在总干渠 1 公里处"：实地考察为 1.25 公里处右岸。

4. 给惠农渠供水的唐三闸建在"6 公里处"：唐三闸即河西总干渠 2 号退水闸，实地考察在 4.5 公里处右岸。

5. 给汉延渠供水的 3 号退水闸位于"8 公里处"，这一错误比较严重，把此闸列到总干渠的尾端，与唐徕渠正闸、大清渠进水闸放到一块，其地右岸已有大清渠进水闸，不可能再设闸。实地考察为 5.85 公里处，在总干渠右岸，距渠尾尚有 150 米。

此外，各种著述都未记述建成时间。纠正上述错误后，对河西总干渠的正确描述应为：

从青铜峡坝下引水，东北流向青铜峡大坝镇韦桥村接唐徕渠正闸，全长 6 公里，1962 年在原唐徕渠引水段基础上改建而成。最大输水流量 450 米³/秒，为银川平原黄河以西各干渠供水，故名河西总干渠。1.25 公里处建有调节干渠水量的 1 号退水闸。3 公里处建有为抬高水位向西干渠供水的潜坝，并在左岸设西干渠进水闸。4.5 公里处右岸建有 2 号退水闸（原称唐三闸、汇昌闸），给惠农渠供水。5.85 公里处（原唐徕渠头闸，亦称边关闸）右岸建有 3 号退水闸，给汉延渠供水。末端正面设唐徕渠正闸，右侧并列大清渠进水闸（原贴渠进水口）。

二、唐徕渠

唐徕渠是宁夏最大的灌溉渠道。徕，通假字，即"来"，始建于唐。今渠首在青铜峡大坝下游 6 公里河西总干渠之尾，设正闸，设计引水能力 152 米³/秒，向北经青铜峡市、永宁县、银川市区、贺兰县、平罗县、石嘴山市惠农区，尾水在尾闸镇注入西河，全长 154.6 公里。

各种著述对唐徕渠的现状（1962 年至今）描述基本正确，与实地情况相符，但对其得名、历史变迁考证不清。今考：唐徕渠一名，首见于西夏法律专著《西夏天盛律令》，在《桥道门》《灌渠门》中，已频繁出现。西夏政权建立距唐朝灭亡不到百年，称"唐徕"，可佐证该渠在唐朝已建。清雍正九年（1731 年）经通智维修整理后直到 1958 年底，固定在青铜峡一百零八塔下引水，行 11.2 公里至大坝营，设正闸，控制入渠水量。今天的河西总干渠 6 公里，是青铜峡大坝合龙后，于 1962 年在旧唐徕渠基础上改建而成；坝上的 5.2 公里，已淹没于青铜峡库区。

三、汉延渠

宁夏第三大干渠，又名汉源渠，始浚于汉代，故名。唐《元和郡县图志》称汉渠，长 120 里。历代渠首、长度皆有变化。各种著述对汉延渠的历史、现今概况，也有含糊不清之处。

1. 汉延渠一名出现的时间：《宁夏水利志》165 页载："元世祖至元元年（1264 年）西夏中兴等路行省郎中董文用，始复开汉延（此为汉延渠名之始）等渠。"其中括号内一句有误，因为西夏法律专著《西夏天盛律令》的《桥道门》《灌渠门》中，已频繁出现"汉延渠"一名。从我查到的文献看，"汉延渠"名始于西夏。

2. 汉延渠的引水处：在 1962 年河西总干渠修建之前，汉延渠曾先后从西河、唐徕渠引水。今实地考察，从河西总干渠 5.85 公里处引水，引水段长 13 公里，称惠民渠。引水至青铜峡市小坝镇，设泄洪闸及汉延渠进水闸，流经青铜峡市、永宁县、兴庆区、贺兰县，尾水注入第四排水沟，全长 101.5 公里，渠首最大引水量 80 米^3/秒。

四、惠农渠

从引水量和长度、灌溉面积看，惠农渠都属宁夏第二大干渠。清雍正四年（1726 年）七月开工，七年五月竣工，由侍郎通智主其事，命名"惠农渠"。留存文献较多，工程概况清晰。但对其渠首位置、现今引水段，有些著述的记载含糊不清。

1. 惠农渠引水段：历史上有多次变化，不作考述。1962 年后，从河西总干渠引水。实地考察为：在河西总干渠 4.5 公里处右岸原唐三闸引水，北流 29 公里至叶盛镇龙门桥。

2. 惠农渠进水闸：在青铜峡市叶盛镇龙门村，设惠农渠正闸和泄水闸，互相配合，用以调节惠农渠的进水量。正闸正对引水段的末端，名龙门桥闸，为闸带桥，设计最大引水量 125 米^3/秒。汹涌而来的引水，一部分通过正闸进入渠道，多余的水，则通过上游约 50 米右岸的泄水闸泄入黄河。泄水闸朝东开，其南侧有一高台，台上是一座古庙遗址，仅存残垣断壁，称龙王庙，是后人为纪念清雍正六年开渠先贤通智而修。民间有一种传说：通智修渠成功后，招民屯垦，将所置民堡以"通"字命名，有通伏、通润、通吉、通昌、通义、通贵等八堡。后来雍正皇帝得知，认为是贪天之功为己有，便下诏将通智腰斩于龙门桥。民众为纪念通智，称他为"总龙王"，并建庙塑像祀之。这个传说，查无文献根据。惠农渠经青铜峡市，银川永宁县、兴庆区、贺兰县，平罗县至惠农区尾闸镇，尾水注入第五排水沟，全长 139 公里。

五、河东总干渠

从青铜峡大坝 8 号机组引尾水至青铜峡市峡口镇余家桥，全长 5.1 公里，1969 年建成。是银川平原黄河东岸各干渠的引水段，故名河东总干渠。设计过水能力 115 米^3/秒。在余家桥建分水闸，向 3 条干渠输水，其中秦渠进水闸 3 孔、汉渠进水闸 2 孔、马莲渠进水闸 1 孔，每孔净宽各 3 米，设计流量分别为 70 米^3/秒、41 米^3/秒、18 米^3/秒。

六、滨河大道

又称"黄河金岸"，是在原有黄河防洪堤基础上建成的一级公路，具有防洪、交通、美化和保护生态环境等多种功能。2010 年 7 月 6 日全线建成通车，投资 19.4 亿元。对滨河大道的实况，尚无专著记述，只有新闻媒体和网上的报道，错误颇多，其中一些重要内容如起点、止点、路宽，都未介绍。

此次地名普查，各市、县基本漏写。为搞清这些内容，本人曾先后3次进行实地考察。2019年5月10日，为了写《利通区志》，到吴忠市实地考察交通、水利设施，其中包括滨河大道。8月12—13日，9月13—14日，又对黄河西岸各段实地考察。考察结果为：

1.原有防洪堤：宁夏平原最早有文字记载的黄河防洪堤，始建于明天启二年（1622年），黄河从今灵武市新华桥向东移，直逼灵州城，距西城墙仅数十武（单步），一时人心惶惶，都准备搬家迁徙。新任河东道观察使张九德力排众议，率军民奋战二年半，先从青铜峡运石料抛投河中顶回河水，最多时每日尽八百船。又垒石筑丁坝及河东防洪长堤共长20300余米，使黄河干流回归河西故道。这道防洪堤在黄河右岸今灵武市境内，对其修筑经过，张九德《灵州河堤记》有详细记载。清雍正六年（1728年）年惠农渠竣工之时，"惠农渠迫近河岸，恐河水泛涨，渠被冲决，沿河筑堤以护之"。其长度为350里，在黄河左岸，南起今永宁县王太堡，北至石嘴市惠农区石嘴子。乾隆三年大地震被震毁，重新修堤，长320里。1964年后，统一规划，大规模修筑防洪堤，至2000年，共建成防洪堤447.08公里。其中左岸282.43公里，右岸165.65公里。此后至修建滨河大道时，防洪堤虽有修缮、加固，总长未变。

2.滨河大道工程概况：全长508公里，沥青混凝土路面，宽24米，设机动车6车道，禁止大型车辆通行。路线沿黄河两岸布设，路两侧建成50—100米的绿化带，构筑成防洪线、交通线、生态景观线、黄河文化展示线。已造林63万亩，种植花卉、草坪24万亩，完成湖泊湿地保护和建设100万亩，搭建鸟巢20余万个。配合滨河大道工程，又建标准化堤防全长402公里，以50年一遇防洪标准设计，投资30亿元。

3.滨河大道起止点：左岸北起惠农区石嘴山黄河大桥，0公里桩号在西桥头。向南经惠农区，平罗县，银川市贺兰县、兴庆区、永宁县，青铜峡市，其中青铜峡大坝至广武段约10公里因有山峦阻隔，未建公路。然后经渠口农场、中宁县石空镇、沙坡头区，止于沙坡头水利枢纽，全长310余公里。

其中利用原有防洪堤 282.4 公里。右岸的石嘴山市平罗段、银川市兴庆区月牙湖段，因地处鄂尔多斯台地边缘，地势较高，无须修建防洪堤，故滨河大道右岸的 0 公里桩号设在灵武市的临河乡石坝村（银川黄河大桥东桥头之南），再经灵武市梧桐树乡、吴忠市利通区至青铜峡市青铜峡镇。再南因有牛首山和青铜峡库区阻隔，公路中断近 20 公里，然后经中宁县、沙坡头区，止于下河沿，长约 198 公里，其中利用原有防洪堤 165.65 公里。

4.滨河大道在各市县境内的长度：各地在写地方志、地名志时，对境内滨河大道的长度弄不清，感到无法查询。其实很简单，滨河大道沿线都设有里程碑和百米桩，到现场看一下就一目了然。如灵武市，起点为 0 公里，止点在山水沟桥中心（与吴忠市利通区交界点），公路里程碑桩号为 K37+078，即 37 公里 78 米。利通区以此为起点，南至金积镇河渠坝村与青铜峡峡口镇交界处，公路里程碑桩号为 K59+940，两数相减，利通区境内长度为 22.86 公里。

凉殿峡考察记

凉殿峡，位于泾源县六盘山国家级自然保护区核心地带，有浓荫蔽日的大峡谷，全长约 20 千米。也有文献记作"凉田峡"，在 1980 前，我见过的地图都标"凉天峡"，意思是清凉的峡谷。此后不知从哪年起，地图上都改标为凉殿峡。进入 21 世纪后，依托六盘山国家级自然保护区的原始森林，开发为旅游景点，号称是成吉思汗的"行宫"。查阅元史，在 1227 年成吉思汗派蒙古大军灭西夏的同时，自己则率军从六盘山向西攻克德顺州（今宁夏隆德县）及青海的积石州，然后返回，在闰五月避暑于六盘山，六月离开到甘肃清水县。

但是，这个凉殿峡是不是成吉思汗避暑的行宫，我不能肯定。1989 年 9 月，《宁夏历史地理考》定稿，带着这个问题及其他几个问题，我和吴忠礼、徐庄同行，乘车前往实地考察。9 月 9 日、10 日在固原、西吉各地，11 日早从固原出发，约两小时到达泾源县城。

泾源县城旁的两处古遗址

由于在编写《宁夏交通史》的 8 年间曾多次到此考察，所以我对泾源县城周边比较熟。先看了县城东侧的果家山遗址。在缓坡丘陵的梯田田埂背面，尚可见到出露的残砖剩瓦，甚至有完整的瓦，灰色，都有细绳纹，明显是秦汉时期的遗存。随后穿过县城。泾源是个小县，当时人口不足 7 万多，其中 97% 为回族，十分贫困，除了农牧业，没有任何产业。山大沟深，耕地少得可怜，又属高寒山区，只有冬夏两季，无春秋之分，粮食产量很低。所以老百姓很穷，县城也十分简陋，只有沿丁字形公路两边建成的平房。

我长期在自治区交通厅工作，到各市县考察有个优越条件：可事先联系当地交通局，让他们当向导。1987 年夏，为出版《宁夏公路交通画册》，我特意约请《宁夏日报》摄影记者邓尚喜，去泾源县考察秦始皇走过的"鸡头道"。汽车开进县城，县交通局的局长已乘车在路口等候。寒暄几句后，他就带我们到了东北郊的永丰村南 200 米，就是唐代的制胜关遗址。《新唐书·地理志》列有"原州七关"，此为其一。石局长找来 3 位当地老人，都说老地名叫官店，实际应是"关店"。遗址呈正方形，城墙都已坍塌，仔细看才能辨出形制：基本呈正方形，城墙边长 500 余米，东西各设城门，外有瓮城。城内有的地方已是耕地，小麦已收。在地块四周，尚能见到少许瓦片、瓷片。瓷片有唐代的白瓷和宋代的耀州瓷，而瓦片都是宋代的布纹瓦。这都与历史沿革吻合：北宋熙宁七年（1074 年），将安化县治移到制胜关。建炎四年（1130 年）入金，属平凉府。大定七年（1167 年）更名为化平县。元初县废，但"化平"这个地名，又使用了 3 个朝代：明朝为华亭县化平里；清同治十年（1871 年），左宗棠将陕西籍回族迁此设化平川直隶厅，清宣统元年（1909 年）为化临里；1936 年为化平县化临镇。1949 年 7 月泾源解放，为泾北区。到 1950 年 9 月 18 日，才将"化平"这个带民族歧视的地名废除，改为泾源县。

我们从制胜关西行，沿着泾（源）隆（德）公路走 4 公里，就是西峡水库，当时有座小水电站运行。今天，水库南侧已开辟避暑山庄。过了水库，公路沿着西峡溪谷布设，至少有 10 公里很平坦。其中又向北分出一条沟谷，即现在开发的旅游项目——野荷谷。顺西峡继续西行，有座养路道班，培育有几片松树苗圃，蔚然成林。过了道班，汽车便开始爬山，但路都是缓坡，也没有急弯。路两侧是天然林，树木以红桦为主，树皮掉落，露出的树干都呈深红色。上山的公路，大约只有 9 公里，而下山的路，完全顺着山腰的缓坡布设，既平坦又顺直，很快到了隆德县城。泾隆公路全长 41 公里，其中约 30 公里很平直。这条公路，要比从和尚铺翻六盘山的西兰公路好走得多，我认为，它的前身就是秦汉时的"鸡头道"。

老龙潭景观

1989 年 9 月，我再次到泾源考察。中午在县招待所就餐。县交通局石局长又把安排的向导介绍给我们："这就是二龙河林场的马师傅，吃罢饭他带路。"马师傅年近五十，皮肤黧黑，身体刚健，一看便知是长期在林业第一线工作的基层干部。

简单吃完饭，我们便上路。石局长要乘车陪同，我拒绝了他的好意。先到老龙潭，公路还比较好走。此时，老龙潭刚开辟为旅游景点，但并无游客。汽车在泾河边停下，我们走了约 20 分钟山路，便到了老龙潭。

探索老龙潭的历史，就必须先介绍泾河的源头。在古代，由于《水经注》首先把流经泾源县大湾乡瓦亭村、三关口的颉河当作泾水的正源，所以历代对泾水的发源地产生分歧。为了弄清这个问题，乾隆皇帝特派中卫知县胡纪谟前往实地考察，写成《泾水真源记》。胡纪谟认为：出老龙潭之水为正源；老龙潭西岸的 6 座山峰，依次排列，一山比一山高，远望如鸡冠，《史记》所载"［秦始皇］二十七年，始皇巡陇西、北地，出鸡头山"即此。后来曾麟绶的《泾源记》则认为，出凉田［天］峡之水为正源。上述二文，均载于《甘肃新通志》。当代地理学界经实测长度、流量，确定二龙河应为正源；二龙河再汇凉田峡、桃水山之水，即至老龙潭。这些峡、河、潭名，都已演变成地名文化。其中，成语有泾清渭浊、泾渭分明；民间传说有魏徵梦斩老龙王、二龙河鬼门关和泾源版《柳毅传书》。老龙潭是宁夏最早开发的旅游景区，因有 4 个清澈见底的深潭而闻名。

我们在老龙潭看到的，实际是一座水库，可能是上游下过雨，水质略显浑浊。水库始建于1958年，发电与灌溉两用。有一座高约15米的大坝，发电站的机房框架尚在，但机组已经拆除。上面的3个潭已被水库淹没，仅坝下还有一潭，和坝上之水截然不同，清澈见底，无泥沙沉积，全是红色略暗且光滑的石质河床。

崎岖的凉殿峡之路

在老龙潭未敢久留，便乘车前往凉殿峡。约6公里新辟的公路，刚成雏形，有石块路基，而无路面，好在我们所乘为军用北京吉普，颠颠簸簸到了二龙河林场的一片平地，路旁竖有"六盘山自然保护区中心区"的标牌。见到一段混凝土水槽，用铁丝网隔成3段。二龙河水的一部分就从水槽流过，槽中有1斤多的鱼戏水游动，身体略呈红色，布有黑斑点。马师傅介绍说："这就是我们养的红鳟鱼，原产于北美洲，它是周总理亲自引进。对水质、水温要求特别高。我们试养成功了，只供应西安市的高档餐厅。"

汽车再往西行约500米，就无路可走了。马师傅让我们下车喝足水，以免负重步行。我们都拿出矿泉水。而马师傅却在河边蹲下，直接用手捧水喝。我也学他的办法，边喝边品味，感觉清凉可口。这时，马师傅又用他随身携带的短刀，为我们每人制作了一根齐胸高的短棍。并解释其用途："羊肠小道毒蛇多。我走前面，你们跟着，万一碰上毒蛇，棍子就管用了。"

我们沿着小路鱼贯而行。有时从草丛穿过，有时从灌木丛、红桦树林中走过。沿线属无人区，杳无人烟。马师傅说，我们走的小径，可直通庄浪。他边走边高声吆喝。我问他吆喝啥？原来，这一带野猪特别多，还有豹子出没。如走到近处受惊，便会伤人。远远地一吼，它们就躲开了。随即，他又指向路旁一棵树干，上面还有野猪蹭痒留下带毛的块状物。又走了一会，马师傅停下，让我们看小路上的两个脚印。由于这段路是土质，湿而松软，所以印痕十分清晰，而且比较大。马师傅说："这是豹儿子留下的，成年豹子的脚印比这还要大。"

六七里路，我们只遇见了两个人。

是民居而非行宫

走出森林区，豁然开朗，杂草丛生，路上蛇突然多起来。马师傅都用棍子挑到旁边。长1米许，色黑，头部都呈三角形，俗称烙铁头，毒性较强。我们的前面有荒芜的几块梯田，顺着一块田埂走，便到了目的地——所谓的"成吉思汗行宫"。

这是一处农民居住的瓦房，面积不大，无院墙，共三间房加一个杂物间。比较低矮，用黄土夯筑，墙高约2.5米。进门处有三级台阶，用石板砌成，比一般阶梯低得多，每级约高15厘米。门也是小家小户，进门要低头。屋内除了枯草，空无一物，连块碎瓦片也没找见。我们只好回到室外，门前是一片约两间房大小的空地，右侧有一个完好的马槽，长约1.8米，用整块条石挖成，石匠凿刻的纹路很清晰。房上的瓦都无瓦当，取了房顶的一块瓦片看，是民国到解放初期价格最低廉、民间常用的光面弧形小青瓦。

由此，我可以断定，这个建筑物，绝不是成吉思汗的"行宫"。

又过4年，泾源县地方志办公室邀我到凉殿峡考察"成吉思汗行宫"。我婉言拒绝。但是，他们又说发现了两个新的证据：一是石碑，二是成吉思汗检阅军队的校场。对此，我当然很感兴趣，欣然前往。

但是，考察结果却令人大失所望。先在一片灌木丛找到了立石碑的地方，石碑已无踪迹，但遗迹尚存：立石碑的地方略带斜坡，土层留有一道长约50厘米、宽约10厘米、深20余厘米的槽，比较规则，两侧也没挖动的痕迹。显然，石碑被盗的时间不长，但碑也不大，没有碑座。而他们既未录碑文，也没留照片，更未做拓片，什么内容也说不清，遂成为一件无头公案。

随后，又找到了"阅兵校场"。这是一片较为平整的长方形绿地，面积10多亩。长满小草，无一棵树，也无灌木。显然，这是早年开荒种地的遗迹。奇怪的是，在地块的3个角，各有一个不规则但光溜的巨石，高出地表1米左右，长10余米，中间都有一个凹槽，深15—20厘米。县志办的同志认为这是检阅军队时插旗用的旗窝。对此，我既不能肯定也不能否定。不能肯定的原因是：那个窝坑大而浅，很不规则，无法插稳旗杆。而我又想不出它有什么其他用途，所以不能够确定。

既然来了，就要到那座被当作"行宫"遗址的民房再看看。大家到房子周围搜寻，没有找到任何元代的残砖剩瓦及瓷片。我谈了自己的看法，认为这里不可能是成吉思汗的行宫。理由是：

按《元史·本纪第一》的记载，成吉思汗于1227年曾由六盘山率兵向西南扫荡，直至青海的积石州，然后返回于六盘山避暑。元宪宗二年（1252年）六月，忽必烈奉命征云南大理段氏政权，胜后返回，于元宪宗四年（1254年）五月驻跸六盘山。元宪宗八年（1258年）春，大汗蒙哥驻跸六盘山，于四月接见了全国各地的郡守县令。七月，蒙哥留辎重于六盘山，然后率大军南征，最后战死于四川合江之钓鱼山。这就是说，这个六盘山行宫驻跸过三位大汗，经营多年。其遗址必须具备三个条件：第一，地势开阔，能容下数万骑兵及大量辎重车，能接待全国的郡守县令。第二，交通条件好，能通车马。第三，有较多而且比较宏伟的建筑物，在遗址中能找到较多元代的残砖碎瓦。显然，凉殿峡不具以上条件。

1981年对固原地区几处古遗址的考察

宁夏北部的黄河冲积平原，古代城镇多临河而建，但河流摆动改道，这些城镇都被冲毁，遗址荡然无存。但在南部六盘山区，由于地处黄土高原，干旱少雨，没有大江大河，也没有浅层地下水，所以保存有很多古代城池、堡寨遗址。我从1981年起，几乎每年都要趁工作之便，顺路考察残存的各类遗址。现将最早的一次考察按笔记的整理如下。

一、朝那古城遗址

1981年7月15日，到固原文物工作站查询西周车马坑的考古发掘报告，站上派罗丰接待。办完正事，罗丰说起固原还有个秦汉古城，遗址尚存，两年前出土有"朝那鼎"，是宁夏唯一有铭文的青铜鼎。我对此很感兴趣，一问距离，取黄崾山近路，只有31公里，我又带了一辆北京吉普，当即决定前往察看。

这座古城即战国秦到北魏的朝那县城，此时属固原县的古城公社（1983年才划属新成立的彭阳县）。"古城"之名，即源于此。朝那县始设于战国秦，历经秦、汉、三国魏、两晋及北魏，到西魏大统元年（535年）才迁到甘肃的灵台县。在东汉至魏晋，朝那县名人辈出，仅皇甫家族，就有镇压"黄巾军"农民起义立"首功"的中郎将皇甫嵩，有东汉名臣、教育家皇甫规，还有针灸鼻祖皇甫谧。皇甫规亡后，遗孀因拒绝改嫁奸臣董卓，被吊在车辀上活活打死，被《后汉书》载入列［烈］女传。

一路上，罗丰给我介绍了"朝那鼎"的基本情况，此鼎为汉武帝建元之前所铸，先为乌氏县标准计量容器，后移至朝那县作为标准量具。有阴文铭刻三段："今二斗一升乌氏"；"今二斗一升十一斤十五两"；"第廿九，五年，朝那，容二斗二升，重十二斤四两"。说完，汽车已到店洼水库，属古城公社管辖范围。水库之侧，建有任山河烈士陵园。我们停车参观，看了碑文，才知这是宁夏规模最大的烈士陵园，1949年解放宁夏的第一仗就在此处打响，而且十分激烈，中国人民解放军第十九兵团六十四军364名指战员壮烈牺牲，都安葬在陵园内。我过去看过的书，都说宁夏是和平解放，印象中似乎兵不血刃。看完陵园，才知"和平"也是用生命和鲜血换来的，禁不住对英灵肃然起敬，默哀了3分钟。

又上路行驶约半小时，就到了古城公社。地处平川，有集中居住的几十户农民及中小学、供销社。先乘车看了城墙遗址。四道城墙中，北墙、东墙保存尚可，残高4—15米；南墙、西墙基本坍塌，残高仅1米多。所围城池呈长方形，用汽车的路码表测量，东西长670米。南北因车行无路，目测宽约500米。古城公社的办公房，正好在城中央。城墙之外，可以看到护城壕的痕迹，深1—3米。罗丰介绍说，这座城池，应是北宋天圣年间所筑东山寨，有出土的《东山寨修城记》残碑为证。金升置东山县，元置广安县，明废县为堡。

为了证实此处为秦汉古县，罗丰又带领我们乘车上公路东驶，到东城墙之外约500米下车，在已收麦田的田埂、灌渠中，随处可见秦砖汉瓦。这些遗物，与"朝那鼎"共同形成实物证据，证实此城就是秦汉时期的朝那县城。

这次考察，也是我第一次涉足古城遗址现场考察，从罗丰那里学到了识别历朝砖瓦、瓷片的基本知识。我比他大20岁，从此成为学术上的朋友。我每年数次出差到固原，都要见上一面。

二、明朝镇戎守御千户所遗址

7月18日晨，从固原返回银川，沿路又对北嘴古城、萧关城、石峡关遗址进行了考察。因为没有像罗丰那样的专业知识，所以不得要领，但也是在实践中的一种历练。再复杂的东西，接触和琢磨多了，外行也变成了内行。

从固原沿当时的银平公路北行，过了七营，在公路东侧约百米，一座古城清晰地映入眼帘。我当时并不知道是什么城，便叫司机减速，把车向右驶下公路，一直开到遗址跟前。很明显，这70多米，就是出城的专用道路，宽约6米。我们停车的地方，正好是护城壕的位置，壕宽10余米，深仅有2米左右。进入城门豁口一看，简直是狼藉满目，一个个刚挖掘的深坑，遍地都是。仍有两个壮汉，正在大汗淋漓地掘地三尺。看见我们，二人神情紧张，停止工作。我上前问："找到宝贝了吗？"其中一人比较机灵，一听口气，知道我们不是文物部门的，紧张情绪没了，反而有问必答，没问的也胡说八道。

原来，这里属固原县七营乡的北嘴村，老地名叫"八营"，传说是宋朝杨家将屯兵的城池。3个多月前，有人在这里挖出一个罐，还有很多铜钱。铜钱当废铜卖给废品收购站了，而罐却被一个城里人看中，卖了400多元，比他们辛苦一年挣工分的收入还多。一传十，十传百，这里便汇集了几十号人，把大半个城翻了个遍。是否找到"宝贝"，各自都守口如瓶。这二人，是最后来"碰碰运气"的。我寻得几块破瓷片，都是明代以后的粗瓷。里面牛、马骸骨较多。随后，又仔细看了城墙，连绵不断，但都已坍塌，残高3—7米。目测东、西墙长600多米，南墙、北墙略短。整个城池接近正方形。中间较高，明显有内城的痕迹，也是正方形，边长400多米。

回到银川后，将相关资料找出核对。原来，此城筑于明成化十二年（1476年）。弘治十五年（1502年），杨一清督理陕西马政，在头营设开城苑发展马牧，八营为所辖"马房"之一。嘉靖三年（1524年），将镇戎守御千户所移驻于此，展筑其城。明三边总制、尚书王琼《北虏事迹》载："镇戎所地名八营，在固原北一百二十里。"《宣统固原州志》卷十碑碣下载："八营残碑，其词曰：镇戎古堡。按此石在八营山坡侧，于颓垣败垒中仅横一石，刊此四字。"这是镇戎所在八营的又一明证。我在考察笔记中有记录，北嘴古城之西的公路里程桩号为 111 公里 400 米。此里程桩系由和尚铺计起。和尚铺到固原为 45 公里。固原到八营为 66 公里，与《北虏事迹》所记 120 里吻合。

三、宋萧关城遗址

我们离开八营，由银平公路继续北上，经李旺行 33 公里，便离开银平公路，沿着一条县道向西，又行约 5 公里，便到了海原县的高崖乡草场村。我们本来是找石峡口，即唐代石峡关的位置。但向路边老乡一问，竟然意外得知，前方约 500 米就有一座古城，说是宋朝的草料场，民间俗称"草场"。

这座古城就在路北，处在一大片农田中，种的小麦刚收。能看出城池分为内城和外城。外城的城墙全部已毁。内城靠公路的南面及东面，已基本看不见城墙；西墙和北墙长 200 余米，半坍塌，最高的残墙约高 6 米。这一带属清水河冲积平原，田块方方整整，还有灌溉水渠，水源来自石峡口水库。我寻觅了 3 圈，在一部分田块的田埂上，不断发现有农民种地拣出的砖头瓦块，堆积成堆。瓦片都是布纹。老乡说是宋城没错。我估算了一下有残砖剩瓦的田块面积，可能有四五百亩。

此为宋萧关城，与唐萧关县不在一地。原名威德堡，1001 年被西夏攻占。1038 年西夏政权建立后，仍为西夏境土。北宋元丰四年（1081 年）收复，另筑新城，以"萧关"名之，所谓西夏境土"东尽黄河，西界玉门，南接萧关，北控大漠"即此。西夏占据萧关长达 80 年。元丰四年，北宋发动"五路西征"攻西夏，约期会师灵州。整个战役以北宋失败告终，但其中的刘昌祚一路 5

万人从镇戎军（固原市原州区）沿清水河北上，一直攻到灵州城下。最后虽撤兵退回，但收复了大片领土，也包括今海原县的南部、中部。由于边防向北推进了一百多里，需要另建一座存储粮草的城池。对其经过，《宋史·食货三》卷一七五有详细记载："[元丰四年]泾原路转运判官张大宁言：……自熙宁寨至磨哆口皆大川，通车无碍。自磨哆至兜岭下道路亦然。岭以北即山险少水，车乘难行。可就岭南相地利建一城寨，使大车自镇戎军载粮草至彼，随军马所在，以军前夫畜往来短运……神宗嘉之。"修筑时间：宋神宗批准时间为元丰四年（1081年）十一月九日，已是寒冬。宁夏的古城都用黄土夯筑，对土壤湿度要求很严，冬天不能施工。所以，萧关城的筑城时间应在元丰五年春。筑好，存储粮草。粮食在仓内看不见，而饲草却堆积如山，故俗称"草场"。

四、唐石峡关遗址不存

看完草场遗址，便沿着公路继续向西，约2公里后，平路走完，开始爬山。我们的车越野性能很好，又行驶了3公里山路，便到了石峡口水库。向水库管理人员打听，结果大失所望：此处没有任何古建筑遗址。即使有，也在1958年修水库时破坏了，或者是淹没了。

沿路返回，在山坡的道路两边，有几块种有小香瓜的瓜田。正好我们都渴了，便在一个搭有棚的小房边停车吃瓜。瓜农很热情，边切瓜边自吹。我不以为意，但有20多年驾车工龄的何师傅却帮他吹："鲁主任，他说得对，这就是有名的高崖子小香瓜，就数山坡上这几块地最甜，山下浇水的都不行。"我尝了一口，还真是甜中带香，是我这一生吃过最好的香瓜。师傅又让我拿盘中的油饼，就着瓜吃。吃饱了，不渴了，我们每人又购了20斤带回银川。

1989年对固原地区部分古城遗址的考证

1989年9月8日，应固原地区方志办之邀，去考察他们认为比较重要的，而且有疑惑的几座古城遗址。一般都是秦汉至西夏时期的，遗址尚存，不知其名，年代也不能确定。而元明以后的，地方志记载甚详，都不在考察范围。由于此时《宁夏历史地理考》已定稿，我对宁夏南部山区的古城都作过专题研究，一般而言，只要说出具体位置，我就知道其城名和修筑时间。参加这次考察的，有自治区方办主任吴忠礼先生、宁夏人民出版社副总编徐庄女士，还有固原地区方志办、固原县志办、西吉县志办的负责人。固原县委书记王恽全程陪同。

一、定川之战遗址

根据我多年的经验，野外考察要早起不摸黑。9月9日早7时，我们分乘4辆车出发，走的是兰（州）宜（川）公路，即1978年竣工的战备公路，1981年交通部编为309国道。路面很好，都是沥青路。我也为这条公路的修建出了绵薄之力，负责向沿线各地运输石料、石灰及沥青，一遇问题，就要乘车到现场解决，所以很熟悉。

北出固原城后，折向正西行12公里；尚未到中河乡政府，便离开309国道向北驶入一条乡村公路。经过中河村，有一条小河横亘，名叫大营河。

无桥，河面宽而水浅，车都蹚水而过。过河后即到达目的地，我看了一下路码表，离开固原行署招待所共15公里。下车后，王恽指着西北山阜说："这里有一座古城，我和方志办的同志来看过，南面距秦长城不远，所以都认为是秦朝的城，但不知叫什么城。"

此地属固原县中河乡大营村，民众俗称黄嘴古城。其实，我已经从宋代的历史文献考证过，此地即《元丰九域志》卷三所记定川寨："庆历二年置高平、定川。定川，［镇戎军］军西北二十五里……"北宋与西夏对垒，所筑之寨为军寨，一般驻军3000余人。城池建好不久，即庆历二年（1042年）九月下旬，西夏主元昊便以诱敌深入之计，引诱宋军主力葛怀敏等部从镇戎军（固原县城）西进。元昊自己则率骑兵10万从天都山南下，在定川寨围歼宋军。宋军主将葛怀敏与部将曹英、李知和、赵珣等16位将领战死，士卒9400余人阵亡。其中的赵珣，凡是研究历史地理的学者，都应看过他的《聚米图经》，属于兵要地志，其中也有宁夏的内容。

此处遗址，即元昊建立西夏政权后，对宋朝发动的"三大战役"之一，称"定川之战"遗址，《宋史》中有多处记载。其中的《夏国传》《葛怀敏传》《范祥传》等传记，对定川寨周边的地理环境，包括秦长城、长城壕等，记述尤其详尽。

此寨依山而建，东南两面临水。城池内一部分已垦作梯田，所种玉米已经收获，但秸秆仍在。城墙多已坍塌，残高2—6米。我们沿城墙内侧登上山阜，出露人马骸骨随处可见，甚至能见到未烧尽的建筑物木质构件，战火留下的痕迹，历历在目。地表散布大量残砖碎瓦，都具宋代特色，没有其他朝代的东西。整个城池平面呈长方形，目测东西约600米，南北约400米。定川寨筑毕后约半年即毁于战火，再未复筑，故《宋史·地理志》不载。

二、路过怀远城

看完定川寨遗址，王恽书记说现在直奔西吉县的上白城子，因为那里也有一座古城，据分析也是秦朝的。我对他说：那个地方很偏僻，唐朝以前没有建过城。到西夏时，南北200多里、东西100多里之间，就只有一座城，叫宁安寨。但我也是按历史文献考证，没有去过，所以也想去实地见证一下。

汽车仍沿309国道西行，8公里硝口，又9公里赵千户。又12公里为西吉县偏城乡。这里有座古城，1977年我曾到此，见城墙高大而完好，当时非常吃惊。而四面墙长短不一，不方不正。东墙最长，近千米；次为北墙，再次为南墙，最短的西墙不到100米。当时我对历史地理还是门外汉，也没有寻找古迹、文物，只是在饭馆吃饭时，问了一下为啥叫偏城。饭馆老厨师说，不知城池筑于何时，受地形限制，方位不正，所以叫偏城。我当时是为修建兰宜公路运料来看路测里程，汽车要从隆德的沙塘装上石灰，经过西吉的将台、硝河城到偏城。其中硝河到偏城，是一条很难走的古道，有一段坡道，因为汽车上不去，不断用刹车，甚至把气压都用完了。幸好带了两台车，又略微减载，才互相帮助走过坡道。后来研究古地名，从我们汽车开过的古道长度得知，原来这就是北宋明道元年（1032年）所筑怀远寨，有的宋代文献又叫怀远城，南至得胜寨（硝河城）三十里。由于证据明晰，我们并未进城考察。

三、宁安寨址

偏城经夏寨至西吉县城为26公里，已将309国道走完，汽车折向北入中（卫）静（宁）公路，全部是三级砾石路。尘土飞扬，4辆车只好拉开距离。22公里至新营，又20公里至上白城子乡，中静公路桩号224公里（由中卫算起）。此即我们今天最远的目的地，距固原82公里。上白城子在月亮山南麓，居葫芦河发源段。河在中静公路东侧，干涸无水，据说上游数百米建有小水库一座。河东岸是个有数十户居民的村落，房舍都以当地的黏土夯筑，略带红色，为何不叫"红城子"而叫"白城子"？令人不解。我们向东穿过村落，爬上20多米缓坡，即进入古城遗址。这么偏僻的地方，一下来4辆小车、十几号人，自然惊动了村民，他们也都尾随而来。其中一位是村长，还作了自我介绍。

遗址紧邻村庄，又因已经垦作耕地，城墙破坏严重，只有几段残墙，残高2—10米不等。城依山临水，方位不正，东北墙最长，目测400米左右。其他3面墙长短不一，都不超过300米。在固原地区遗存的北宋军寨中，属于规模较小的。城内虽是耕地，但地势比水库高，今年遇上天旱未播种，所以没有任何植物生长的痕迹。土壤均已沙化，能找到的就是残砖剩瓦，明显是宋代之物。

看完，我对大家说，这里原为西夏版图，《宋史·地理志》有记载，北宋在元符二年（1099年）收复，于崇宁五年（1106年）在崦朱龙山下所筑新寨，赐名"宁安"。崦朱龙山即今天的月亮山，因此，这个遗址可确定为宁安寨址。因为没有更多的根据，宋代的历史文献也不可能随身携带，在场的县志办工作人员对这个结论多持怀疑态度。我只好对身边的村长说："你吆喝一下，看谁家里有捡到的老古董，都拿来，我们看上了就买。"我查过文物部门的资料，1971年，曾在遗址内出土过北宋钱币1000余枚，上起咸平年间，下至宋高宗"建炎通宝"，也就是南宋初年。当地农民家中，这种钱币肯定不少。

村长喊了几声，然后把我们招呼到庄子边几棵柳树下乘凉喝水。不一会，十几个村民陆续到来。多数拿的是铜钱，基本都是宋代的，也有个别清代的。他们都无钱币知识，所以定价一律2角钱一枚。一行人都去选购钱币，我则对两件陶罐颇感兴趣，双耳，高约40厘米，宋代灰陶，都完好无损，但壶身饰纹略有差异。要价20元，我很想都买，但当时家中6口人，老母又有病缠身，只带了10元钱，囊中羞涩，只好放弃。大家还在挑选钱币，我却发现了一块无人问津的整砖，上面有"大观元年"4个字，明显是在砖坯制好后，窑工用树枝随意勾画而成，既不工整，更无章法。我把王恽和几位志办的同志叫过来，让他们仔细看，并解释道："大观元年，就是《宋史·地理志》所记崇宁五年之后的一年，即公元1107年。说明宁安寨筑好，第二年还在修建房舍。这是未用完的砖，这种刻字是不会作假的。"

至此，关于宁安寨的结论，终于让大家接受。那块砖，我让县志办的同志拿回妥善保存。

四、得胜寨址

顺中静路返回至西吉县城，已是下午一点多。简单吃了碗面，又上中静路南行8公里到了夏寨。顾名思义，就是西夏时的寨子。此前的一些著述，一般将天圣六年（1028年）北宋所筑得胜寨考订在西吉县的夏寨。我们下车后，即看见一座古堡遗址，在中静公路西侧、葫芦河东岸、夏寨水库之南。城墙还算比较完整，残高8—13米。城墙内有十几户民居。从残留的砖瓦看，也可肯定是宋代遗址。但是，目测城墙的长度，南北有100米，东西约200米。这种规模，比"寨"要小得多，只是一个民堡。再从地理形势看，它位于葫芦河川原之中，易攻难守，也不像是军寨。又据各种史籍所记，得胜寨距德顺军（今隆德县城）仅80里。而夏寨到隆德县城，无论如何也超过一百里。因此，这个夏寨遗址肯定不是得胜寨。按历史文献记载，得胜寨应在南面的硝河城附近。

我问西吉县志办的同志："旁边有没有更大的古城遗址？"回答是肯定的。

于是，在县志办同志带领下，我们顺着葫芦河东岸南行，便到了硝河乡。

汽车在 273 公里的里程碑（今中静公路因改线里程已变）停车，便看了依山而筑的一片古城，古城遗址平面呈长方形，城墙坍塌严重，方位不正。西北墙比较直，东南墙随地形弯曲，目测约 600 米。另两道墙目测长约 300 米。残墙高 4—12 米。北、南、西均开城门。地表散布大量宋代残砖破瓦及瓷片，甚至有琉璃瓦片。现将它和以下史籍的记载对照一下：

《武经总要》前集卷十八上："德［得］胜寨，旧属渭州，天圣中筑。南经隆德、静边寨抵秦州界。东南至军八十里，东至李武堡十里，西至边壕一十里，南至笼竿城（应是陇干县——本文作者注）七十里，北至怀远城二十里……北至武延川戎马来路有摘星、关边（应是开边——本文作者注）二堡。"《元丰九域志》卷三德顺军条："天圣六年置得胜……得胜，军西北八十里，领开远（应是开边——本文作者注）一堡。"

以上记载，与硝河的宋城遗址相符。其中的得胜寨"北至怀远城二十里"，就是我 1977 年乘车探路走过的硝河城至偏城的距离。要是把得胜寨考订在夏寨，"北至怀远城"一说就不能成立。

得胜寨的位置肯定下来之后，就可以确定硝河附近的其他宋代古堡了：夏寨遗址应是开边堡；夏寨乡南的杨坊遗址（中静公路从遗址中间穿过）即摘星堡；硝河乡东北十里的遗址是李武堡。以上三堡，均属得胜寨管辖。将台乡火家集村有一座较大的宋城，便是羊牧隆城，庆历三年（1043 年）改为隆德寨。

北宋在与西夏长期对垒中，筑堡、寨数百。寨的规模较大，又称军寨，选择易守难攻、水源充足、交通便利之地筑城，驻军戍守。按《宋史·兵志》记载，在宁夏南部所筑军寨，各驻禁军、厢兵以三千人为额，还有招募的蕃落马军、保捷步军数百人不等。战时出征，平时维护所辖民堡安全。堡是农耕民户集中居住地，都筑城墙，其规模比寨小，一般处于平漫川地，无险可守，耕地较多。个别寨为牧马军寨，无征战任务，所以驻军人数少得多，城池亦小。这些，都是考察宋夏堡寨的基本常识。

宁夏仍有温泉

（原载 1989 年 9 月 23 日《宁夏日报》）

宁夏境内有无温泉？笔者根据现存地名追踪过，如贺兰县的暖泉，平罗县的暖泉村，吴忠市的滚泉……但都扫兴而归。最近，终于根据郦道元《水经注》的描述找到了答案：宁夏不仅有温泉，而且至少存在 1400 多年了。

这座温泉位于同心县韦州太阳山煤矿之东。旧有挖煤的炭窑，本名"炭窑山"。乘汽车沿惠安堡—韦州公路西南行，在 10 公里桩号下车，向路右侧行 400 米，即可见一个约 14 亩大的小湖。湖水色如翡翠。湖中几团芦苇，还有垂钓者和网鱼者。这个小湖，就是由泉水汇集而成的。

泉眼集中在小湖南侧。约半间房大的坑中，集中了 20 多个泉眼，时而冒清水，时而气泡翻滚，咕嘟之声此起彼伏。最大的气泡，直径有 7—8 厘米。冒出的泉水，分两股流向小湖；流出 30 米，又各有一个大的泉眼，水量虽大，但无气泡。泉水汇入湖中，除了蒸发、渗透（周围都是荒沙滩）、供羊只饮用，余下的，便从湖西小沟夺路而出。流出的水量，每秒有半立方米之多。据当地人讲，一到冬天，湖面热气蒸腾，从不结冰；而夏天的水温，也比一般泉水高；水质甜而不苦，所以流出的那条小河至今仍叫"甜水河"。

这处温泉，在《水经注》卷二的"高平川水（今清水河）"有明确记载："水东有山，山东有三水县故城……县东有温泉，温泉东有盐池。"与今天的地名相对照：山，指大罗山；三水县故城，即汉代安定郡所属三水县治地，在大罗山东有遗址可考；盐池，就是惠安堡盐湖，从西汉到清代，一直由朝廷经营开采，产量甚高，近代才枯竭。因此，这处温泉，至迟在北魏时已经形成。

由于有这个温泉，唐代将惠安堡盐池称作"温泉盐池"，又在附近设县，命名为"温池县"。现在，流出的泉水，浇灌着巴庄、羊庄等几个大队的土地。周围的牧羊人，也把羊群赶到这里饮水、洗漱。在干旱少水的韦州一带，有这样一个温泉，可以说是一个奇迹。

对固原三关口道路的考察

全国有多个叫"三关口"的地方，宁夏也不止一处。本文所记，为1981年的固原县三关口。

今泾源县六盘山镇的蒿店村，在20世纪80年代尚属固原县的蒿店乡。这里自古为交通咽喉之地，是古丝绸之路、驿道所必经，公路出现后，又是西安至兰州、新疆公路所必经。我们来之前，交通部刚公布为312国道，即上海经西安、兰州至新疆霍尔果斯口岸的干线公路。为了给《宁夏交通史》搜集基本素材，我带领陈鸣岐、周德武二人，于1981年7月16日到此作实地考察。

我们调查的公路线段从宁甘省界苋麻湾开始。公路线路从平凉市北11公里进入颉河，然后沿河之南岸布设，又5公里经安国镇，又6公里即苋麻湾。有一条下雨才有水流的小沟穿过公路汇入颉河，无桥，设过水路面。这条小沟即宁甘省界，沟两边均无人居住。

又西行4公里即蒿店，约30户人家，分布在公路两旁。蒿店这个地方，由于是银川去西安的必经之地，我已至少来过10多次。汽车一驶入这5公里峡谷，只听见鸦声一片，似乎有几千只乌鸦在呼号，甚至能盖住所乘大卡车引擎的轰鸣声。河对岸有一家规模很大的石灰厂，一天可产石灰200多吨。1977年的秋天，兰宜公路全线紧张施工，我带领60多辆货车驻固原，负责给各工地运料，其中运量最大的是石灰，用作路面基层与土壤拌和，称"拌合料"。我作为车队的调度员，必须打前站，先看道路状况及装车场地，核定运距以计算运费。在兰宜路工程指挥部负责人陪同下，专门看了过河到石灰厂这段刚修好的便道。过了河，有一片玉米地，玉米已经成熟，里面有几十只野鸡正享受美餐。石灰厂的厂长介绍说："还有豹子，在河对面的山崖上常见。"话音刚落，峡谷响起巨大的爆炸声，是炸石作业正在进行。玉米地的野鸡轰然惊起，一齐飞走。时逢"文化大革命"，不准做买卖，更不准开饭店。当时的午饭，是公社特意安排蒿店一家农民包的饺子。我进去一看，两名妇女正在面案上忙碌，已经包好一批饺子，其貌不扬；又擀了一张面，正用一个玻璃杯，扣出一张张饺子皮。男主人急忙招呼我们到另一间房坐下喝水。过了一会，"饺子"端上来了，实际就是一碗羊肉烩面片！北方农村，不会包饺子、煮饺子，其贫穷落后程度，可见一斑。

这次前来考察，时隔4年，蒿店景观已迥然不同。有几户在门前摆摊，出售面饼、干鲜果之类，还有两家小饭馆，为过往司机、乘客提供餐饮服务。向两位老人打听为何叫蒿店。原来，这里的路边、房前屋后，都长满艾蒿，高及膝盖。在解放前，行人车马较多，从隆德到这里，已有整整一天的行程；这里到平凉，还有50多里；有的要吃饭打尖，有的要住店，设有几家车马店，所以大家都把这里叫蒿店。又问解放前的道路状况，都说只有石子路，沿河边走，经常冲毁。其中一位老者提供一条重要线索："我家房后半山腰，还有一条古道，祖上都说是左宗棠修的。"在他的指引下，我们很快找到了这段路：在民房后面的缓山上，30多米高，长约80米，宽3米多。路面长满青草，但无树木。

看完老路，这位老人猛然想起一件事："啊，差点忘了，三关口的杨郎庙里，还有一块石碑，上面有记录，说这路是左宗棠修的。"我让他上车，向前驶了3公里，果然见有一座庙。正殿供的是关公坐姿塑像，左侧站立周仓执青龙偃月刀，右侧站立关平执印。显然，这是关帝庙无疑。但是，正殿下方左、右两侧，又各有一个配殿。老人坚持说这是杨郎庙，左边是杨六郎，右边是杨七郎。对此，我无法辩驳。但是，我见过的关帝庙不止一处，与这里正殿的塑像一模一样。再说，杨六郎是与契丹作战，把守的三关口，在今山西省北部，与宁夏这个三关口毫无关系。回到银川查《宣统固原州志》，才知配殿的塑像叫"陪祀"，供的"两杨将军"是杨琼、杨政父子，北宋原州（宋原州在今甘肃镇原）人。又查《宋史》，有《杨政传》，其父名杨忠，但未记杨琼之名。

回到关帝庙的小院中，果然见有一块石碑，高约1.4米，名曰《增修三关口车路记》，黑色大理石阴刻楷体碑文，长约300字。作者魏光焘，光绪元年（1875年），左宗棠用兵新疆，整修陕甘大车道时，任平庆泾固观察使。碑记的内容，记录魏光焘主持重修三关口车路30里的过程，其中征调民夫达八千人，足见工程之巨。

关帝庙之外的公路外侧，还立有一块一人多高的"无字碑"，橙黄色，上面有当代人用红色油漆涂鸦写的"金佛峡碑"4个字。分析此碑本有文字，但因材质较软，历史久远，风吹雨打，故字迹全无。观察碑座，莲花图案尚清楚。按唐朝文献记载，此处确名金佛峡。

关帝庙的位置，就是著名的三关口。流经这里的河流现在叫颉河，但古代却把它当作"泾水"。颉河自瓦亭流到这里，从山峰中夺路而出，河床突然从150多米收缩到40米左右，形成一段险峻的峡谷。古道从南岸经过，站在路边翘首而望，北壁就像鬼斧神工一挥而就，全是直立甚至有点内凹的崖壁，无寸土存留，是摩崖石刻的绝佳之地。我们清晰地看到，仍有斗大的字组成的四款摩崖石刻：峭壁奔流、山容水韵、山水清音、泾汭分流。这里的岩石都是石灰岩，石刻难抗岁月磨洗。这四方石刻得以保留至今，是因镌刻时间较晚而已。而早期凿刻的，皆随风风雨雨而去。据《宣统固原州志》记载，当时这里还有"控扼陇东""山明水秀""泾汭分流"等摩崖石刻。其中有一方题为"萧关锁钥"的大字石刻，道光末年成书的《度陇记》说"书于北壁"，是作者董醇现场所见。《宣统固原州志》成书时，就"仅存锁钥二字",萧关二字只是"土人云早年见之"。时至今日,"锁钥"二字也难觅其踪。郦道元在《水经注》中称此为"弹筝峡":"泾水经都卢山,山路之内,常有如弹筝之声,行者闻之,歌舞而去。又云弦歌之山,峡口水流。风吹滴崖,响如弹筝之韵,因名之。"唐代在其北的瓦亭置有陇山关(与汉萧关在同一地),六盘山顶有六盘关,今泾源县又有制胜关。这条古道,控扼三关之口,故明清以后称三关口。

弹筝峡之险,险在峡道之中。前文提到的碑铭,无不说车言路。自古以来,这里"地当冲要,往来如织"。南崖山腰,一径蜿蜒,盘旋曲折。历代人们都在与水争路、与山抢道。道路刚修好,一场山洪袭来,基崩路塌,行旅顿绝。峡道毁了修,修了毁,仅在清同治八年(1869年)到光绪三年(1877年)的八载光阴,就大修了3次。每年的小修,又有10多次。近现代的西兰公路、312国道(上海至新疆霍尔果斯口岸)经过这里,也是年复一年地小修、中修、大修,直到1999年三关口隧道打通。几千年历史,谁能说清修过多少次?

我们看完三关口,就乘车回固原。据老人回忆,民国早期的道路,从三关口到瓦亭10公里,全部循河谷布设,一下大雨,就被冲毁。1936年修建西兰公路,才将线路改向西绕行小六盘至什字,然后经和尚铺、瓦亭至固原。虽然绕道7公里,但避开了山洪,使这段路基稳定下,不用年年大修。我们的车经过什字,发现比蒿店还繁华,路两旁都是小商铺。

卷四

交通水利

宁夏著名古道辑要

(原载《宁夏文史》2021年第2期)

在历史长河中,宁夏有一些知名古道,而且都通邮驿。孔子曰:"德之流行,速于置邮而传命。"(《孟子·公孙丑上》)大意是:德政的推广流行,比设立驿站传达政令还要迅速。由此可见,中国在春秋战国时期已有驿道和驿站系统,至清末现代邮政兴起,历时2700多年。古代的驿,泛指驿道和驿站;传,指驿道上的交通工具,包括传车和驿马。古驿道都属重要历史地名,本文将就此作一梳理。

鸡头道 公元前220年,秦始皇下令修筑通连全国的驰道,相当于今天的"国道"网络。所谓驰道,就是从都城咸阳向四面八方辐射的交通干线。驰道筑毕,秦始皇便开始巡视全国,以示"天子之威"。而首先巡视的是秦人的发祥地西北地区。《史记·秦本纪》载,"天子始巡郡国"的路线是"巡陇西、北地,出鸡头山,过回中"。所经鸡头山,又名笄头山,有人认为就是平凉市的崆峒山。但从轩辕黄帝"西至崆峒,登鸡头"看,显然是不同的两座山峰。唐代张守节在《史记正义》中说,鸡头山在原州(今固原市城区)之西百里、长安西北800里。唐代李贤的《括地志》认为:"泾水源出原州百泉县西南笄头山泾谷。"由此可见,鸡头山即泾水发源地,应在宁夏泾源县西部。清代乾隆皇帝派中卫知县胡纪谟实地考察、核对各种史料写成的《泾水真源记》指出：鸡头山就在泾源县的老龙潭，共8座山峰。从东面看，后两座山峰高耸入云，前六峰排列如锯齿，依次降低，形似鸡冠，故名鸡头山。鸡头道一名，一直使用到东汉。东汉建武八年，汉光武帝征隗嚣；隗嚣拒守陇山，派"王孟塞鸡头道"（《资治通鉴》卷四十二，中华书局，1976年，第1356页）即此。这条驰道，按今天的地名描述，是从咸阳向北经陕西彬县、甘肃宁县（北地郡治地）及镇原县、宁夏彭阳县，再经泾源县城、西峡，然后越六盘山，经隆德县至甘肃临洮。今泾源县城东北侧的果家山遗址，就是专为秦始皇巡游修建的行宫。

回中道 元封四年（前107年）十月，汉武帝"通回中道，遂北出萧关"（《资治通鉴》卷二十一，中华书局，1976年，第690页），即下令从长安沿泾河至安定郡（固原市老城）修筑交通大道，因经过回中宫和萧关，故称回中道。此前，从长安至安定郡的道路，要么取秦始皇所走鸡头道，要么从咸阳向西至宝鸡、陇县再折向北至今泾源，都要绕道。而回中道取直角三角形的斜边，经乾县、永寿、彬县、泾川、平凉到今固原，长1600里，比旧路要近约150里。主要控制点两处：西汉的回中宫，在今甘肃泾川；汉萧关，在今泾源县大湾乡瓦亭村。20世纪70年代，文物部门在居延出土一枚汉简，编号74EPD59∶582，考证为西汉昭帝、宣帝时期。竹简上面，在出发地长安之后，书写了回中道上的16个驿站名及道路里程，其中在宁夏境内有2座：平林置（汉代把设在城市以外的驿站叫作置），南至泾阳（今平凉市安国镇）60里，北至高平驿80里。按里程考证，平林置在今泾源县大湾乡瓦亭村；高平驿在安定郡治高平城内，即今固原市原州区。回中道修通，给丝绸之路的北线奠定了基础。

长安—凉州北道 丝绸之路国内部分的东段，东起长安，西至凉州（甘肃武威），分南北两道：沿渭河西行经天水、定西、临洮、兰州的称长安—凉州南道；经宁夏固原、海原的称长安—凉州北道。北道从汉武帝元封四年（前107年）十月通回中道，到唐广德元年（763年）吐蕃攻占原州，使用了近 900 年，古籍记载全程 1600 里。宁夏境内段共 455 里：在平凉市安国镇西入宁夏境，经过泾源县大湾乡瓦亭村、今固原市区、黄铎堡（唐筑石门关），沿苋麻河谷经海原县郑旗乡、贾塘乡、海原县城、西安州、干盐池村，更西 8 里即今宁甘省界。其后在甘肃景泰县过黄河抵凉州。北道发生的重大历史事件有：汉武帝通回中道并六出萧关巡视；班彪至凉州在高平著《北征赋》；汉光武帝西征，凉州牧窦融率河西走廊五郡兵数万、5000 辆辎重车至高平与其会师；波斯胡王向北魏贡狮子在高平羁留近三年。

萧关道 唐代长安—凉州北道的别名。因连接汉萧关（泾源县大湾乡瓦亭村）、唐萧关县（海原县李旺镇），故名。仅《全唐诗》中，就收录有 40 多首吟诵萧关道的诗篇。其中最著名的有：

使至塞上

王　维

单车欲问边，属国过居延。

征蓬出汉塞，归雁入胡天。

大漠孤烟直，长河落日圆。

萧关逢候吏，都护在燕然。

塞上曲

王昌龄

蝉鸣空桑林，八月萧关道。

出塞入塞寒，处处黄芦草。

从来幽并客，皆共沙场老。

莫作游侠儿，矜夸紫骝好。

胡笳歌送颜真卿使赴河陇

岑　参

君不闻胡笳声最悲，紫髯碧眼胡人吹。

吹之一曲犹未了，愁杀楼兰征戍儿。

凉秋八月萧关道，北风吹断天山草。

昆仑山南月欲斜，胡人向月吹胡笳。

胡笳怨兮将送君，秦山遥望陇山云。

边城夜夜多愁梦，向月胡笳谁喜闻？

灵州道　古都长安北至灵州的交通大道，形成于秦汉之间。秦皇汉武开疆辟土，将其北部的北地郡治不断北迁：秦朝在今甘肃宁县；西汉北徙马岭（今甘肃庆城马岭镇）；东汉北徙富平县（宁夏吴忠市利通区）。长安与以上三点画线相连，就是汉代灵州道的走向。隋、唐乃至北宋的史籍中皆称"灵州道"。全线设驿站、通大车，《元和郡县图志》记其里程为1250里。今之银西高铁吴忠站至西安北站为618公里，二者走向、里程基本相同。在宁夏境内，经过今盐池县的萌城、隰宁堡、惠安堡、老盐池村，灵武市的石沟驿，止于吴忠市利通区古城湾，计230里。隋杨素出灵州道、唐初李道宗出灵州道击突厥，唐太宗"勒石灵州"后返回长安，唐肃宗灵州登基后率朔方军收复两京，都使用这条大道。宋初灵州道的军事运输繁忙，《武经总要》称"灵州大路"，对所经堡镇、道路里程、路况，都有详细记载。

灵州西域道　是灵州道向河西走廊、西域的延伸，成为唐末五代至宋初的丝绸之路主线。广德元年（763年），吐蕃趁唐军东调平定"安史之乱"，大举东进，攻占包括原州在内的陇右数十州，丝路的长安至凉州南北两道尽在其掌控之中。中西交通不能长期断绝，必须另辟蹊径。在这种形势下，灵州西域道便应运而生。唐大中年间（852—855年）辟通，使用至宋咸平五年（1002年）李继迁攻占灵州。长安至灵州1250里，完全使用灵州道。从灵州北渡黄河后，沿黄河外侧而行，经过今青铜峡市、大坝、广武，再经中宁县枣园、石空、余丁，又经沙坡头区的胜金关、镇罗、柔远、城区、沙坡头、甘塘、营盘水，然后越白亭河至凉州（甘肃武威），全程900里，其中宁夏境内452里。沿线30里一驿，还有驿亭，可惜驿站之名皆失传。据《新五代史》记载，朔方节度使冯晖上任后，就治"亭馆千余区"。

灵州入参天可汗道　贞观二十年（646年）秋，唐太宗亲幸灵州，接受回纥等北方游牧民族的归附。贞观二十一年（647年）正月，应各部首领之请，又下令在回纥、突厥间"治大涂"，即修筑交通大道，"岁内貂皮为赋"，取名"参天可汗道"。沿途设立68（一作66）所驿站，预备驿马，供足酒肉，款待到唐都长安的各民族贡使。对参天可汗道，当代学者归入"草原丝路"。这条丝路从贝加尔湖向南，跨越今蒙古国，再经内蒙古的乌拉特后旗，沿黄河外侧南下宁夏平原，越渡黄河，再南至唐都长安。它是漠北回纥诸部与唐王朝之间的丝绸、马匹贸易通道，而灵州则是中转节点。《元和郡县图志》记：灵州北至弥娥川水（今内蒙古乌拉特后旗西北）1000里。其中在宁夏境内走向为：从灵州北渡黄河，至保静县60里，又北至怀远县60里，又北至定远县80里，又北至今惠农区120里。弥娥川水之侧，唐置燕然都护府，管理漠北的回纥诸部。开元间，著名诗人王维经萧关去燕然都护府，著有《使至塞上》诗，其中有"萧关逢候吏，都护在燕然"之句。王维在途中，又遇戍守在贺兰山的"老将"，写成《老将行》名篇。

灵州—原州道　从灵州向南经红寺堡至鸣沙县（今中宁县鸣沙镇），再沿蔚茹水（今清水河）至原州，线路与今天公路的101省道大体相同，唯吴忠向南后，从东面绕过牛首山，全程640里，通大车。贞观二十年（646年）唐太宗到灵州，天宝十五载（756年）"安史之乱"李亨从长安逃往灵州，都走这条大车道。尤其是李亨北上灵州，各种史籍对行经地点记述清晰，如平凉郡（今固原市原州区）、白草屯（今海原县李旺镇）、黄河渡口、鸣沙（今中宁县鸣沙镇）等地。

萧关—威州—灵州道 大中三年（849年），唐军从吐蕃手中收复原州等三州七关后，又从萧关县（今海原县李旺镇东北）经威州（今同心县下马关乡红城水村）、温池县（盐池县惠安堡镇老盐池村）至灵州新辟车道一条，全程590里。这条新路由邠宁节度使白敏中规划建设，当时称"萧关通灵威路"。按今天的地名叙述，是从海原县李旺镇向东，经同心县的羊路、张家塬、预旺、下马关、韦州、惠安堡、石沟驿至吴忠市利通区。

灵州—盐州道 《元和郡县图志》记载：灵州东至盐州（陕西定边县南），取大车道（官路）300里，或走小道绕黑浮图堡（今地待考）400里。再向东南，可经夏州（今陕西省靖边县红墩涧乡白城子）、绥州（今陕西省绥德）至洛阳，全长2270里。这是一条驿道。著名诗人白居易在《城盐州》一诗中描述说，盐州新城筑就，吐蕃"忽见新城当要路"……"君臣赧面有忧色"；而对于唐朝，由于有新城保护，商旅通畅无阻，出现了"鄜州驿路好马来""长安药肆黄蓍贱"的商贸流通景象。

宋夏国信驿道 咸平四年（1001年），西夏攻占灵州后，原灵州道主线（长安向北经淳化、庆州、环州至灵州）上的驿站全部废弃。1020年，李德明筑兴州城（今银川市老城）并以之为临时首府后，为与宋朝交往，双方共同开辟了一条国信驿路，专供信使往来。《西夏纪事本末》卷首有北宋时绘制的《西夏地形图》，图中以虚线标示"国信驿路"的走向及沿途驿站：由兴庆府向南经永州（永宁县），在其东设河北驿、吕渡，东渡黄河，再向东经岔口驿、古雨驿、苦井驿、人头驿、白池驿（白池即今内蒙古鄂托克旗北大池盐湖），折向南经万全寨至保安军（陕西志丹县）。宋代曾公亮《武经总要》更详细地记载了这条驿道，因跨越秦长城，故称其为"长城岭路"，其走向为：自保安军向北，由"归娘族六十里过长城岭，北至秦（有的史籍作奈）王井驿入平夏，经柳泊岭并铁巾、白池、人头堡、苦井、三岔、谷口、河北九驿至故灵州怀远镇七百里"。因《武经总要》成书时今银川市属西夏都城兴庆府，作者将其归入"化外州"，故称"故灵州怀远镇"。与今天地名对照：从银川市兴庆区南门向南过永州（永宁县杨和镇），至河北驿（永宁县东和村）过黄河，渡口名吕渡。再向东为谷口驿，约今灵武市沙葱沟。又东为三岔口驿，约今古窑子。又东苦井驿，约今盐池县兴武营。又东人头堡驿，约今苏步井。又东白池驿，今盐池县北张家场。又东南铁巾驿，约今陕西定边县。又东南陕西省吴起县、志丹县。从兴庆府至此共700余里。再南，则经延州、蒲津关、洛阳至宋都汴梁。从兴庆府至汴梁全程2420里。由于保安军至长城岭有百余里山路，这段驿道无法行驶车队，只能供驿骑使用。

兴庆府—汴梁驿道 是宋、夏时期丝绸之路的东段。李继迁刚占据夏、银、绥、宥、静五州，同时也据有了这条驿道上的"东西二十五驿、南北十驿"。大中祥符二年（1009年），西夏尚未定都立国，李德明为表示对宋朝的"忠"，以"中国恩礼优渥，天使频临，遂于绥（陕西绥德）、夏州（陕西靖边县红墩涧乡）建馆舍二，曰承恩，曰迎晖。五百里内，道路、桥梁修治整饬；闻朝使至，必遣亲信重臣，郊迎道左"（戴锡章《西夏纪》卷四）。次年正月十九日，宋真宗批准在汴京建馆驿专门接待夏使，直到大中祥符九年（1016年）的四月七日才建成，系将京城西面的一个旧染院改造而成（《宋会要辑稿》方域十之十四）。1038年，西夏在兴庆府建都立国，并控制河西走廊传统丝路，使丝绸之路全线贯通，兴庆府成为重要节点。兴庆府至宋都汴梁路没有险狭路段，全程约2650里，有利于车队行走，因此在西夏立国后一直很繁忙，不但是宋、夏使团所必经，西域各国与宋朝交往也要使用，比国信驿路远200余里。其中宁夏境内的走向、驿站设置与国信驿路基本相同。

兴庆府—玉门关道 西夏时期丝绸之路的西段。《西夏地形图》详细标示了这条路，具体走向是：从兴庆府向西沿贺兰山东麓南下，经"西夏祖坟"（即西夏陵）、贺兰军（平吉堡）、顺州（青铜峡市邵岗镇西），折向西经旧丰安军（中宁县石空镇西）、郭家渡、雄州（中卫市）、柏罗口（甘塘），再折向西北至西凉府（甘肃武威）。从兴庆府至此980里。然后沿河西走廊经甘州（张掖市）、肃州（酒泉市）、瓜州（安西东南）、沙州（敦煌市）

出古玉门关（敦煌市西北小方盘古城）。河西走廊各州，皆属西夏重镇，多数设有监军司。玉门关再西，即属回鹘境土，可经天山南北两道抵西域各国。这条驿道在西夏境两千九百余里。

西夏通辽直路 西夏时期丝绸之路东段的一条支线。1021年，辽国册封李德明为尚书令、大夏国王。西夏向辽称臣，每年除岁贡，还有8个节日都要派使臣携带大量贡奉物资至辽都临潢府（内蒙古巴林左旗南）。而辽国每年也有"岁赐"物资运往西夏。至于两国间的信使往来，更是长年不断。因此，辽夏之间于1021年开辟了一条直路。《辽史·地理志五》河清军下的原文是："西夏归辽，开直路以趋上京。""西夏归辽"，是指1021年李德明向辽称臣，辽册封其为"尚书令、大夏国王"。从兴庆府直达临潢府，全程近3000里。直路（或称直道）就是线路相对较直的大道，在地图上如同一条直线。在《西夏地形图上》，通辽直道实际只有兴庆府到辽国的河清军（内蒙古鄂尔多斯市，旧名东胜）一段是笔直的，长度约980里。具体走向为：兴庆府向东30里，在顺化渡（当代称横城渡，今建银川黄河大桥）过黄河，然后向东北径直穿过鄂尔多斯草原，沿途共设13个驿站，站间相距约70里。其站名依次为：马练驿、奈里平、吃罗驿、启哆驿、卒李驿、瓦井驿、布袋驿、连袋驿、陌井驿、乳井驿、咩逼驿、梁唛驿、横水驿。在《西夏地形图》上，13个驿站一字排开，宛如一条直线。有了这条驿道，辽国得益最大，与西域各国往来，可以经过兴庆府直达河西走廊，比使用漠北的沙碛之路要好走得多。后来金灭辽，把中都迁到今北京市郊，这条驿道的北段随之改线，但西夏境内的直道仍在使用。

六盘山路 元朝废弃唐代以前的长安至凉州南北道，将丝绸之路改线：从长安西北行，经咸阳、乾县、泾川、平凉，进入宁夏后，在泾源县六盘山镇瓦亭村折向西，越过六盘山，经隆德入甘肃静宁，再经定西、榆中等地至兰州，然后归入河西走廊通西域。清代入新疆，也沿用此路，使用至近现代，称"陕甘大道""西兰公路"。宁夏境内仅150里，元代设瓦亭驿、德顺州驿，十分繁忙，各有驿马百余匹，仍不敷使用。明代继续沿用。清代为中原通新疆大道。其中的六盘山越岭线约30里，道路盘山而上，曲折险峻，故《宣统固原州志》称其为"六盘鸟道"，并绘有一幅《六盘鸟道图》。图上分别绘有大车道和只通行人牲口的"骑路"。

六盘山—水洛城路 《金史·张仲彦传》载：金灭北宋后，于正隆年间在汴梁建新都，派人采伐木材。原北宋德顺军（隆德县城）知军、降将张仲彦对六盘山地形较熟，其侧有青峰山，古木参天，唐宋以来不通道路。张仲彦遂开"六盘山水洛之路"，"构崖驾壑，起长桥数十里，以车运木，若行平地"。此路起自今隆德县六盘山西侧，止于甘肃省庄浪县（宋代有水洛城），即今隆庄公路。

镇戎军—西安州驿道 北宋元符二年（1099年）七月二十七日始设，起自镇戎军（固原市原州区），经石门驿、秋苇驿，止于西安州（海原县西安镇）南牟驿，长约200里。

宁夏镇—陕西驿道 明代宁夏最重要的驿道。起自宁夏镇在城驿（南关内东侧），向东南经河西寨（永宁县通桥之东），东渡黄河，折向南至高桥儿驿（灵州定朔门内大街东侧），以上计90里；西南40里大沙井驿；南60里石沟驿；南70里小盐池驿（今盐池县惠安堡镇老盐池村）；南经惠安堡、隰宁堡至萌城驿95里。再南10里即今宁甘省界，然后过环县、庆阳、宁县入关中，终点为陕西都指挥使司。驿道在今宁夏境内共365里，设6个驿站，由一名驿丞常驻大沙井驿管理。沿途又设7个递运所，主要任务是转运军用物资，派两名镇抚常驻河西寨递运所管理。各驿站、递运所编制军丁110—190人不等，全部以军卒充役，设百户1员管理。15个驿、递，总计有军丁1600余人。嘉靖十九年（1540年），都御史翟鹏在奏疏中说："宁夏自在城驿渡河而南……南接环庆、省城，以上京师；西通固静临巩，以至甘肃，不时传报军情，转运军需器械，递送公文，供应往来人马，差役浩繁，日不暇给……"

宁夏府西路厅驿道 是清代宁夏府西通省城兰州的驿道，在中卫设西路厅管理，故名。从平番县（今甘肃景泰县）三眼井驿向北，120里入宁夏境之营盘水驿，折向东经三塘水、长流水两驿至中卫西路厅，再沿黄河外侧经胜金关、渠口、大坝、王铉驿至宁夏在城驿，境内驿程570里，设9个驿站，各站配驿夫15—42人不等，备驿马30—60匹不等。

宁夏府南路驿道从西路厅驿道的渠口驿南渡黄河，经宁安、沙泉、同心、李旺、三营5驿抵固原州永宁驿。永宁驿再南，至瓦亭驿接陕甘驿道。全程560里。其中瓦亭驿规模最大，配驿夫28人、驿马45匹。又设瓦亭递所，配运夫30人及人力车若干。

宁夏历史上独具特色的五座老桥

（原载《宁夏史志研究》2020 年第 6 期）

中国古代的传统桥梁建筑工艺，在世界各国独领风骚。宁夏南北，河流不少，尤以沟渠为多，所以桥梁也多。明清地方志中，记载宁夏平原跨渠桥梁 50 余座。1936 年出版的《宁夏省水利专刊》，记有各渠桥梁 100 多座。其中，多数为简支木梁桥或便桥，技术含量不高。纵观宁夏桥梁史，技术含量高且具有特色的老桥，有以下 5 座。

一、凿石铸金永通桥

位于明代宁夏镇城南薰门（今银川市南门）外、今银川市南门广场之南约 500 米处，南北向跨红花渠。明成化二十一年（1485 年）由都御史崔让主建，并撰《永通桥记》，载《嘉靖宁夏新志》卷一"桥渡"。全文很长，约 1100 字，现节录于后：

永通桥……桥距夏城之南仅里许……相传创自国初，惜作者无文字可稽。前人疏黄河水灌田，分流其下，即红花渠是也，厥地势就卑，每夏秋之交，加以流潦激患，与路旁明水湖混为巨汇……成化乙巳，余奉命巡抚宁夏……爰命工调役，凿石铸金，炼灰刊木，券砌一大空。上分三衢，界以石槛，柱端饰以小石狮三十有二，两末各翼大石狮八。南北长五丈，广称之……桥之南，构坊牌三楹……

此桥为单孔石拱桥，长五丈，约合16.7米。宽度未记载，估算在12米左右。桥面用石栏分为3个通道，每个通道净宽不到4米：中间为重要官员通道；东面为出城通道；西面为进城通道。4道石栏，每道石栏的4个石柱上，各雕凿石狮1尊，共32尊小石狮。石栏的南北端，各置放大石狮1尊，共8尊。桥南立牌坊3道，雕龙绘凤，以油漆着色，视之金碧辉煌。最南的牌坊上书金字"迎恩"。中间的牌坊题黑字书桥名"永通桥"。

《永通桥记》表明，这座桥的结构为石砌拱桥，建造时"凿石铸金，炼灰刊木，券砌一大孔"。短短13字，记录了这种桥梁的建筑特色：系单孔拱桥，用木模、石料、石灰砌拱；相邻的石料衔接处，凿成燕尾形缺口；两块石料的缺口相对，组成一个孔洞；以生铁熔汁灌入孔洞，冷却后即可将石料连接锁固。这种技术叫"腰铁连接法"。著名的河北赵州桥（在今石家庄市赵县），建于隋朝，即使用这种石料连接锁固工艺。有人作过试验，孔洞中灌进1000多度的高温生铁汁，石料马上就会炸裂。古人到底用什么工艺确保石料不至开裂，至今仍是个谜。

二、形势凌虚安安桥

此桥为大型石拱桥，修建在明代的固原城南，即今之南河滩，跨清水河。《宣统固原州志》有简短文字记载："桥上廛市林立，下有瓮洞，遥而望之形势凌虚。"同治年间毁于战火。结合当地实际情况，可以推断桥的规模和建筑特色。

第一，桥长。此桥跨清水河，在此较宽，其桥址一直保持有桥，1950年重建公路桥，长度为124米。古桥稍短，但不会少于100米。

第二，结构。"下有瓮洞"，说明是一座石拱桥，石砌桥墩，而且较高。

第三，桥型。"桥上廛市林立"，形成市场，说明是一座廊桥，桥上有木结构的覆瓦建筑物，遥望"形势凌虚"，可以防晒挡雨。这种结构，也容易毁于战火。

三、伸臂木梁山河桥

有两座：上山河桥在宁安堡通寺口子道上，跨寺口水，即今中卫市沙坡头区旅游景点寺口子东侧；下山河桥在中卫宣和堡红崖子东（今名宏爱村）、中宁古城岔口之西，跨清水河。两座山河桥均在宁夏府通兰州的驿道上，始建年代不详，按驿道开通时间推测，应在康熙四年（1665年）。乾隆二十年（1755年），均按同一结构重修。《乾隆中卫县志》卷四记载："其桥皆因崖岸垒石作基陛，节节相次。排木纵横接比，更为镇压。对岸俱相赴中去三四丈，并大材以板横次之，外施钩栏，悬空而行"。这是一座唯有中国才有的"伸臂木梁桥"，因为像伸出的两只手握在一起，故又名"握桥"。建桥方法是：先将两岸崖壁凿成阶梯雏形，然后以石料砌成阶梯状的基础；每层基础压一排略微上翘的方木；下层方木最短，以上一层更比一层长，层层向河心挑出；待到两岸挑出的方木相距三四丈时，再搭一排长木作为梁；最后在两侧作好钩栏，一座没有桥桩的悬空桥便架设成功。这座桥所跨清水河，在当地被称作"山河"，河中水流湍急，100余米长的河道，就有两道瀑布。当时没有钢筋水泥等材料，这里既无法建桥墩，也无法立木桩，为了克服跨径大与材料抗弯强度的矛盾，所以采用一种特殊的结构，运用我国古代建筑"斗拱"层层挑出的原理，既增加跨度，又可缩小主梁的长度。著名桥梁专家茅以升的《桥梁史话》，就专门介绍了这种独具匠心的桥梁结构（地点误记在惠农区境内）。按《朔方道志》记载，光绪八年（1882年）曾在此另建新桥，当时伸臂木梁桥已坏。

四、石坎凿成瓮洞桥

在清代的下山河桥位置，即今中卫宣和堡宏爱村跨清水河之处，民国年间一直建有木梁桥。宁夏出现汽车之后，这里是宁（夏）兰（州）公路上的孔道，一遇山洪，木桥便被冲毁，年复一年，随毁随修。抗日战争时期，当时宁夏省所管的磴口县至乌加河一带，成为绥西抗日前线，所需枪械、弹药等军需物资，都从兰州启运，山河桥是必经之地，故亟待建一座永久式钢筋混凝土桥。但是，当时一切材料都要首先保证军用，钢材、水泥尤为紧缺。而这里河宽水急，又有两道 6—10 米高的瀑布，所以不能采用桥墩、桥桩。1943 年夏，几个常年护路的路工队队员，想出个奇招，解决了这道难题。具体办法是：在形成瀑布的隆起石梁底部，开凿一个高 3 米、宽 2.4 米、进深 7 米的隧洞，形如瓮洞，让河水从洞中宣泄；将石梁顶部凿平，变成宽 3 米多的公路路面。这样，一座"瓮洞桥"就建成了，竟然比永久式桥还要坚固，多年不需大中修，缺陷是只能供 1 辆车单向通过。我 1984 年到现场调查，此桥仍在使用，桥上正有一辆载重 8 吨的解放牌拖挂车通过，拍摄了一张黑白照片。当地老乡介绍，只有清水河特大山洪暴发时，山洪高于桥面，才断绝往来，但洪峰一过，立刻恢复交通。在干旱少雨的宁夏，这种情况极少，几年才能遇上一次。而近 30 年中，这样的洪峰一次也没有。所以，瓮洞桥竟然使用了 47 年。直到 1990 年，因其宽度达不到等级公路标准，才另建 90 米的钢筋混凝土拱桥一座，仍名"山河桥"。那座奇特的瓮洞桥依然静卧着，与新桥形成巨大反差，组成宁夏交通巨变的历史画卷。

五、长虹卧波铁便桥

青铜峡大坝下游 1130 米处，今天仍能看到一座铁桥，如虹桥卧波，构架在黄河干流上。这是一座有60年历史，专为青铜峡水利枢纽工程便利材料机具、设备运输及人员往来而架设的老桥。虽是黄河宁夏段的第一座桥梁，但按临时性铁路便桥设计，交通、铁路部门都不纳入桥梁统计数。所以，介绍这座桥梁的书刊、文章极少。旅游、文物部门有过简略介绍，但都不准确。我1982年作过调查，查阅过设计图纸，所以手中资料比较准确。

1958年秋，黄河青铜峡水利工程局为解决水利枢纽工程的运输问题，决定从包兰铁路青铜峡火车站往河东修建临时铁路线一段。其中，有跨河便桥一座，水利工程局发包，由兰州铁路局桥梁工程队承包施工。是年11月7日开工，1959年6月30日竣工，9月12日经青铜峡水利工程局验收委员会及兰州铁路局共同验收并交付使用。

便桥长292.28米，宽4.6米。共7孔，下部为临时性桥墩，埋设木桩，以片石木笼为基础。中间3个墩迎水一面做成尖锥体以破冰凌。上部结构：两个端孔架设48米长的下承穿式钢质桁架梁，由加拿大生产；中间5孔架设32米长的下承半穿式钢质桁架梁，为英国军用产品（舟桥部队专用）。桥面铺设1435毫米轨距的单行铁路线。为了能行驶汽车，又用木板铺设3米宽的行车道；两侧各设0.8米宽的人行道。因木材较多，桥上布设消防系统，桥两端设岗亭值守。因系单行线，两端又有专人执旗指挥车辆。

青铜峡水利枢纽工程竣工后，水电部第三工程局将铁便桥移交地方使用，停止通过火车，供汽车、行人来往使用，由吴忠养路段管理。由于6个桥墩全部是片石木笼，河水掏空笼底，每年要多次大量抛石护基，后增设片石铅丝笼围护。至1984年，所有木笼均呈悬空状态，笼底距河床尺度最小为0.77米，大者过1米，故列作危桥。此后10年，每年耗资数十万元维修，也为物资流通发挥了重要作用，1986年平均日交通量达到3358车次。这对于一段低速通过的单行线而言，是一个了不起的数字。1991年青铜峡公路大桥通车后，才禁止大型车辆通行。2000年后，禁止一切机动车通行，现已列为市级文物保护单位。

刁雍开发黄河水利事业的创举

本文的黄河水利包括引水灌溉和长途水运两个方面。河套地区的引黄灌溉始于秦汉，但有详细文字记载的，只有北魏刁雍所修"艾山渠"。此渠通水两年，银川平原的河西就"仓库盈羡"，只好平地积谷。于是，魏太武帝拓跋焘又诏令刁雍从四郡调集五千辆牛车，将 50 万斛粮食调至沃野镇以供军需。刁雍改陆运为水运，一冬造船 200 艘，开创黄河上游大规模水运。此后，河套地区近 900 公里的天然航道延续使用 1500 多年。因此，刁雍对开发黄河水利功不可没。

一、刁雍其人

刁雍（390—484 年），字淑和，渤海郡饶安（今河北盐山县）人。北魏大臣、东晋尚书令刁协之曾孙，在建康（今南京市）长大。伯父刁逵曾因刘裕借钱不还对其羞辱。刘裕灭东晋称宋武帝后，杀刁氏满门。刁雍只身逃至后秦，为太子中庶子。后秦灭亡，随司马休之投奔北魏，假建义将军，又假镇东将军、青州刺史、青光侯。延和中，任平南将军、徐州刺史，赐爵东安侯。太平真君初，授征南将军、徐豫二州刺史。太平真君五年（444 年），迁任薄骨律镇（今吴忠市利通区）镇将。兴光二年（455 年）奉诏还都，拜特进，太和八年冬卒，享年 95 岁。《魏书》卷三十八《刁雍传》的评价是：雍性宽柔，好尚文典，手不释书，明敏多智。凡所为诗赋颂论并杂文，百有余篇。又泛施爱士，怡静寡欲。笃信佛道，重视家教，著教诫二十余篇，以训导子孙。

刁雍在薄骨律镇任镇将 11 年，办了两件大事，一是修建艾山渠，发展农业，使银川平原成为著名的粮食生产基地。二是造船二百艘，开创黄河长途水运。这两件大事，在《魏书·刁雍传》中都有详细记载。由于对后世影响深远，许多古籍如《元和郡县图志》《太平寰宇记》《古今图书集成·漕运部》都全文转载。

另外，唐《元和郡县图志》卷四回乐县下，还记有薄骨律渠："在县南六十里，溉田一千余顷。"这条渠道在黄河以东，"县南六十里"是指渠口位置，约今秦渠渠首下游 4 公里。规模较小，记载的灌溉面积是唐代一千余顷，约合今 5.34 万亩。既叫薄骨律渠，极有可能是刁雍在古渠基础上重修。

二、刁雍修渠

薄骨律镇是北魏政权在北方"鲜卑故地"所设 9 个军镇之一，治今宁夏吴忠市利通区古城镇，辖今宁夏北部和中部，为军镇合一机构，不领郡县，到北魏后期才改置为灵州。地处富饶的黄河冲积平原，在秦汉时已进行大规模农业开发。可是，从东汉后期到十六国时期，朝廷无力控制，沦为羌、匈奴、鲜卑牧地，渠道淤塞，农田荒废。北魏统一黄河流域后，才设立军镇管理。太平真君五年（444 年），刁雍到镇任职。简行巡访，见官渠无水，农田荒废，军民口累，率皆饥俭。深入查勘，发现有古高渠，渠道崩塌，渠口已高于黄河水面二丈三尺，不能进水。刁雍遂上奏朝廷，请求在艾山南麓、黄河北岸重新修建渠道。

（一）奏书原文

臣蒙宠出镇，奉辞西藩，总统诸军，户口殷广。又总勒戎马，以防不虞，督课诸屯，以为储积。夙夜惟忧，不遑宁处。以今年四月末到镇，时以夏中，不及东作。念彼农夫，虽复布野，官渠乏水，不得广殖。乘前以来，功不充课，兵人口廪，率皆饥俭。略加检行，知此土稼穑艰难。

夫欲育民丰国，事须大田。此土乏雨，正以引河为用。观旧渠堰，乃是上古所制，非近代也。富平西南三十里，有艾山，南北二十六里，东西四十五里，凿以通河，似禹旧迹。其两岸作溉田大渠，广十余步，山南引水入此渠中。计昔为之，高于水不过一丈。河水激急，沙土漂流，今日此渠高于河水二丈三尺。又河水浸射，往往崩颓。渠溉高悬，水不得上。虽复诸处案旧引水，水亦难求。今艾山北，河中有洲渚，水分为二。西河小狭，水广百四十步。臣今求入来年正月，于河西高渠之北八里，分河之下五里，平地凿渠，广十五步，深五尺，筑其两岸，令高一丈。北行四十里，还入古高渠，即循高渠而北，复八十里，合百二十里，大有良田。计用四千人，四十日功，渠得成讫。所欲凿新渠口，河下五尺，水不得入。今求从小河东南岸斜断到西北岸，计长二百七十步，广十步，高二丈，绝断小河。二十日功，计得成毕，合计用功六十日。小河之水，尽入新渠，水则充足，溉官私田四万余顷。一旬之间，则水一遍，水凡四溉，谷得成实。官课常充，民亦丰赡。

诏曰："卿忧国爱民，知欲更引河水，劝课大田。宜便兴立，以克就为功，何必限其日数也。有可以便国利民者，动静以闻。"[①]

（二）原有废渠

刁雍"观旧渠堰，乃是上古所制，非近代也"。接着又说"似禹旧迹"。《史记》中的大禹治水，只是传说，即便修了渠，也不可能保存20多个世纪。宁夏引黄古灌区最早的渠道，有准确文字记载的始于东汉中期。永建四年（129年），尚书仆射虞诩上《复三郡疏》，"书奏，帝乃复三郡。使谒者郭璜督促徙者，各归旧县，缮城郭，置候驿。既而激河浚渠为屯田，省内郡费岁一亿计"②。虞诩所言三郡，包括北地郡、上郡、安定郡，只有位于银川平原的北地郡有"激河浚渠"的条件。刁雍所见废渠，长120里，渠口在青铜峡峡口之下的黄河西岸。而唐代《元和郡县图志》在灵武县下所记汉渠，渠口在灵武县南50里。③唐灵武县在今青铜峡市邵岗镇，也在河西。其南50里，为汉渠口，与刁雍所见废渠口吻合。因此，刁雍修渠所利用的80里废渠，当是汉代所修。而此时，废渠的渠口，已"高于河水二丈三尺"，所以不能引水。

（三）新渠位置

刁雍所选新渠的渠口位置在艾山之北。"富平西南三十里，有艾山，南北二十六里，东西四十五里。"富平即汉代的北地郡富平县城，在今吴忠市利通区金积镇。其西南30里，即今牛首山。又说山的范围南北26里、东西45里，显然，艾山不但包括黄河东岸的牛首山，还包括西岸的青山。旧渠口的位置也在西岸，约今青铜峡大坝之下，刁雍所选新渠口的位置，在其北8里，到了大坝之上6里。此处黄河主流在东，岔河在西。刁雍所选渠口位置，即在西岔河。今青铜峡大坝上游至一百零八塔为6.2公里。也就是说，刁雍所修渠口位置在二者之间。这条西岔河在1958年前仍然存在，此前的唐徕渠渠口，就在一百零八塔下方截西岔河引水，1960年青铜峡大坝合龙蓄水才被淹没。

（四）主要工程

第一项工程是修建新渠口，必须有进水闸。当地石料多，可以就地取材。

第二项工程是筑坝抬高水位。渠口高于西岔河水位五尺，所以要筑坝抬高水位，"从小河东南岸斜断到西北岸，计长二百七十步，宽十步，高二丈，绝断小河。二十日功，计得成毕，合计用功六十日。小河之水，尽入新渠，水则充足"。古代的"步"，为长度计量单位，即双腿各迈一次的长度，大约合今1.3米。这道堤坝，约长351米，宽13米。坝的高度选取二丈，在枯水时拦高水位，洪水时则成为滚水坝，多余的水可翻过坝顶下泄。

第三项工程是沿山脚开凿 40 里新渠道："平地凿渠，广十五步，深五尺，筑其两岸，令高一丈。"

第四项工程是修复旧渠 80 里。当然，还要修复许多支渠、斗渠，才能引水入田。

（五）灌溉效益

艾山渠共长 120 里，《刁雍传》说可"溉官私田四万余顷"。古代以百亩为一顷，四万余顷就是四百万亩。北魏的一亩合今多少，史学界尚无定论。参考唐亩合今 0.5434 亩计算，也有 217 万亩，数字太大。疑是"四千顷"之误，合今 22 万亩，与《元和郡县图志》所记汉渠的灌溉面积相同。按每亩产粮 2 石（53 公斤）计，年产粮 44 万石。艾山渠修于太平真君五年，次年发挥效益，使银川平原的河西粮食连年丰稔，除了供应本镇，第二年将 50 万斛存粮调出。到第四年，艾山渠所在的河西，更是仓库满盈，平地积谷。不得已，刁雍又上奏朝廷，请求修建薄骨律仓城，帝诏准并赐名刁公城。但刁雍为人低调，仓城建好，并未用"刁公城"之名，而是召内地汉民到此垦殖，命名宏静镇，俗称"汉城"。这个汉城，与郦道元《水经注》所记西汉的"汉城"是不同的两个地方。西汉的"汉城"本名上河城，是冯参为上河典农都尉所筑，在南典农城（今青铜峡市邵岗镇）之北，即今永宁县西南。冯参招内地汉民到此垦殖，故"世谓之汉城"。

刁雍所置宏静镇，隋唐之际发展成为弘静县，又名保静县，县城距黄河三里，即今永宁县望洪镇，是当时灵州的农业大县，所产粮食"足以供军储"。

刁雍又将当地的农业生产总结成"节水灌溉法"，即每旬（十天）灌水一遍；灌水四遍，谷地成熟。这种灌溉方法，一直沿用到现代。

三、刁雍造船运粮

修建艾山渠大获其利，除了供应本镇，第二年就有大批余粮存积。于是，魏太武帝又诏令刁雍，用牛车将 50 万斛余粮调往北边以供军需。刁雍上奏书，要求改为造船水运。

（一）奏书原文

七年，雍表曰："奉诏高平、安定、统万及臣所守四镇，出车五千乘，运屯谷五十万斛付沃野镇，以供军粮。臣镇去沃野八百里，道多深沙，轻车来往，犹以为难，设令载谷，不过二十石，每涉深沙，必致滞陷。又谷在河西，转至沃野，越度大河，计车五千乘，运十万斛，百余日乃得一返，大废生民耕垦之业。车牛艰阻，难可全至，一岁不过二运，五十万斛乃经三年。臣前被诏，有可以便国利民者动静以闻。臣闻郑、白之渠，远引淮海之粟，溯流数千，周年乃得一至，犹称国有储粮，民用安乐。今求于牵屯山河水之次，造船二百艘，二船为一舫，一船胜谷二千斛，一舫十人，计须千人。臣镇内之兵，率皆习水。一运二十万斛。方舟顺流，五日而至，自沃野牵上，十日还到，合六十日得一返。从三月至九月三返，运送六十万斛，计用人功，轻于车运十倍有余，不费牛力，又不废田。"诏曰："知欲造船运谷，一冬即成，大省民力，既不费牛，又不废田，甚善。非但一运，自可永以为式。今别下统万镇出兵以供运谷，卿镇可出百兵为船工，岂可专废千人？虽遣船匠，犹须卿指授，未可专任也。诸有益国利民如此者，续复以闻。"④

（二）造船地点

对这个问题，史学界有多种看法。林业史学家陈加良先生认为，是利用六盘山所产松木造船；造好后由清水河顺流而下"漂送空船入黄河"[⑤]。北京大学历史地理学家王北辰先生也认为是在六盘山地区造船，当时的高平川水，"足以航行载重二千斛的大舫"[⑥]。而宁夏著名经济地理学家汪一鸣先生认为，"造船地点应在黄河岸边"[⑦]。

汪先生的看法是正确的，理由有三：第一，《魏书·刁雍传》已明言在"牵屯山河水之次"，即黄河靠近牵屯山的河边造船。第二，古代的清水河，水量再大也无法通过载重过一千斛的木船。清水河流域降水集中在7月至9月，水量虽大，但常为山洪，破坏力极大。其他月份水量很小，入冬即结冰断流。刁雍造船在冬季，怎么行船？再说，清水河有多处跌水，流到距黄河10余公里，还有一道瀑布，北宋绘制的《西夏地形图》，标其名为"吴仁瀑"。今天在中宁通往中卫宣和堡的山河桥南侧，仍有一瀑布存在。但是，汪一鸣先生认为刁雍是在牵屯山伐木、然后将木材运到黄河边造船，这种说法也不切实际。我是学水运的，1960年在宁夏航运公司石嘴山造船厂技术室工作，该厂所造全部为木船。当年采伐的木材是不能造船的，一定要用干透的木材。道理很简单：干木材造船，下水之后木材吸水膨胀，可以消灭船板之间的小缝隙。而湿木材造船，刚好相反，木材变干变形，会使缝隙增大造成漏水。

那么，造船地点"牵屯山河水之次"又如何解释呢？牵屯山之名，多次出现于《魏书》《周书》《北史》的北朝史籍中，多数学者考订在六盘山北陲，即今中卫市海原县境内。牵屯山再北，最大的山即今中卫市的香山，就在黄河南岸。香山在《水经注》中叫麦田山，此后至元朝叫什么山，各种史籍缺载。刁雍造船在《水经注》成书之前70多年，所以将香山当作牵屯山的余脉。因此，刁雍造船的地点，疑在今中卫市沙坡头区黄河南岸的香山脚下。冬天造这么多船，须有很宽阔的场地。船造好，要下水停泊。宁夏境内的黄河，只有中卫市以上不流凌封冻。当地的下河沿，就满足这些条件，而且有很好的锚地，20世纪50年代曾是宁夏航运局国营船队的驻地。

（三）所造船型

刁雍所造船200艘，"一运二十万斛"，说明其载量为一千石。后文的"一船胜谷二千斛"，应为"一船胜谷千斛"。北朝的"斛"即"石"，为容量单位，一石粟约合今26.5千克。照此计算，刁雍所造之船，载重量为26.5吨，满载吃水约1米，比近代宁夏广泛使用的七栈船（满载32吨）略小。在航行中，使用"二船为一舫"。由于刁雍年轻时生长在建康（今南京市），造船的又都是江南船匠，按吨位及船型分析，所造之船应属唐代以前的江苏"如皋木船"，中国航海博物馆有按出土文物制作的模型，船身修长，肥瘠系数（宽长比）小，在黄河中行驶，稳定性稍差，因此在使用时采取两船并为一舫。

（四）水运的巨大优势

本来，魏太武帝的诏书已明确抽5000辆牛车陆运，但刁雍改作水运，并对比了水运和陆运的优劣：

陆运费人、费牛，牛车5000辆，至少要用5000人、1万头牛。而水运只需千人，还省去万头耕牛。

陆运需要三年时间，水运半年即完；陆运路多深沙，难可全至，还要两次越渡黄河，每车只能装载粮食20石，往返一次需要100多天。水运每船载谷1000斛，200艘船一次就运20万石，顺流而下，日行160里，5日即可到达；返回拉纤逆水而上，计需10日。加上装卸、休整，一运也不会超过60日，可基本保证全数到达。

刁雍还未对比水陆运输消耗的巨大差异。古时千里行程，运斗米食斗粮。历朝一般规定，戍卒、役丁日给米二升。长途运输的牛，也要加料，每天至少1升。5000名运夫、1万头牛，每天要吃掉200石粮食，3年就是21.9万石。而水运只需1000人，半年才耗粮3650石。

陆运要从安定郡、高平镇、统万镇征调牛车和耕牛、车夫，没有半年完不成，最近的1200里，最远的1600里，征调的车夫，背井离乡。而就地造船，趁冬季黄河封冻即可完成，只需数百工匠，少去很多麻烦。

（五）对后世黄河水运的影响

刁雍开创黄河上游大规模长途水运的先河，并实现了"永以为式"。刁雍首创时，起运点在薄骨镇的黄河西岸，即今青铜峡市叶盛镇附近，卸货点沃野镇，在今内蒙古五原附近，航程800余里。80多年后，高平农民起义军围攻灵州（原薄骨律镇改，治所在今吴忠市古城湾），灵州守将贾显度见无法抵抗，便令守军、官吏及5000富户登船，顺流而下抵达秀容，[⑧]即今山西省的忻州市西北，航道又延伸了500多公里，已进入黄河的中游。

到唐代，河套地区的水运对军事、经济都具重要意义。唐初在灵州置重兵防御突厥，军粮都从北都（山西太原市）购进，然后装船溯河而上运至灵州。唐武德七年（624年），朝议备边之事，将作大匠于筠提出在灵武、五原的黄河上布设水师，防止突厥渡河南下。唐高祖李渊予以采纳，"召江南船工大发卒治战舰"[⑨]。开元九年（721年），又在朔方节度使之下专设水陆转运使、六城水运使，管理黄河水运。

元朝忽必烈定都大都（北京市）后，宁夏黄河水运又进入一个崭新时期。忽必烈不但派大科学家郭守敬探测黄河航道，还下诏建立黄河水驿。中统四年（1263年）七月一日，这条黄河水驿开通。它南起应理州（今宁夏中卫市），东北止于东胜州（内蒙古托克托县），全程1700余里。备驿船66艘，水手240人，建驿站10所。其中属西夏中兴府路的驿站7所，东胜州3所。各站起置馆舍，划拨"种养"土地，被褥器具一应俱全。每站拨给牛十头祇应差役，羊100只备过往官员、使节食用。[⑩]

清康熙三十六年（1697年）第三次亲征噶尔丹，大军所需粮食，都从宁夏装船，顺流运至白塔（包头）交付，负责运输的大臣为左都御史于成龙。实际征调运输船只共103艘，每船装米30余吨，共约4000吨。又调集木帆船供"御驾"使用。出征大军上路后，康熙及其随行的王公大臣、侍卫，包括皇长子及宰相明珠等，于闰三月十五日在今银川市横城登船北上，约期到白塔登岸给出征将士送行。供"御驾"使用的船只又有101艘，其中"楼船"3

艘为康熙及近臣专用，两条大船专载上驷院的御马。[11]

到民国初年，有 700 多艘木帆船行驶在宁夏中卫到包头的黄河中，水运的货运量，已占宁夏全省进出境物资的 70%。中华人民共和国成立后，水运仍在发挥主导作用，直到 1958 年 8 月 1 日包兰铁路通车。1960 年，因青铜峡水利枢纽大坝合龙，内蒙古三盛公水利枢纽建成，都无过船设施，兴盛 1500 多年的黄河水运，到此中断。

注释

[1][4]《魏书》卷三十八《刁雍传》，中华书局，1974 年，第 867 页。

[2]《后汉书》卷八十七《西羌传》，中华书局，1965 年，第 2893 页。

[3]李吉甫：《元和郡县图志》卷四，中华书局，1983 年，第 95 页。

[5]陈加良，文焕然：《宁夏历史时期的森林及其变迁》，《宁夏大学学报（自然科学版）》1981 年第 1 期。

[6]王北辰：《固原地区历史地理述要》，《宁夏史志研究》1986 年第 2 期。

[7]汪一鸣：《北魏刁雍造船地点考辨及其它》，《宁夏大学学报（自然科学版）》1987 年第 4 期。

[8]《魏书》卷八十《贾显度传》，中华书局，1974 年，第 775 页。

[9]《新唐书·突厥上》卷二一五，中华书局，1975 年，第 6032 页。

[10]《永乐大典·站赤》卷一九四一七转引《经世大典》。

[11]《古今图书集成》第 159 册《亲征平定朔漠方略纪要》，第 20 页。

宁夏古代的雄关

一夫当关，万夫莫开。古时在重要交通线的必经之地或险要处修建城池，以保护和控制交通命脉。这种据险而守的要塞，即称之为关。大凡关都利用山形地势构筑关城。其城墙高大坚固，至少两道城门，使道路穿城而过。城两翼再各筑一道高墙通向险峻的山岭。城墙上都有女墙和垛口，以便士兵巡防、作战。这样，过往行人就必须经过关门接受盘查。关城内建房舍，常驻士兵防守。所以，关的作用，主要体现在交通和军事两个方面。宁夏为丝绸之路的咽喉之地，又是关中北面捍蔽，六盘山脉（古时统称陇山）绵亘于南，贺兰山脉纵贯于北。山如龙盘，关似虎踞，控制着各条大道的咽喉。

一、汉萧关

萧关之名，首见于《史记·孝文本纪》卷十，但比较简略："十四年冬，匈奴谋入边为寇，攻朝那塞。"《史记·匈奴传》卷一百一十则很详细："汉孝文皇帝十四年，匈奴单于十四万入朝那萧关，杀北地都尉卬，虏人民畜产甚多，遂至彭阳。使奇兵入烧回中宫，候骑至雍甘泉。于是文帝……大发车骑往击胡。单于留塞内月余乃去，汉逐出塞即还，不能有所杀。"秦朝史料中尚未发现"萧关"一名。所以，有些著述"秦汉萧关"的提法尚缺证据，称"汉萧关"比较准确。

汉萧关是西汉护卫京畿的雄关，十分重要。东晋的徐广曾在《史记音义》中解释"关中"这个区域性地名，源于"四关之中"：东面函谷关（河南省灵宝市东北），西面散关（陕西省宝鸡市西南），南面武关（陕西省丹凤县东南），北面萧关。西汉从建立到汉武帝之时，其威胁主要来自北方的匈奴，加之张骞"凿空"后开始与西域各国频繁交往，所以，这四关之中，又以萧关最为重要。

对萧关的具体位置，迄今有多种说法：一是瓦亭说。以唐代的杜佑、宋代的曾公亮、宋元之际的胡三省为代表。二开城说。今人以唐代李吉甫《元和郡县图志》的"原州东南三十里"[①]为据，考订在固原市开城镇。三是甘肃镇原西北说。以顾祖禹为代表。此外，一些地方志还有甘肃庆阳、环县等说法，不一一列举。以上诸说中，甘肃庆阳、环县说无任何根据，应首先摒弃。顾祖禹《读史方舆纪要》卷五十八将汉萧关错列在甘肃镇原县"西北百四十里"，错误的根源在于将唐原州（宁夏固原）与宋原州（甘肃镇原）混淆，又按唐萧关县（今海原县李旺）去考证汉萧关，故此说亦应否定。开城说虽有唐代名著为根据，但此处地势开阔，无险可守，又不在西汉朝那县境，似难成立。余瓦亭一说，依据较多。首先是胡三省注《资治通鉴》，直接引用"杜佑曰：瓦亭关在唐原州之萧关。萧关，汉朝那县地"[②]。曾公亮在《武经总要》说得更直接："瓦亭关，汉朝那县地，古萧关也。"[③]宋代的瓦亭关遗址尚存，其瓮城保存完好，就在今泾源县大湾乡的瓦亭村，其北侧的牛营，就是东汉初"牛邯军瓦亭处"。瓦亭控颉河上游，古道沿河而下即陇东第一险隘——三关口，古名弹筝峡。峡北悬崖上，据《宣统固原州志》记载，早年当地老人曾看见有摩崖石刻"萧关锁钥"4个大字。清道光三十年（1850年）正月初一，清廷户部主事董醇路过三关口，还看见这4个正书大字刻于北壁，并写入《度陇记》中。东汉人应劭曾说："回中在安定（甘肃泾川）高平，有险阻，萧关在其北"[④]。这里的"险阻"，显然是指三关口。瓦亭正好在三关口之北，古道沿河谷走仅20里。

萧关的专名"萧"，即艾蒿。三关口东侧的地名，因路旁艾蒿极多，2003年前设蒿店乡，后并入泾源县六盘山镇，至今仍叫蒿店村。上述地理形势、摩崖石刻、文献考证，印证了今之瓦亭即汉萧关之说是正确的。在2000年前，瓦亭属固原县大湾乡，今属泾源县大湾乡瓦亭村。

最后还需说明，历史上有3个名叫萧关的地方，都在宁夏境内：以上为汉萧关。《元和郡县图志》载，唐代神龙三年（707年）置萧关县，上隶原州，南至州180里，即今海原县李旺镇清水河畔，为政区地名。《宋史·地理志》又载，北宋元丰四年（1081年）在今海原县高崖乡草场村筑有萧关城，为军事前沿存储粮草之所，史籍言西夏境土东尽黄河，南接萧关即此，今遗址尚存。盛唐时有数十首吟唱"萧关道"的诗篇，是指唐萧关县境内的一段丝绸之路。

二、唐陇山关

按《大唐六典》卷六记载，唐朝全国共设26个关，分上、中、下3等：上等关共6个，包括原州的陇山关、京兆府蓝田关、华州潼关、同州浦津关、岐州（陕西岐山县）散关、陇州（陕西陇县）大震关。上等关必备条件是在京城四面而且通驿道。朝廷任命关令1人，从八品，职责为"掌禁末游，察奸慝。凡行人车马出入，据过所为往来之节"；中等关13个，原州的木峡关是其中之一。中等关不在京城四面，但必须有驿道通过。其余7个为下等关，关名不详。⑤

陇山关是唐代全国6个上等关之一，其作用、地位与汉萧关相近，所以，张守节《史记正义》说："萧关，今名陇山关，在原州平凉县界"⑥。张守节为唐代史学家，写当代名关，不会有错。据此，可以把陇山关考定在今泾源县大湾乡瓦亭村，即与汉萧关同一地。此地南有弹筝峡，西有六盘关，既在京城四面，又通驿道，还控扼中西交通主线。⑦

陇山关因控扼丝绸之路，属上等关。设关令1人，从八品；丞2人，正九品，协助关令司职；编制士兵若干，行守卫、检查之责。其功能与现代的海关类似。⑧一是"限中外，隔华夷"。检查出入关的中外旅客。外国使节、商人、僧侣入关，必须持有本国的差遣文书，即关防文书。中国人出关，须持有一种叫"过所"的证件，相当于今天的护照。过所在京城由朝廷的各主管部门签发，外地由各州衙签发。居住在关附近的猎户，因为打猎要经常出入关，必须申请一种叫"长籍"的凭证，使用期限为3个月。因公干出关的官吏，如时间超过1个月，则使用行牒。凡朝廷有诏的边官入关，凭所降墨敕，勘验铜鱼、木契等信符后再准入。

二是"设险作固，闲邪正暴"。建造坚固的要塞，踞险而守。"闲"，限制；邪，奸邪之徒；"正暴"就是制止暴力活动。为了查缉逃犯，捉拿可疑之人，入关者要记录官爵、姓名，出关者要记录年龄、相貌。

三是"司货贿之出入"。检查出入关者的行李、货物等装重，发现违禁品，则没收货物并处罚货主。唐朝是开放性社会，正当的商业贸易物资，都不征关税，因此又有"呵而不征"的规定。蕃客（外商）往来，经一关查验，发给查验凭证，其余诸关不再检查。路人拾来交公的"阑遗"（无主之物），则登记造册入库保管。

广德元年（763年），原州和陇右数十州被吐蕃攻占，丝绸之路交通断，陇山关失去"海关"作用，不复存在，以其所在地名称"瓦亭故关"。所以，此后的史籍，都不记陇山关。

三、唐原州七关

唐原州是关中北面捍蔽，又是丝路重镇。而原州又以陇山为屏障，故在山之谷道险隘设关为固，史称"原州七关"。《新唐书·地理志》卷三十七原州之下说："州境又有石门、驿藏、制胜、石峡、木崝等关，并木峡、六盘为七关。又南有瓦亭故关。"这里的七关，是指唐大中三年（849年）从吐蕃手中收复的"三州七关"。"瓦亭故关"即陇山关，不在七关之中。

木峡关　在今固原市原州区张易镇大店村西2公里，即清水河源流的北岸，唐代地名摧（一作堆）沙堡。关城遗迹犹在，东西100米，南北70米，从原州向西南经滴滴沟出木峡关，即可穿越六盘山。山之西地势平坦，再无险隘，沿马莲川、葫芦河向西南，至天水、定西、临洮等地，在唐代是一条驿道。《元和郡县图志》记有驿道里程，南至秦州460里，正西微南至临洮军620里。因此，木峡关属中等关。它在南北朝时已是险关要隘，《周书·文帝纪》卷一记载，北周原州刺史追击侯莫陈悦，军出木峡关。隋初突厥沙钵略可汗带骑兵40万，从木峡关、石门关两路南下关陇抢掠，导致陇东、陇西各州郡"六畜咸尽"。⑨唐木峡关设关令1人，正九品下；丞一人，从九品下；另配士兵若干巡守。

六盘关　位于陇山关（瓦亭故关）之东20里六盘山顶，今泾源、隆德两县交界处建有中国工农红军二万五千里长征纪念馆，其停车广场即六盘关遗址所在。因山路曲仄险峻，六盘始达，故名。六盘关是交通咽喉、兵家必争之地，唐中叶为防御吐蕃东度陇山，设关戍守，有"陇干锁钥"之称。《永乐大典·站赤》转引《经世大典》：忽必烈中统四年（1263年），将传统的中西陆路交通线长安至凉州南北两道合并为一，新线从长安沿泾河北上平凉，至瓦亭摒弃旧线，折向西经六盘关翻越六盘山，经宁夏的隆德，甘肃的静宁、榆中至武威。从此，这条通新疆的交通大道一直沿用到公路出现，当代由上海到新疆霍尔果斯的312国道仍沿用此线。其中的六盘山越岭线万分险峻，上山的道路分两条，一为车路，弯道多，坡度小，在没有雨雪时可通行牛车、马车；一为骑路，路窄而坡度大，只有行人和驮畜可以通行。一旦降雨下雪，车骑难行，只有飞鸟可以逾越，所以古人称之为"六盘鸟道"。许多名人志士都曾走过，并留下数十部《西行记》。林则徐发配新疆著有《荷戈纪程》，谭嗣同写有《六盘山转饷谣》……

石门关　在固原市原州区西北40公里之黄铎堡，关城筑在更西9公里处的寺沟水。因两侧山势似两道石门，《水经注》称其为石门水。石门关之名始见于隋代。开皇三年（583年），突厥可汗沙钵略亲率骑兵40万经石门关南下掳掠，关陇十余郡六畜被抢尽。唐中叶后，石门关军事交通地位更加重要。贞元三年（787年），唐朝与吐蕃在平凉会盟。吐蕃伏兵劫盟，俘获唐副使崔汉衡（兵部尚书）等66名大小官员，从石门关押解到吐蕃腹地，被囚禁在临洮、鄯州（青海西宁）、廓州（青海尖扎县黄河北岸）。数年后，吐蕃将他们遣返回唐。交接的地点仍在石门关。唐贞元年末（805年），居住在甘州（甘肃张掖市）的沙陀族因不堪回鹘、吐蕃的压迫、攻袭，举部内迁到原州萧关县（海原县李旺镇东南）。元和三年（808年），在首领朱邪尽忠带领下，3万多帐10余万人启程东迁，转战两千多里，终于进入石门关。以上两件大事说明，石门关控扼丝路，既通河西走廊，又通青海及甘南地区。

石峡关 在今海原县高崖乡红古城西2.5公里，地名石峡口，1958年在其地建有石峡口水库，关城遗址不存，是六盘山最北的一个关隘，知名度要比前述各关小，险要程度也略逊一筹。北宋时在关口之东约十里筑萧关城（高崖乡草场古城），作为军事前线粮草存储之所。西夏境土"东尽黄河，南接萧关"即此。

制胜关 在今泾源县城西北郊，老地名关庄，或写作官庄，现已属县城城区。宋代曾设安化县，1990年遗址尚存，平面呈正方形，边长500米，因长期农耕已毁，城墙残高不到2米，地表散布唐代残砖瓦、灰陶片。唐制胜关控制4条古道：向南，可经华亭至陇县、千阳；东南，可至平凉；向东，可经瓦亭至原州；西北，古道在原始森林、高山峡谷中蜿蜒，然后翻越六盘山，其走向与今泾源至隆德的公路相同。

驿藏关　木峭关 关城位置不详。

四、西夏克夷门

　　克夷门是西夏都城兴庆府外围最重要的军事要塞。《元史·太祖纪》："四年（1209年）己巳春，畏吾儿国来归。帝入河西。夏主李安全遣其世子率师来战，败之，获其副元帅高令公。克兀剌海城，俘其太傅西壁氏。进至克夷门，复败夏师，获其将嵬名令公。薄中兴府，引河水灌之，堤决，水外溃，遂撤围还。遣太傅讹答入中兴，招谕夏主，夏主纳女请和。"《西夏纪》卷二十六将这场大战记在西夏应天四年、南宋嘉定二年（1209年），十分详细，长达1300余字，其中与克夷门直接相关的有以下三个问题：

　　第一，蒙古大军的出发地：春三月，成吉思汗征服畏吾儿国（今新疆维吾尔自治区）后，率兵进入西夏的河西走廊（边界在玉门关略西）。西夏国主安全派其世子领兵防御，大败，副元帅高令公被俘后不屈而死。蒙古大军从甘州（今甘肃张掖市）乘胜而东。

　　第二，蒙古大军进军路线：四月，蒙古军攻克兀剌亥［海］城，继续向西夏都城进军，然后攻破克夷门。兀剌海城在今甘肃省山丹县城北。也就是说，蒙古大军是由此穿越腾格里沙漠，由今阿拉善左旗巴彦浩特镇向东越过贺兰山的。

　　第三，克夷门的位置和形胜："克夷门为中兴府外围，两山对峙，中通一径，悬绝不可登。曩霄时，尝设右厢朝顺监军司兵七万守之。安全闻蒙古兵深入，遣嵬名令公复率兵五万以拒……相持两月……蒙古主……破克夷。"中兴府外围，只有西面有贺兰山，历来屯驻重兵。《西夏地形图》标为"贺兰军"，标在"西夏祖坟"南侧、贺兰山东麓。

　　据以上三点，克夷门的位置已是一目了然：在兴庆府（今银川市兴庆区老城）之西偏南90里，即今西夏陵之南、平吉堡以西的贺兰山三关口。此处自西汉时即有谷道穿越贺兰山，可供车马通行。但谷道中险峰对峙，易守难攻，历来是兵家必争之地。到明代，筑有宁夏镇的边防西关门。沿沟谷共设三道关，从沟口向里，分别叫头道关、二道关、三道关。沟口的头道口最为宏伟，有关门和城楼，命名赤木关，俗称"三关口"。

对克夷门的具体位置，还有两种不同看法。

一是宁夏著名军事史专家孙生玉，他认为应在平罗县崇岗镇的大水沟口。因为那里有一处西夏时期的建筑遗址，占地面积很大，应该有宏伟的西夏建筑物。但是，这道沟谷是一条死胡同，没有道路穿越贺兰山。不要说大队骑兵，连行人也无路可走。其位置和形势，也与古籍的描述相悖。在西夏都城的西北方160余里，距离也远。

二是一些网友发表的文章，认为在今内蒙古乌海市西南。这些网友首先把蒙古大军的出发地弄错，说在阴山以北。又把关键的兀剌海城说在"今内蒙古乌拉特中后联合旗西南狼山隘口"，与史籍描述的路线南辕北辙。《元秘史山川地名考》有考证，兀剌海城即蒙古语"阿拉鄂拉"的对音，"今名龙首山是也"，距甘州城三十里，距山丹城三里。网上这些文章，似乎未细读《元史》，更未参考西夏史料。

五、明长城沿线关隘

赤木关 西夏时称克夷门，元代废。明初重筑，嘉靖十九年（1540年）都御史杨守礼主持重修，总兵官任杰任其事，为贺兰山最大关隘。设三道关控扼贺兰山谷道，头道关居谷口，石砌关墙十八丈，高二丈三尺，女墙高七尺，顶宽一丈八尺。两翼与西长城相连。在今银川市（南门广场）西南约50公里处，即通往内蒙古自治区阿拉善盟之银巴公路越贺兰山三关口处。向西入谷道间隔五里许依地形筑二道关、三道关。头关关城宏伟，东西各设关门以控交通。因常有山洪，关城荡然无存，但沟口南段黄土夯筑长城保存完好。

镇远关 明初筑，今名正谊关。《嘉靖宁夏新志》载："在平虏城北八十里，实宁夏北边极要之地……正德初……遂弃之"。据此，镇远关应在贺兰山北陲与黄河交会之处，即今石嘴山市惠农区城区稍北。其南五里为黑山营，俱为明宁夏北边要害。正德初，墙、关、营弃守。明王琼《北虏事迹》记载：镇远关河对岸有烽墩，名山嘴墩，有 180 里河东长堤，共设 36 墩。当代地图将正谊关标在惠农火车站以西的贺兰山沙巴台，实误。

北关门 明嘉靖十年（1531 年）由佥事齐之鸾兴筑，并著《朔方天堑北关门记》，为宁夏镇北长城（大武口向东至黄河）关门。在今平罗县城北 15 里处，控南北交通大道，设关门二：东曰平虏，中曰镇北。关门上各建堂若干楹，门外三面筑墙护之。今遗迹荡然无存。

打硙口三关 在今石嘴山市西北贺兰山大武沟口，明初在沟内筑三道关隘，控制翻越贺兰山的车马大道，其重要性与赤木关齐名。正德五年（1510 年）已倾圮。嘉靖十年（1531 年），杨守礼新筑宁夏北边墙时重修沟口关隘，今遗迹荡然无存。

胜金关 明弘治六年（1493 年）参将韩玉筑，万历四十一年（1613 年）重修，为今沙坡头区与中宁县分界点，黄河以北，控扼去中卫的交通大道。地方志称其险"过于金陡潼关"，故名。今关城荡然无存，仅存烽火台残址。

长城关 又称东关门，位于即今盐池县城北侧。明嘉靖九年（1530 年）由兵部尚书王琼奏请朝廷重修边墙时兴筑，由佥事齐之鸾主其事并著《东关门记》。两翼为五十四里新筑边墙，又在花马池城北六十步筑关门，为"嗓喉总要"，题名曰"长城关"，是明长城中唯一以"长城"命名的雄关。筑有台基、关门，关门上建楼，高伟雄壮，又额以"深沟高垒""朔方天堑""北门锁钥""防胡大堑"等字。

下马关 今同心县下马关镇尚存关门及瓮城。筑于内边墙，因三边总制、尚书每年"防秋"巡视至此必下马歇息，故原名下马房。现存关城为明万历五年（1577 年）筑，开有南北二门，今南门及瓮城保存完好。

注释

① 《元和郡县图志》卷三原州平高县条：萧关故城，在县东南三十里。

② 《资治通鉴》卷四十二，第1356页牛邯军瓦亭注文。

③ 《武经总要》前集卷十八上。

④ 《汉书·武帝纪》卷六："（元封）四年冬十月……通回中道，遂北出萧关"注文。

⑤ 《大唐六典》卷六，第16、17页，中华书局1985年据南宋刻本影印。

⑥ 《史记·吴王濞列传》卷一〇六，中华书局，1982年，第2830页萧关后注释。

⑦ 对陇山关的位置，古今学者有不同见解。香港中文大学严耕望先生在《唐代长安西通凉州两道驿程考》中，根据乐史《太平寰宇记》卷三十三在"平高县南一百一十里陇山上"的记载，考订在六盘山顶。《太平寰宇记》所指方位，实际是六盘关，而非陇山关。唐代六盘关在六盘山顶，不通驿道，也不在丝绸之路上，不可能在此置上等关。考证唐代的陇山关，应采用唐人的著述更为可信。唐张守节《史记正义》说：汉萧关今名陇山关。因此，陇山关应在今泾源县大湾乡瓦亭村，即与汉萧关同一地。关城位于颉河（泾河东源）的河谷中，两侧皆崇山峻岭，其西侧为六盘山主峰。道路顺河谷而走，南20里即著名险隘弹筝峡（今名三关口）。南至长安720里，北至原州80里，西至六盘关20里。西汉在此设萧关，汉武帝通回中道北出萧关即此。东汉改称瓦亭关，所以《新唐书·地理志》称瓦亭故关，天水割据势力隗嚣派大将牛邯"军瓦亭"即此。唐"安史之乱"后，太子李亨（后登基称唐肃宗）北逃至瓦亭，观原州牧马，得军马数万匹，于是军威大振。北宋为防御西夏，筑瓦亭寨驻兵数千，今瓦亭村所存内墙即宋代遗址。它的外城墙，从沟底一直延伸到东面山顶的烽火台。

⑧ 以下关于陇山关的引文，除"过所""长籍"制度引自《新唐书·百官一》卷四十六，中华书局，1975年，第1200页，其余引自《大唐六典》卷六，唐玄宗命令张九龄等人编修，中华书局1985年影印本。

⑨ 《隋书·突厥传》卷八十四，中华书局，1973年，第1866页。

横城古渡

（原载《宁夏日报》1982年11月10日文化与生活副刊）

横城，位于银川市东三十余里的黄河东岸。在这里登高东望，是浩瀚无垠的黄沙。从这里隔河西眺，是一望无际的绿原；经这里奔腾北去者，是滔滔黄河之水；由这里蜿蜒而东向者，是明代之万里长城。

横城之所以出名，在于渡口之古老。翻开《西夏纪事本末》卷首，可以在《西夏地形图》上找出顺化渡来。顺化渡的位置，正好在今天的横城附近。对西夏来说，顺化渡是至关重要的。由这里往东北，是通辽国的"直道"，沿途仅西夏境内就有13个驿站。由这里向东南，可经"国信驿路"或夏（西夏州名，故址在陕西靖边县白城子）绥（陕西绥德，宋在此设绥德军）驿道直达宋都汴梁。由此看来，横城古渡的历史，至少在九百余年。

明代的横城渡更加繁盛。有个叫王家屏的翰林，曾把这种盛况写进《中路宁河台记》一文中。宁河台本是明代为了保护这个渡口而修筑的戍台。台高五丈五尺，上构亭三楹（楹，古时计算房的单位。一楹就是一列。在这里可理解为"座"），四面又建有厢房。台外还有周环九十余丈、高二丈四尺的城墙一道。城墙四面各有重门。管理渡口的官员和保卫渡口的士兵，都住在宁河台。王家屏称宁河台是"朔方一壮观"，大概非溢美之词。当时的宁夏，位于边防前沿，属"九边重镇"之一。强悍的鞑靼、瓦剌部，经常从东、北、西三面入侵宁夏。"横城之津厄，则灵州之道梗；灵州之道梗，则内郡之输挽不得方轨而北上，而宁夏急矣。"《宁河台记》的这段话，阐述了横城渡在军事、交通上的重要性。

横城渡周围的黄沙与绿原、烽火台与万里长城、黄河与渡船、滩渚与芳草、戍卒与行人，构成了一幅独具特色的塞外图景。因横城之北有地名叫黄沙嘴，所以又有人把横城古渡叫作"黄沙古渡"。《嘉靖宁夏新志》把黄沙古渡作为明代宁夏八景之一，显然有它的道理。朱元璋的第十六子、庆靖王朱㭎，曾作《黄沙古渡》诗描述这里的塞外景色："黄沙漠漠浩无垠，古渡年来客问津。万里边夷朝帝阙，一方冠盖接咸秦。风生滩渚波光渺，雨打汀洲草色新。西望河源天际阔，浊流滚滚自昆仑。"诗中的"帝阙"指明都北京；"咸秦"指咸阳、秦中，就是陕西的关中。全诗一气呵成，不单写了壮丽的景色，还阐述了横城古渡在交通上的地位。

六盘鸟道成坦途

（原载 2000 年 4 月 16 日《宁夏日报》）

这是一个真实的写照，这是一段昨天的历史：一辆客货混装的卡车正在翻越六盘山，除老弱病残盘坐在货物上，其他的人正用绳索拉着汽车登山。

六盘山得名于路，它南北绵亘 200 余公里，像一条苍龙卧在陕甘宁交界地区。"峰高太华三千丈，险居秦关二百重"。山愈高，则路愈险。"峭壁对峙，疑至绝境""风雨冰凌，难于蜀道"。当时上山有两条路，一条坡陡弯急，专供行人、驮畜行走；另一条宽而缓，多绕了许多弯子，专供人（畜）力车行走。

我第一次上六盘山是 1977 年，此时的公路路面已经加宽，坡度也已减缓。我坐的那辆拉货的拖挂车刚开始爬坡，好像气温一下升了好几度，好不容易爬到半山腰，水箱却开了锅，只好找个宽直一点的地方让车"乘凉"。上山 8 公里路，竟然乘了 3 次"凉"。上山快不了，下山不敢快，16 公里越岭线，整整耗去 3 小时，算起来和步行差不多。以后去六盘山，都赶到冬春季节，此时的山路，更显"惊险"本色：路面总是结着冰，平滑如镜。当地司机跑惯了不以为意，外地司机到此，就得向等候在路旁的"链子客"租上副防滑链。一问租金，150 元，"天价"！链子捆绑在车轮上，算是吃了定心丸，但汽车仍是"脖子扭扭，屁股扭扭"。28 个回头弯，个个都是鬼门关，用师傅们的话说，每次过六盘，都是"悬着一颗心，捏着一把汗"。最辛苦的莫过于那些常年在山上工作的养路工。夏天要整修路面，清理塌方；冬天要在零下三四十度的严寒中清理积雪，在危险路段铺沙防滑。但人的力量毕竟有限，他们的努力也只能保证"通"，无法实现"畅"。

1997年3月中旬，喜讯传来，六盘山公路隧道工程竣工，将于18日举行通车典礼。我提前来到筹办庆典，有幸成为首批过客，车过隧道只用了3分钟。停车休息时，和一位参加施工的武警战士攀谈起来。他说为了这隧道，他和战友们在这里度过了7个春秋。他没说生活上的艰苦，也没有说冒顶、塌方、抢救遇难战友，只是滔滔不绝地说着隧道：洞长2385米，在西北数老大，在全国也排在第四位，光土石方就挖走105万立方米，垒成高宽各2米的长堤，可以绕地球25圈……

明清两代的宁夏驿道

（原载 1981 年 3 月 22 日《宁夏日报》）

我国古时候的驿道，是专为传送公文、信件而开辟的交通大道。其运输工具在唐以前多用车（称作驿车），唐以后为求快多用马（称作驿马）。驿道沿途设站，供驿使或来往官员食宿、换马，谓之驿站。其差役人员则叫驿卒。

有关宁夏古驿道的记载，以《嘉靖宁夏新志》和《朔方道志》较详，但也只分别叙述了明、清两代。

明朝时，我区叫宁夏卫（不包括固原地区），隶属陕西都司，因此有一条穿过庆阳地区直达陕西的驿道，属宁夏境者计四百三十五里。其走向是：由在城驿（今银川南关内）出发，东渡黄河，经灵武城内的高桥驿、大沙井（今灵武杜木桥与白土岗子间）、石沟、小盐池（今惠安堡）、萌城五驿进入庆阳地区。在上述驿站还各设一递运所，加上在城递运所（驻河西寨，在今银川掌政之东）、后来增设的隰宁堡递运所（位于萌城北五十里），共有驿递十三处。每驿编制军丁百余名。递运所的编制，少则百余，多则二百余不等。《嘉靖宁夏新志》载有十驿递的编制数，共一千二百六十九人。如加上该书缺载的在城驿、大沙井驿、在城递运所，军丁总数当超过一千六百人，足可见其规模之大。明朝宁夏巡抚翟鹏的奏疏称：当时驿递的任务是"传报军情，转运军需器械，递送公文，供忆（应）往来人马"。

明朝时宁夏的另一条驿道是韦州道，东接隰宁堡，南经下马关入固原，属宁夏卫地的仅一百一十里，因此韦州驿仅有驿夫十六名，马八匹，驴八头。

清代废递运所，宁夏驿道增至三条。

其一是西路，从甘肃的三眼井驿迤东北一百二十里入宁夏境，再沿现包兰铁路线上的营盘水、三塘水（甘塘）、长流水至中卫，再经黄河西岸的胜金关、渠口、大坝、王铉（今望洪）至宁夏城。沿途共九驿，总长五百七十里。

其二是东路，由郡城驿出发东跨黄河，再沿宁夏之东边墙迤东，经横城、红山、清水、兴武、安定、花马池六驿至陕西定边。其中又从红山驿向南六十里通灵武。这条驿道总长四百一十里。

其三是南路，由西路的渠口驿分支越河向南，经宁安（今中宁县城）、沙泉、同心、李旺四驿至固原所辖之三营驿，长四百二十里。

这三条驿道共长一千四百里，计有驿站二十，驿夫一百六十七名，马三百二十九匹。与明驿相比，驿道多出九百里，驿卒反而少了百分之九十。究其原因，是清驿的业务范围大大缩小了。它既不管"转运军需器械"等运输任务，也不承担"供应往来"之类的繁杂役务，仅限于递送公文、信件。

清光绪三十一（1905年）年，宁夏驿站废。民国初年，全国取消驿站。至此，因袭两千多年的"驿"，便被迅速兴起的邮电和交通运输业所取代。

宁夏境内的蒙古"站赤"

（原载 1984 年 3 月 20 日《宁夏日报》）

"我国家疆理之大，东渐西被，暨于朔南，凡在属国，皆置驿传。星罗棋布，脉络贯通，朝令夕至，声闻毕达。"这是《经世大典》对元代站赤的一段评述。站赤，即"驿传"的蒙文译名。元代疆域辽阔，站赤不仅有邮政通信的使命，而且肩负着管理国家、传布政令、通达边情、对外交往的重任。脉络一样的驿道，通连全国，横贯欧亚。就宁夏境内来说，蒙古站赤无论是驿道规模、驿站的设置，也都远远胜过历朝。

当时宁夏境内有驿道三条：

一是起于陕西凤翔府，经过固原、隆德的南部山区驿道，东南接平凉，西可经兰州而至西域，在宁夏境内约一百五十里，有瓦亭、德顺州（隆德）两个驿站。

二是横贯宁夏中部的驿道，由陕西兴平向北，经甘肃的庆阳、环县进入宁夏，再经灵州（灵武西南）、鸣沙、应理州（中卫）而入河西走廊，也可通西域。其中在宁夏境内约八百里，有萌井（盐池县萌城）、灵州、鸣沙、应理、野马泉（中卫西约一百八十里）五个驿站。

三是黄河水驿。这条水驿在宁夏历史上是首创，设于中统四年（1263 年）七月一日，起自应理州（中卫），止于东胜（元代的东胜在内蒙古托克托县），共有水站十所，驿船六十六艘，水手二百四十人。其中属西夏中兴等处宣抚司（即后来的宁夏府路）辖境的七站，水路六百多里，包括应理、鸣沙、兰山（地址不详）、中兴（银川市东）等站。

以上水陆驿道共一千五百多里，驿站十四个。这些驿站都有房舍、马匹和车辆（船只），并备有食物、被褥及一应什物。各站忙闲不等，因而驿户、车马数量不尽相同。如鸣沙、兰山二驿，据至顺年间统计有驿户二百九十户。萌井驿较小，只有十九匹马。而瓦亭驿有一百一十匹马仍不敷使用。各个水站拨付有土地，修葺有房屋，还养着牛群、羊群，以供过往官员、使客食用。中卫西面的野马泉站，属"关会之地"，叫脱脱禾孙马站。脱脱禾孙是专管查验出入的职官，正职从五品，副职正七品。一切过往官员、使臣，都要在脱脱禾孙马站接受查验，以辨文书真伪；一般行人也要接受盘话。

以上三条驿道中，最繁忙的是南部山区驿道。这条驿道通西域，不仅有"通达边情、布宣号令"的任务，还要接待各国使臣、僧商，甚至王公大臣及其私用物品也要由站赤转运。据《永乐大典》卷一九四二四载，至大四年（1311年）八月，御史台呈报说：德顺州（隆德）等驿，有皇帝"御位下"的西域僧人和使臣路过，要超越规定启用车辆、马匹，逼索钱物，站官不给，便遭拷打。站官尚如此，担负差役的驿户更不待说。驿户又称站户，从当地民户中选派，每三五户承担驿马一匹，十三户出车一辆，并承担差役，自备一切什物给驿站公用。瓦亭、德顺州的驿户，因驿道繁忙，差役也就特别重。每日启用马匹过百，驿户"昼夜未尝稍息"。那些因马匹太少不能及时送走的"使客"，大抵都是有权有势之辈，时常"非法选马，箠言詈站户及州县官吏"，经常造成"站户被害，鬻产破家，卖及子女，诚可哀悯"。这是对驿户苦状的真实写照。经过灵州的中部驿道，除灵州、鸣沙、应理州一带好走，其余道路"尽皆沙碛，遥远艰阻，四无人烟"，驿户在这种路上服差役，更是艰辛万分。所以，宁夏这两条都通西域的蒙古站赤，向各国输送着中华文明，但遍洒着劳动人民的血和汗。

六盘山驿道行记节录

从忽必烈中统四年到清代，丝绸之路改经六盘山，凡从中原到西域，今泾源县的蒿店、瓦亭、和尚铺、六盘山及隆德县的杨家店、县城、沙塘、神林、乱柴铺为必经之地。尤其是蒿店到六盘山顶（今红军二万五千里长征纪念馆）一段，驿道曲折险峻，堪称"关陇险道无双，天下难行第一"，文人迁客，在他们的《行记》中，留下浓墨重彩。现选录其中三篇，供读者赏析。

一、（清）祁韵士《万里行程记》（节录宁夏部分）

作者简介：祁韵士（1751—1815年），山西寿阳人，清代西北史地学奠基人。乾隆四十三年（1778年）中进士，授翰林院编修，后任国史馆纂修官。嘉庆九年（1804年）因宝泉局亏铜案受牵连入狱，次年发配伊犁。《万里行程记》即为途中所记，起自北京，经太原、西安、平凉进入宁夏，又经兰州等地止于伊犁。节录部分为过三关、越六盘山一段行程。祁韵士一生，有多部著述存世。

［泾州白水驿］西行七十里至平凉府。府城……西行四十里至安国镇，平凉县辖。平凉西行入山，气象萧疏，山势渐合渐高。

由安国西行五十里至瓦亭驿。此宋时所谓瓦亭关也，今隶固原州，州在驿西北。未至瓦亭二十里许，两山夹峙如门，仅容一辙转侧而过，水啮山根瀺瀺然，险要莫比。过此则嵯峨万仞，叠起云间。循涧前进，如坐井观天，山高日落，路修马疲，人亦愈甚。

由瓦亭西行二十里至六盘山。自瓦亭行十余里，曰和尚坡，为六盘之麓。余晨兴到此，微雨初零，土人以泥滑阻余莫前，仆者恃其勇不听，遂登。路曲折陡峻如壁，盘磴而上，愈上愈高，始犹土石相错，虽泞尚可行。至山半，俗呼猫儿坪，有帝君庙，甚巍焕。新凿之路，皆土覆石上，遇雨淖甚，已而雨愈大，泥益深，胶粘阻辙，色紫黑，雨忽变为雪，济之以风，烈甚。仆马阻峻坂下，屡起屡扑，寸步不能前。余乃舍车而骑，鼓勇直上，雪花大如掌，风乃益狂，翻扑人面如织。身在风雪阵中，若腾云雾而起，目迷口噤，马亦股栗。望山巅有旧驿亭，驰往避。及下马入，亭朽，被撼欲倒，岌岌不可留。乃复乘马陡下千丈坡，踏冰雪凿凿有声。迤逦至杨家店，路稍平，有茅屋数家可憩，解衣烘焉。少顷，雪复变为雨，回视山头，皆白气缭绕，不复辨。计此程五十里，上山下山只二十里耳，而仓皇狼狈，一至于此。次日，行李始度岭追至。晚无枕寝，独坐达旦，此岂天之所以窘余也耶？然亦殆矣幸矣。

由六盘帝君宙西行，过岭三十里至隆德县。县为陇西第一冲要之地，景色荒凉特甚，而羯鼓红牙，歌喉宛转，四邻几遍，风俗淫靡，为之慨然。

西行四十五里至静宁州，宋韩魏公治兵防夏于此，风景稍盛。

（摘自《古西行记》，宁夏人民出版社，1987年，第395—397页）

二、（清）董醇《度陇记》（节录宁夏部分）

作者简介：董醇（1810—1892年），又名恂，字忱甫，江苏甘泉（今扬州市）

人，道光二十年（1840年）中二甲进士，先任户部主事（从六品），咸丰六年（1856年）补直隶清河道。咸丰十一年，授户部右侍郎。同治五年（1866年）升兵部尚书；七年，兼署户部尚书。光绪元年（1875年），署吏部尚书，四年，恭纂穆宗毅皇帝实录，五月，充实录官正总裁。道光二十九年（1849年）冬，奉命随协办大学士祁寯藻前往四川，后改道陕甘至兰州查办案件，经过河北、山西、陕西、宁夏和甘肃。他们于冬十月十二日从北京出发，办案完毕后，原路返回京城，往返行程达7850里，历时4月有余。董醇将沿途见闻认真记录，整理成《度陇记》，约6万字，并自刊印行。去程以山川道路为主，返程以历史考证为主，并不重复。其中对宁夏境150里途程的记述尤为详尽，有的十分珍贵。如他在山关口所见摩崖石刻"萧关锁钥"，对汉萧关位置的考证提供了有力证据。他所描述的蒿店至瓦亭、六盘山越岭道路，给人以直观感觉。

由于参考的地方志有错，《度陇记》关于六盘山的历史也出现错误，如清水沟门络盘道。

现将《度陇记》与宁夏相关部分节录于后。所用版本为董醇《荻芬书屋文稿》咸丰元年自刊本，国家图书馆古籍部藏，因系孤本，不准复印，本人于1981年9月摄制成微缩胶卷。（编者注：卷二第二十六页起，为去兰州程途，仅收录与宁夏相关段）

[道光二十九年十一月]

十八日　平明发平凉府，出西门。十里，崖湾子（平凉），即十里堡。过此，山势益合，无从辨左右矣。十里，李家峡（平凉），即二十里铺。五里，页合子（平凉）①。五里，三十里铺（平凉），路南有登崆峒道。按：汝州、蓟州、岷州、肃州、狄道、西和及平凉，皆有崆峒山……笄头在崆峒之傍，萧关在崆峒北百二十里……五里，干掌沟（平凉）。出城门以来，渡草桥五六次，清流湍激，映带左右，或干或支，皆泾水也。过三十里铺，乃不复见。五里，安国镇（平凉），尖，到时已正。镇东口外题曰"安国古镇"，西口内题曰"平西要地"。尖后复见泾水。《山海经》："泾谷之水，泾水出焉，一名轩辕谷。"（见《陕西通志》）即今崆峒之笄头前峡也。笄，《史记》《汉书》皆作"鸡"。十里，白杨林（平凉）。五里，荨麻湾（平凉），时有清流萦拂。

五里，清水沟门（固原），故汉高平县地也。宋置开元[远]堡，元立开城路，明初为开城县，后升为固原州，今因之，属平凉府。②五里，蒿店（固原），时或升坡让水，店东口题曰"固东首镇"。

五里，瓦亭峡口（固原）。山势益合，石气阴森。望前途几疑无路。至此，两壁如门，仅可容轨。急流奔突而来，插木堰土以通行人，转似与水争道者。然以志考之，即古弹筝峡也。过峡后，群峦对峙，此突彼让，互为凹凸，牝牡相衔，中留一径。《行程记》所谓"嵯峨万仞，叠起云间，循涧而前，如坐井观天"者也。奔流东注，驿马西驰，并道分趋，纵横无定。或履草桥蹈垒石以跨之，或陟峻坂摩崖坡以避之。备诸艰险，不寒而栗。十里，上清水沟门（固原）。洪波汩汩，自左而来，奔流北去。土人告余曰，此泾河头也。十里，瓦亭镇（固原）宿。两行馆通。到时酉初。镇庋右山之崖，驿在镇中，即古瓦亭关也。汉隗嚣使牛邯守瓦亭、唐肃宗幸灵武牧马于瓦亭、宋吴玠与金兵战于瓦亭皆此地。固原州治在西北，名八十里，实百里。出堡西门西北行，即之州治路也。固原旧为制军驻扎之所，今移皋兰而以提督镇之。计行九十里。（四十里安国镇尖，五十里瓦亭镇宿）

十九日　朔风夜吼，寒气凛冽。平明发瓦亭，出南门，入南峡右坡行，徐折而西。乱山积雪，裘不胜寒。十五里和尚铺（固原），即六盘山之麓。过此，盘折而上，路益戏险。十里，庙儿坪（固原），《行程记》作"猫儿坪"。坪上有武庙。庆阳步湘南太守途遇于此，茶设左厢。庙有严迪甫书联云：其为气也配义与道未若然之超伦绝群。

僧大潋壁留题甚多。记张诗舲中丞一律云：径窄盘空上，春融挂涧流。初阳迎马首，积雪眩人眸。乱石成盐虎，乔柯尽玉虬。天山怀大帅，此景可同不？壁间旧有萨湘舲将军十年六度六盘山句，故末韵云然。茶尖后，路尤陡绝。五里，六盘山顶（固原隆德交界）。《山海经》：华山西七百里曰高山，出豪彘。今平凉之高山六盘是也。豪彘，状如彘，毛似猬。武全文曰："安定山川纠纷最胜三：形势如弹筝峡，一也；秀削如崆峒，二也；高不可极如六盘，三也。"过此，下峻坡。十里，杨家店（隆德）。路陡稍杀。六盘绝顶有屋三数椽。杨家店屋稍多，并有柳丛。五里，十里铺（隆德）。十里，隆德县。古西戎地，秦昭王灭义渠，置北地郡，属县有朝那，盖今静宁、隆德、镇原、固原、平凉、华亭之交。汉初仍秦，属北地。至武帝析置安定郡，朝那改属焉。有日月支道者，即今静宁、隆德境也。后汉魏晋因之。唐属渭州，至德元年没于吐蕃，大中时收复，广明后复没。洎五代末始复之。宋天禧初，置羊牧隆城，元祐八年，改为隆德寨，属德顺军。金肇县，属德顺州，隶熙秦路。元改德顺为静宁州，县仍属焉，今隶平凉府。[3]进东门宿，到时未正。店与行辕通。隆德为陇西第一冲要地，城垣空阔，居人鲜少。《行程记》言：白水驿有女当垆，隆德羯鼓红牙，歌喉宛转，四邻几遍。今皆未见，岂畏采风者责言故敛匿之？抑数十年来，涵泳圣涯，沐浴膏泽，民风丕变欤。是日籴米为糜，充晚膳。计行五十五里。（二十五里庙儿坪茶尖，三十里隆德县城内宿）

二十日　卯刻起，候轿夫陆续至，辰刻发隆德，出西门。八里，八里铺（隆德）。十二里，小河子墩（静宁），此《静宁志》所谓页河子也，与隆德犬牙相错。五里，小河子镇（静宁）。五里，沙塘铺（隆德），有墩。十里庞家堡（隆德），有墩。是日晨气益寒，肩舆人发汗皆冰，悬如玉瑱。脚下冻雪，铮铮有声。轿窗玻璃，鼻息触之冻作碎花。两山之麓，时有人家一丛，疏林掩映，中间驿路颇觉坦直。五里，神林堡（隆德），尖于荒店，到时午初。地为陇水所经。五里，神林铺（隆德）。十里，乱柴铺（隆德），过此入静宁州，风景道路与前相似。

十里，二十里堡……十里，平家河……十里，静宁州……计行九十里。

（编者注：卷三第十七页起，为返京程途）

［道光二十九年十二月］

二十九日　平明发静宁，出迎春门，城东门也。城凡三门：西曰饯辉，南曰白离。出东郭，过名将祠……十里，平家河墩（静宁），过此，路渐坦。

十里，二十里铺（静宁），有墩。十里，乱柴铺（隆德），有墩。换夫。自过平家河后，俱行河崖，道颇平阔，多村堡树木。十里，神林铺（隆德），有墩，山远道平。五里，神林堡（隆德）。自平家河以来俱东行，多偏北。进堡西门，尖于荒店，到时午初。店南向，隔行辕数家。录店壁诗：

大岭秋无际，云端驻客鞍。

谷风催梦破，山雨入诗寒。

服药劳筋健，烹茶活火难。

旧游悲廿载，华发愧弹冠。

末署王东圃。五里，庞家铺（隆德），有墩。十里，沙塘铺（隆德），有墩。五里，小河子镇（静宁），履冰渡。五里，小河子墩（静宁）。十二里，八里铺（隆德）。尖后路多坦直，皆东行偏北。隆德城畔，山土色赤。出神林堡已望见之。将近城，道有一坎，涉水而渡。八里，隆德县。环隆皆山，而长阜断沟，砂石红土，多不毛之地。无桑棉粟稻。城址旧十里弱，明成化间，以空旷难守，削其南隅三之一。崇祯末，复削其西北隅二之一。今城不及三里许。门楼三：偏其东曰"六盘耸翠"；南曰"美高屏峙"；北曰"象凤环襟"。隆德山之最巨者曰六盘。城枕其麓，四围皆陇山之支而终南之裔也。南二里曰龟山，又二里曰状元山，有古坟石俑，无碑志。又一里曰峰台山。又七里曰襟山。东山二十里曰美高山，产松竹药草。西南三十里曰莺架山。西二里曰笔架山。又一里曰旗山。又二里曰鼓山。西北十五里曰凤山，北一里曰象山……（此处记隆德山水之名，删去一页）计行九十里。（四十五里神林堡尖。四十五里隆德县城内宿）

  三十日　平明发隆德，出东门，再履冰渡，东北行。山泉落涧，已琤琤作琴筑声。隆德诸河，皆南道静宁，其水多湍流峻急，而无衍溢漂没之患，盖水始出山，无附益归并之势，故也。民多食大麦荞豆诸粗种。又风劲地寒，弗宜灌溉，而地之平衍可受水者亦无多，故渠政阙焉。十里，十里铺（隆德）。仍东北行，路尚平。宋任福好水川之败，志载夏军出诱兵川口，而大兵伏六盘山下，距羊牧城……五里，杨家店（隆德），有墩。自此升六盘山，左旋右折，无复辨方［向］矣。

  十里，六盘山顶（隆德固原交界），有墩。换夫。山之盘不可数计，古曰络盘④是也。五里，庙儿坪（固原），山僧留素面，所居屋小而洁。相国为颜其楣曰"络盘"精舍。过此，涉水尤多。十里，和尚铺（固原）。此六盘山麓也。过此，乃东北行。十里，瓦亭驿（固原）宿。固原居萧关之外，距六盘百余里。中五十里曰牛营山，盖古萧关云，间道通平凉，平圹萧索，少高山峻防，便用骑兵。将近驿，数涉水。进堡南门，折而东，两行馆通，皆南向。到时未初。保乐斋种竹索诗，经年矣。瓦亭除夕，次韵和成，亦清厘宿通意也。诗载《陇车酋集》。……（编者注：此处记华亭县，略去五行）西北曰高山，《山海经》所称也。益西北曰六盘山。其东曰瓦亭山。又东二十里为唐弹筝峡、金佛峡，南北咸山，水鸣石如弹筝。又北二十里曰牛营山。又西北二十里曰斡耳朵，元安西王大帐房，皆陇也。高山之东曰都卢山。聚粮坪又东则崆峒。又东北曰马岭山，极东曰草子山。县西北四十里曰石香炉峡……（编者注：此处引赵时春《平凉府志》约一页均删去）。瓦亭今属固原。华亭非驿路所经，以叙泾汭甚详，备录之。计行五十五里。（三十里庙儿坪尖，二十五里瓦亭宿）

道光三十年正月甲午（初一）朔，日有食之。黎明发瓦亭驿，天阴大风。东行，多涉水，或让水升崖，道甚险仄。十里，上清水沟门（固原），有墩。十里，瓦亭峡口（固原），一名弹筝峡，一名金佛峡。唐广德二年，马璘为泾原节度使，帅北庭四镇行营兵镇泾州袭吐蕃，守弹筝峡。贞元二年，泾州连云堡守将张明率众降吐蕃，驱获导弹筝峡，遂屯原州，皆此地也。北壁上有杨延景庙，其西有佛庙。佛庙之右有"萧关锁钥"四字，摩崖正书。再西，则"峭壁奔流""山容水韵"及南壁"清流分派""一夫能任"等字，皆摩崖擘窠草书。南壁有武庙，屋后壁立千仞，峭削可观，惜导流不韵负此山灵矣。庙西一石，字迹数行，斜嵌岩际。偕石帆橐笔，鼓勇牵罗，踏雪往观，乃五言律诗也，其词曰：

泉声与岩缘，清咽泻余悲。

水到不流日，弦应是绝时。

调长终古在，人听至今疑。

莫恃潺湲险，胡能自覆师。

前署至和丙申闰月晦日弹筝峡诗，沈唐公述。晓沧复睹一绝云：

金佛镇山门，灵光照四野。

吾观虎狼人，应变鸾凤也。

相国赋诗云：

陇山高不奇，奇观乃在峡。

山与水争地，天宇为之狭。

水与人争道，清澈不可狎。

一条冰雪光，太阿忽穿匣。

中有玉龙吟，万古声歔欹。

上有缥缈楼，阑楯凌空插。

想见飞仙侣，玉柱铿银甲。

斑驳厓壁字，红绿嵌岌崖。

沈侯句绝妙，似得谪仙法。

是日正元日，空山行旅乏。

停舆恣攀跻，藓登衣共拔。

寒流触危石，众响犹喤呷。

只恐伏秋涨，山力不能夹。

萧关古天险，锁钥孰敢劫。

豺虎化鸾凰，时平游兴洽。

羽人如野禽，见客气为协。

孤松独有态，翠偃风摇箑。

萧条雪欲来，马头云乱压。

吾意转迟回，非为度陇怯。

五里，蒿店（固原）。五里，清水沟门（固原）。五里，荨麻湾。

（平凉）

注释

① "页合子"有误，应为"斜河子"。

② 此句有误，应删除。宋开远堡、元开城路不在清水沟门，而在今固原市原州区开城镇。

③ 以上关于隆德县从宋代到金代的历史，均有误。

④ 一些地方志将六盘山的得名说成是西汉的"略畔道",有的写作"络盘"。《汉书·地理志》北地郡辖有"略畔道",在今甘肃合水县。西汉安置少数民族的县级政区为"道",与六盘山无关。

三、(清)林则徐《荷戈纪程》(节录宁夏部分)

作者简介:林则徐(1785—1850年),福建侯官人,嘉庆十六年(1811年)进士,从"庶吉士"小官步步升至鄂、豫布政使,江西巡抚,两江、湖广总督,力主严禁鸦片。道光十九年(1839年)被任命为钦差大臣查办禁烟事,当众焚毁英商鸦片。鸦片战争爆发,被革职遣戍伊犁。《荷戈纪程》是他在道光二十二年(1842年)赴伊犁途中所写日记。

[七月]十七日……平凉府城……

十八日,甲子,黎明阴。出西城,行至十里铺,即有雨点。一路涧水汹涌,知上游昨已被雨,山水叠发也。舆夫、纤夫多有病涉之苦。十五里斜河子,五里下李家庄,五里至安国镇。饭后雨势愈大,只可住此矣。行馆虽小,尚新洁。

十九日,乙丑,黎明行,微有雨,所过山涧甚多,水皆湍急。十里入固原州界,又十五里蒿店,小住,作面饼食之。又上坡行,二十五里瓦亭驿,距固原八十里。欲即过六盘山,舆人咸虑及半途遇雨无可栖止,遂住此。

二十日,丙寅,晴,昧爽行。五里高场堡,十里和尚坡[铺],即六盘山之麓。其时朝曦未出,西风忽来,山气侵人,寒如冬令,因就旅店,沽酒吃面。稍暖复行。山峻路曲,盘旋而上,五里始至山半,曰庙儿坪,关圣庙香火甚盛,敬诣行香。又旋行而上,其沙土皆紫色,一木不生,但有细草。五里至山巅,俯视下方田庐,则混茫一气矣。顶上有兵房数椽，问其兵数，人三，成众而已。阅鹤皋先生日记，过此遇雨，狼狈万状。此次幸大晴，不逾时［日］而过，殆东坡所谓"知我人陑非天穷"者耶！下山，十里杨［家］店，又十五里至隆德县城，入东门，城内住。行馆深而狭，城颇大而荒凉特甚。此处向以五十里为一站，是日亦不能再行矣。

二十一日，丁卯，晴，寅刻行。天明过十里铺，又十里小河子，又十里沙塘铺，有市集。又五里庞家铺，又十里神林铺（自县城至此，名四十五里，实止四十里），仍隆德辖。饭罢又行，十五里乱柴铺，又十里为静宁州之二十里铺，又十里平家河，又十里静宁州城……是日行九十里，路平而近。自泾州至隆德，日寒一日，非裘不可。抵静宁后则又变暖，早晨着棉，午后单衣……

（摘自《古西行记》，宁夏人民出版社，1987年，第437—438页）

宁夏境内的高速公路

高速公路，是指专供汽车高速行驶的公路。世界各国对高速公路的建设标准有不同的规定。中国《公路工程技术标准》（JTG B01—2014）规定：高速公路为专供汽车高速分向行驶、分车道行驶，全部控制出入的多车道公路。设计日交通量宜在15000辆小客车以上，设计速度每小时80—120公里。至2016年底，宁夏境内已建成高速公路1609公里，成为全国第十一个、西部第二个实现县县通高速公路的省区。但是，各种著述、传播媒介在介绍这些高速公路时，对其走向、里程、技术标准的记述都不准确，甚至将路名都写错。故专写此文，供社会各界参考使用。

上篇：国家高速公路宁夏段

一、京藏高速公路

即北京—拉萨高速公路，简称京藏高速，国家高速公路编号G06。起自北京，经河北、内蒙古、宁夏、甘肃、青海、西藏七省区，长3734公里。其中宁夏段长353公里，走向从北至西南，在宁蒙交界处的麻黄沟入境，途经石嘴山惠农区、平罗县、银川贺兰县、兴庆区、永宁县、吴忠市利通区、红寺堡区、桃山岔路口，在郝家集入甘肃境，其中银川至中宁滚泉段与G70

福银高速公路共线。1997年4月28日开工建设，2003年11月28日全线建成通车。京藏高速原名丹东—拉萨高速公路，编号G25。2007年7月3日发布、实施的《国家高速公路网命名和编号规则》，更名为北京—拉萨高速公路，编号G06。

京藏高速宁夏段主线的建设，由姚叶高速、麻姚高速、叶中高速、中郝高速及改扩建五个工程项目分期完成。

（一）姚伏至叶盛高速公路工程

是G06高速公路在宁夏境内的重要组成路段，北起平罗县姚伏镇，南经贺兰县四十里店，在八里桥进入银川市兴庆区，又经永宁县望远镇、杨和镇，南至青铜峡市叶盛镇。长84.3公里，跨越四县一区16个乡镇的50个行政村，其中通过平罗县境内8.7公里，贺兰县境内25.3公里，银川市郊区境内11.9公里，永宁县境内32.9公里，青铜峡市境内5.5公里。概算总投资15.37亿元，其中交通部补助3.96亿元，国债资金2.01亿元，地方自筹1.4亿元，银行贷款8亿元。1997年4月28日开工建设。其中银川段（贺兰至叶盛）55公里于1999年11月6日通车，其余路段2000年6月30日通车。姚叶高速公路为宁夏建设的第一条高速公路，被誉为"塞上江南第一路"。设计行车速度为100公里/小时，路基宽度24.5米，沥青混凝土路面，设双向四车道及中央绿化隔离带。行车道总宽4米×3.75米。桥涵设计车辆荷载采用汽车—超20级、挂车—120，抗震设防采用8度地震基本烈度。在姚伏镇、四十里店、贺兰县城西、兴庆区、永宁县城西和青铜峡市叶盛镇6处设互通立交桥。有分离式立交桥11座，共长628.81米；有大桥3座，共长232.54米；中桥21座，共长849.74米；还有小桥及农用车通道144座。

（二）麻黄沟至姚伏高速公路工程

又称石（嘴山）中（宁）高速公路北段工程，是姚叶高速公路向北的延伸，北起宁夏与内蒙古交界的麻黄沟，路线布设于银川平原北部，途经当时的石嘴山区、惠农县、平罗县，南至平罗县姚伏镇，长73.27公里。概算总投资

14.19 亿元，其中交通部投入 3.78 亿元，国债转贷资金 3.5 亿元，宁夏交通厅自筹 0.41 亿元，贷款 6.5 亿元。1999 年 9 月 25 日开工，2001 年 11 月 12 日建成通车。全线采用双向四车道高速公路标准，设计行车速度为 80 公里/小时。路基、路面、行车道宽、桥涵设计车辆荷载等技术指标与姚叶高速公路相同。在当时的石嘴山区、惠农县和平罗县设 3 座互通式立交桥，有分离式立交桥 7 座，共长 509.7 米；有大桥 5 座，共长 530.5 米；中桥 6 座，共长 377 米；还有小桥及农用车通道 96 座。

（三）叶盛至中宁高速公路工程

又称石中高速公路南段工程，是姚叶高速公路向南延伸项目，起自青铜峡市叶盛镇反帝沟，与姚叶高速公路的终点相连接，经陈袁滩、利通区、关马湖、沙坝沟，至滚泉入中宁县，又经鸣沙镇，止于新堡乡，长 96.79 公里。1999 年 10 月 25 日开工建设，2002 年 11 月 5 日全线建成通车。项目概算总投资 22.9 亿元。其中交通部补贴 6.22 亿元，宁夏交通厅自筹 4.5 亿元，其余为银行贷款。项目节约资金约 1.5 亿元。全线采用双向四车道高速公路标准，设计行车速度为 80 公里/小时，设黄河特大桥 1 座、互通立交桥 6 座。路基宽 25 米，其中陈袁滩互通立交桥至吴忠互通立交桥宽 35 米。沥青混凝土路面，行车道布局、桥涵设计车辆荷载等技术指标与姚叶高速公路相同。在陈袁滩、吴忠、滚泉、鸣沙、中宁、桃山岔口设互通式立交桥，有分离式立交桥 12 座，共长 1282.06 米。控制性工程为吴忠（陈袁滩）黄河特大桥，东岸为吴忠市利通区古城乡（今改镇），西岸为青铜峡市陈袁滩（当时属利通区），1999 年 12 月 25 日开工，2002 年 10 月竣工，11 月 5 日通车。桥长 1255.4 米，共 32 孔，其中：引桥 26 孔；主桥 6 孔，中间 4 孔跨径 90 米，桥下净空按 5 级航道标准设计。宽 34.5 米，是宁夏当时最宽的桥梁。设双向六车道，中间 4 个车道供高速车通过，两边各 1 为慢车道，供低速车和非机动车、行人使用。有大桥 8 座，共长 1124.28 米；中桥 21 座，共长 1313.26 米；小桥及农用车通道 127 座。

（四）中宁至郝家集高速公路工程

起自中宁县新堡乡，止于宁甘省界郝家集，长 98.67 公里，全线采用双向四车道高速公路标准，设计行车速度 80 公里/小时。项目概算总投资 20.78 亿元。其中交通部补助 6.35 亿元，银行贷款 13 亿元，宁夏交通厅自筹 1.43 亿元。2000 年 11 月 25 日开工，2003 年 11 月 28 日建成通车。路基、路面、行车道宽、桥涵设计车辆荷载等技术指标与姚叶高速公路相同。设互通式立交桥 5 座；跨中宝铁路设分离立交特大桥 1 座，长 507 米；沿线设大桥 10 座，共长 1438.9 米；中桥 31 座，共长 1881.67 米；小桥及农用车通道 110 座。

（五）京藏高速改扩建工程

京藏高速公路宁夏段建成 10 余年来，交通量增长迅猛，大型车、过境车比例不断攀升，2015 年日平均交通量已超过 2 万辆，局部路段已过 3 万辆。每遇节假日，必发生交通拥堵。为适应经济社会发展对交通的需求，京藏高速改扩建工程于 2016 年 4 月开始实施，2020 年 11 月 1 日全线通车。改扩建路线起自石嘴山以北的宁蒙省界麻黄沟，止于同心县桃山口，接福银高速公路，全长 284 公里，设计速度 100 公里/小时。其中：宁蒙界至滚泉段 212 公里双向四车道扩建为八车道，路基拓宽至 41 米；滚泉至桃山口段 72 公里为双向六车道，路基宽度 33.5 米。利用旧线加宽 169.7 公里，另辟新线 114.3 公里（银川市过境段、滚泉经红寺堡至桃山岔口段）。原有互通式立交桥 12 座，增建 10 座。新建大桥 27 座，共长 5247.56 米；中桥 31 座，共长 1812.24 米；小桥及农用车通道 217 座。工程总投资 221 亿元。扩建工程分 6 段实施。

宁蒙界至平罗南枢纽段 长 63.7 公里。2016 年 12 月开工建设，2018 年 1 月完成。

平罗南枢纽至四十里店南段 长 27.7 公里，新建互通式立交桥 1 座：燕子墩。2017 年 9 月开工，2019 年 12 月完成。

四十里店南至望远桥段 京藏高速 1999 年建成时，从贺兰县四十里店经马家寨西、八里桥东进入银川市，跨兴庆区东郊的孔雀湖、白鸽村入永宁县望远桥，当时沿线都属农村。后来修建银川绕城高速，只修了南、西、北三面绕城高速公路，东绕城与京藏高速共线。经20多年发展，城市向东扩展，京藏高速已处在城市街道包围之中，故宁夏交通运输厅重新规划，将过境段向东移约6千米。新线起自贺兰县四十里店南，向东北经金贵镇，又经兴庆区掌政镇，在永宁县望远镇复归旧线，长42.2千米，全部为双向八车道，设计行车时速120千米，在四十里店南、金贵、金贵南、掌政、望远设5座互通式立交桥。2016年4月完成招投标工作，2019年4月完成主体工程，11月1日通车。新线通车后，旧线作为银川东绕城高速使用。

望远桥至金积段 长49.6公里。2016年10月开工建设，2020年11月完成。

金积至滚泉段 长28.7公里。2017年3月开工建设，2019年12月完成。

滚泉至桃山口段 长72.1公里，全部另辟新线，由滚泉立交桥离开旧线向东至红寺堡区，再折向西南至桃山岔口接入旧线，全部按六车道高速公路标准建设。新建互通式立交桥4座：滚泉（滚泉北）、弘德（红寺堡北）、石喇叭（红寺堡西）、大河。滚泉经鸣沙、中宁县、长山头的旧线，原为京藏高速与福银高速共线，改为福银高速单独使用。

二、银川绕城高速公路

由已建成的京藏高速公路银川段（东环）、银古高速公路银川过境段（南环）及银川绕城高速公路西北段组成，全长78.81公里，国家高速路网编号G2004。其中：东环18.4公里，利用京藏高速公路，于2000年6月30日通车；南环22.7公里，是青银高速公路的延伸段，从望远镇白鸽村向西延伸至平吉堡，2003年8月23日建成通车；西北环37.69公里，南起西夏区平吉堡，经园艺场、农牧场，折向东经西湖农场止于贺兰县接京藏高速公路，2005年5月8日开工，2008年8月底建成通车。为双向四车道高速公路，路基宽26

米，设计行车时速 100 公里。设置阅海特大桥 1 座，长 1146.08 米。有互通式立交桥、分离式立交桥各 8 座。设出入口 15 个。建成后，常年免费通行。银川绕城高速公路的建成，对银川经济社会发展意义重大：形成出入市区的免费快速通道，从任何一个地方，可以就近出入高速公路；环内面积 400 余平方公里，与大银川主城区远景规划相适应；连接京藏、青银、乌玛 3 条国家高速公路及多条国道、省道，形成高速公路枢纽及向四面八方辐射的路网。

三、青银高速公路

即青岛—银川高速公路，编号 G20，简称青银高速，系国家高速公路网中的横干线之一，途经山东、河北、山西、陕西、宁夏 5 个省区，全长 1610 公里。其中宁夏段 141 公里，起于盐池县与陕西定边县交界的王圈梁，向西经盐池县城、高沙窝、宁东镇、河东机场，西跨黄河，止于银川市兴庆区清和街之东 900 米，分两段建设：西段原为银古一级公路，西起银川市东环路之东 900 米，东止灵武市古窑子，长 48.4 公里，采用平面交叉、局部封闭。设计车速 100 公里／小时，4 个车道，设中央分隔带。路基宽 23 米。沿线有跨黄河大桥 1 座，长 1219.9 米；中桥 11 座，共长 721.33 米；小桥 13 座，共长 263.66 米；涵洞 138 道，总长 4224 米。1991 年 6 月 10 日开工，1994 年 7 月 1 日竣工通车。2002 年 6 月 22 日（开工日期），在原一级路的基础上改建高速公路，于 2003 年 8 月 23 日建成通车。改建后的银川东郊至黄河大桥 14 公里为双向六车道高速公路；其余为双向四车道；设计车速 100 公里／小时。东段起于灵武市古窑子，止于宁陕交界的王圈梁，长 92.6 公里，是宁夏首次利用世界银行贷款的公路建设项目。1999 年 3 月 8 日开工建设，2001 年 9 月 28 日通车，全部为双向四车道。工程的招标、施工管理、质量监理，执行国际通行的"菲迪克条款"，对宁夏公路工程与国际标准接轨具有示范作用。高速公路通车后，形成宁夏首府银川市的东向出海快速通道，也是银川市至河东机场的唯一通道,连接京藏高速及国道 110 线、109 线、211 线、307 线,充分发挥主骨架公路的作用,对于加强西北内陆和东部沿海之间的资源互通,促进沿线地区的经济发展发挥着巨大作用。

四、定武高速公路

即定边至武威高速公路,是国家高速公路网青银高速公路(G20)的重要联络线,编号为 G2012,全长 481 公里,路基宽 26 米,沥青混凝土路面,采用双向四车道高速公路标准,设计时速 100 公里。此路将青银高速、京藏高速、连云港至霍尔果斯高速 3 条国家高速公路连接起来,使新疆、甘肃河西走廊与华北、陕北的交通更为接近,不再绕道兰州、西安,减少行程近 300 公里,对于加快宁夏经济发展和"西部大开发"战略的实施具有极其重要的意义。其中宁夏境起自青银高速盐池县互通式立交桥,经马儿庄、红寺堡区、中宁县、中卫市区、沙坡头、孟家湾,在中卫市沙坡头区营盘水出境,境内长 300.3 公里,分 3 段分期建成。

盐池至中宁段 起自盐池县城,经青山乡、马儿庄、惠安堡、红寺堡,至中宁县恩和镇,与已建成的福银高速公路相连,长 160.3 公里,2006 年 8 月 20 日开工建设,2008 年 8 月底建成通车。概算总投资 43 亿元,其中交通部补贴 11.2 亿元,宁夏交通厅自筹 8.1 亿元,商业银行贷款 23.7 亿元。大部分路段穿行在地广人稀的荒漠草原或沙地,生态环境极为脆弱。故采取独特的设计方案:不同方向的行车道采用分离式路基,取消中央分隔带及两侧护栏,尽量减少挖方、填方,使路面与草原、沙地融为一体,保护、改善了沿线生态环境,被评为"2011 中国建筑业最具创新示范工程"。沿线设互通式立交桥 7 座;中小桥梁 60 座,共长 9273.66 米。

中宁至孟家湾段 起自中宁县恩和镇福银高速清水河互通立交桥,向西 4.89 千米跨越宝中铁路,经田营二泵站南端、宣和镇南、永康镇南,在中卫黄河桥南侧通过，又经常乐镇以南，在沙坡头之西跨越黄河至本路段终点孟家湾，长62.88公里，2004年7月20日开工建设，2006年10月14日建成通车。概算总投资15.8亿元，其中交通部补助6.84亿元，银行贷款5.5亿元，宁夏交通厅自筹1.79亿元。控制性工程为沙坡头黄河特大桥，长1341.5米。分为六联跨。上部结构东岸引桥采用9孔40米先简支后连续预应力混凝土箱梁；主桥采用（65×2+120+65 m）预应力混凝土连续刚构箱梁；孟家湾西岸引桥采用15孔40米先简支后连续预应力混凝土箱梁。下部构造采用钻孔灌注桩基础、重力式台（扩大基础）、柱式实心墩及矩形薄壁空心墩。主桥墩高达60多米，是宁夏所建黄河特大桥桥墩最高的一座。沿线设互通式立交桥4座、分离式立交桥7座；大桥16座，共长2743米；中桥20座，共长1331.5米；小桥及通道120座。

孟家湾至营盘水段 长60.29公里，2008年12月20日开工建设，2010年11月23日建成通车。总投资14.5亿元。其中交通运输部补助4.16亿元，银行贷款6.57亿元，宁夏交通运输厅自筹2.4亿元。采用双向四车道高速公路标准，沿线设互通式立交桥2座，分离式立交桥3座；大桥4座，共长1033.37米；中桥1座，长87.06米；小桥及通道17座。

五、福银高速

原称银川至武汉高速公路。2007年7月3日，纳入国家高速公路网，全称福州—银川高速公路，简称福银高速，编号G70。路线起自福州，经福建、江西、湖北、陕西、甘肃、宁夏，止于银川，全长2485公里。福银高速公路宁夏段长393公里。中宁至银川段与京藏高速公路共线180公里。新建桃山口至沿川子段长213公里，途经同心县城、海原县东部、原州区、泾源县，至沿川子入甘肃省平凉市，于2011年底建成通车。全线为双向四车道，设计时速100公里。其中固原市原州区、泾源县境内段属六盘山区，山大沟深，桥隧密集。在 2015 年交通运输部批复京藏高速公路 G06 改扩建工程初步设计中，滚泉互通立交经红寺堡至桃山口立交段为改线新建路段，原来共线的桃山口立交至滚泉立交段计入福银高速公路。据此，福银高速宁夏段实际里程变为 289 公里，形成至东南沿海的快速通道。

由于福银高速与先建的京藏高速共线 180 公里，所以实际实施的是以下两段工程。

桃山口至同心段 北起京藏高速公路桃山口，向南经杨家塘、李家套子、兴隆乡东侧，止于同心县城西侧，长 32.4 公里（其中新建 28.4 公里，中郝项目已建成 4 公里），设计为双向四车道高速公路，路基宽度 26 米。项目总投资 6.08 亿元，其中交通部补助 2.5 亿元，国家开发银行贷款 3 亿元，宁夏交通厅自筹 0.32 亿元。2001 年 11 月开工建设，2003 年 12 月 1 日建成通车。沿线有互通式立交桥 1 座、分离式立交桥 3 座；大桥 4 座，共长 910.38 米；中桥 3 座，共长 180.62 米；小桥及通道 47 座。

同心至沿川子段 北起同心县城西，经王团乡及海原县李旺镇、七营、三河乡，固原市原州区的三营镇、城区、开城镇、青石嘴，继入泾源县，经大湾乡、六盘山镇、刘家沟、东山坡、堡子山、马西坡、白家庄后，进入白家沟并沿沟两岸滩地布线，至惠台林场南，再进至下寺沟、花崖子、土窑、庙庙沟、沙塘川，止于泾源县黄花乡沙塘川东侧宁甘交界的沿川子处。过境区域均为国家级贫困县。项目总概算 56.31 亿元，其中亚洲开发银行贷款 2.5 亿美元，交通部专项资金安排 13.68 亿元，国家开发银行贷款 10.5 亿元，宁夏交通厅自筹 11.38 亿元。路线全长 180.4 公里，共分三期建设完成，一期工程同心至固原段于 2004 年 5 月开工，全长 117.5 公里，路基宽 26 米，设计行车时速 100 公里，2005 年底通车；二期工程固原城区至什字段 2005 年 7 月开工，长 38.4 公里，设计时速 80 公里，2007 年底通车；三期工程什字至沿川子段于 2009 年 8 月开工，长 24.5 公里，设计行车时速 80 公里。2011 年 12 月 1 日竣工通车。由于多数路段在六盘山区，山大沟深，故桥隧众多。

共设隧道 6 座，即三十里铺、牛营子、大湾、什字、刘家沟、堡子山隧道，共长 3806 米；互通式立交桥 7 座，分离式立交桥 18 座；特大桥 1 座（马西坡大桥），长 1302.3 米；大桥 56 座，共长 13209 米；中小桥 62 座，共长 3691 米。

六、银昆高速

北起银川，南至昆明，国家高速公路编号 G85，是国家高速公路网南北纵线中的一条，原规划为重庆至昆明，后将起点北延至银川。途经甘肃、陕西、四川、重庆、云南，全长 2322 公里。银昆高速公路宁夏段全长 360 公里，起点银川，途经河东机场、灵武市、太阳山开发区、彭阳县，在高寨塬入甘肃境。其中：银川至石坝段与青银高速公路共线 22.6 公里、石坝至太阳山段 100.4 公里已建成通车，太阳山至彭阳段 237 公里（宁甘交界）尚在建设中。

七、青兰高速

即青岛—兰州高速公路，属国家高速公路网中 18 条横线的第 6 条，编号 G22，途经山东、河北、山西、陕西、甘肃、宁夏，全长 1795 公里。宁夏境内长 67 公里，由两段组成，其中泾源县沿川子至东山坡段与福银高速公路共线 17 公里，东山坡至隆德县毛家沟段长 50.29 公里为新建路段。由于六盘山南北向横亘于路线中间，为穿越六盘山，在海拔 2200 米处设六盘山特长隧道一座，长 9485 米。2016 年 7 月 3 日建成通车。

八、乌玛高速

即乌海至玛沁公路，是国家公路网规划中横线荣成到乌海高速公路

（G18）的一条联络线，编号G1816，北起内蒙古乌海市，经银川、兰州至青海省东南部的玛沁县，简称乌玛高速公路。其中宁夏段370公里，是自治区"三纵九横"干线公路网规划中"西纵"的组成部分，由五段构成：一是宁蒙省界麻黄沟至石嘴山市大武口区96公里，正在做前期工作。二是大武口区至银川高速公路42公里，起自石嘴山市世纪大道，终点接银川绕城西北环上的文昌枢纽互通立交桥，2009年3月开工建设，2010年11月建成通车。按全封闭、全立交的四车道高速公路标准设计，设计时速100公里。三是银川至青铜峡高速公路60公里，起自银巴高速黄羊滩枢纽互通立交桥南1.17公里，与银巴高速相接，终点位于青铜峡铝厂互通立交桥南侧2.5公里。四车道，设计时速100公里。2013年9月开工建设，2015年10月建成通车。第四段青铜峡铝厂至中卫市红卫123公里，2019年开工建设，2021年12月建成通车。第五段中卫市红卫至宁甘省界营盘水50公里，使用已建成的G2012定武高速公路。宁夏段已通车的共152公里，其余待建。

九、乌银高速

是国家公路网规划中横线荣成到乌海高速公路（G18）的一条联络线，编号为G1817。北起内蒙古乌海市，沿贺兰山西麓向南至阿拉善左旗，再折东越贺兰山入银川市，止于河东机场。全长约220公里，其中宁夏境内56公里，分为两段：宁蒙交界的贺兰山头关至银川平吉堡立交桥32公里，于2010年7月1日开工，2011年11月28日建成通车。平吉堡立交桥至河东机场24公里，尚在规划中。

下篇：省级高速公路

盐池—红井子高速公路 编号 S15，南起盐池县城，北至鄂托克前旗红井子接内蒙古省道 S216 线（察汗淖尔至敖勒召其镇公路），长 20.21 公里，路基宽 26 米，设双向四车道，设计行车时速 100 公里。简称盐红高速。2012 年 3 月 8 日开工，2014 年 1 月 11 日建成通车。

泾源—华亭高速公路 编号 S25，长 40 公里。分两个项目实施：李家庄至泾河源 27.85 公里于 2015 年 3 月开工，2016 年 12 月 8 日通车；泾河源至双疙瘩梁段 12.15 公里，于 2016 年 12 月开工。全线有大桥 20 座、中小桥 27 座。路基宽 24.5 米，设双向四车道，设计行车时速 80 公里。建成后与甘肃省规划的 S11 省级高速公路相连接，成为宁夏最为便捷的南出口，对六盘山区经济社会发展具有重要意义。

石嘴山—平罗高速公路 编号 S10，西起石嘴山市大武口区接乌玛高速，东至平罗县接京藏高速，长 18 公里，按全封闭、全立交、控制出入的四车道高速公路标准建设，设计行车时速 100 公里。2016 年 4 月 29 日开工，计划工期 2 年。

古窑子—青铜峡高速公路 编号 S12，东起灵武市古窑子，西经吴忠市金积镇，跨黄河至青铜峡市小坝镇，是国道 211 线的联络线，长 79.28 公里，路基宽 26 米，设双向四车道，设计行车时速 100 公里。修建于 2012 年。该公路将灵武市的宁东能源化工基地与青铜峡新材料基地、牛首山工业园区、金积工业园区紧密连接，并与青银高速公路（G20）、京藏高速公路（G06）、定武高速公路（G2012）互通。

萌城—海原高速公路 规划中的宁夏省级高速公路，编号 S40，长 150 公里。已建成同心至海原段 55.7 公里。东起同心县城新区，国道 344 线（原省道 101 线）与省道 103 线（海同公路）平面交叉处，西止海原县城，其中新建48.34公里，与福银高速共线7.36公里。采用双向四车道，设计行车时速80公里。沿线设大桥33座、中小桥11座、互通式立交桥2座。2015年10月15日开工，计划建设工期27个月。

寨科—海原高速公路　规划中的省级高速公路，编号S50，长150公里。其中已建成海原新区至海原县城段，东起黑城接福银高速，西至海原县老城，长52.4公里。采用双向四车道，行车时速80公里。2013年7月1日开工建设，2015年12月30日建成通车。其控制工程为赵家山隧道，长1230米。沿线有大桥25座、中小桥7座、互通式立交桥3座。

固原—西吉高速公路　编号S60，全长94.55公里。由两个项目组成，即固原至西吉高速公路，长46.53公里；西吉至会宁（宁甘界）高速公路，长48.02公里。前者已实施，东起固原市原州区六盘山机场南侧，西至西吉县城迎宾大道与原S202线平面交叉处，长46.53公里。设双向四车道，行车时速80公里。设特大桥1座，长1368米；大桥21座，中小桥15座，互通式立交桥2座，隧道2座，共长3643米。2013年11月开工，2016年12月建成通车。

固原—彭阳高速公路　编号S70，长60公里。其中已建成彭阳至青石嘴段34.34公里，其余青石嘴至固原段利用福银高速。路线起自彭阳县城西北的朝那桥头，终点接福银高速青石嘴立交桥。按四车道高速公路标准设计，行车时速80公里。2012年12月开工建设，2015年9月建成通车。

滚泉—红寺堡高速公路　西起京藏高速公路滚泉互通立交桥，东至盐中高速公路红寺堡互通立交桥，长19.11公里，按四车道高速公路标准建设，设计行车时速80公里。2008年11月25日开工建设，2009年10月建成通车。

宁夏公路桥梁中的"第一"

宁夏第一座半永久式公路桥

　　1926年宁夏出现公路后，众多桥梁都是因陋就简的临时性便桥，即简支木梁桥，年毁年修。第一座半永久式公路桥是宁（夏）平（凉）公路上的同心县香水河桥。所跨"香水河"即清水河，为当时宁甘两省之界河，在王团庄之南。1941年5月西北公路管理处决定修建，并列为重点工程，次年由平凉工务所成立香水河工务段，按简支木梁桥修建。1943年5月27日竣工通车，使用至1946年毁坏。1947年国民政府交通部第七区公路工程局工程总队重建香水河桥，下部为钢筋混凝土桩基础，上部为简支木梁。5孔，每孔跨径10米，全长51.4米，桥面宽4米，设计荷载12吨，1947年9月22日通车。此为民国时期所建桥梁中使用时间最长的桥梁，至1966年，因桥面太窄、设计荷载太小，才拆除重建。

宁夏第一座永久式公路桥

　　中宁县长山头桥为宁夏第一座永久式公路桥。位于当时的宁兰公路上，在中宁县长山头跨清水河。原有木梁桥一座，1946年4月被洪水冲毁。1947年国民政府交通部第七区公路工程局工程总队在此修建钢筋混凝土连续板梁一座，长 58.4 米，共 8 孔，其中 4 孔跨径 6.5 米，另 4 孔跨径 7.2 米，当年 11 月 16 日竣工通车。使用至 1958 年，因建长山头水库，桥梁被泥沙淤埋于库底。

宁夏第一座黄河桥

现在都写成是叶盛黄河大桥，实际是青铜峡黄河铁桥。1958 年筹建青铜峡水利枢纽工程，为解决机具设备、材料运输及施工人员往来问题而建。由青铜峡水利工程局投资发包，兰州铁路桥梁工程队施工。1958 年 11 月 7 日开工，次年 9 月 12 日通车。桥长 292.28 米，下部为木桩片石木笼基础，木垛墩台。共 7 孔，中间 3 个墩迎水一面做成尖锥体以破冰凌。上部结构为军用钢质桁架梁：两个端孔架设 48 米长的下承穿式钢质桁架梁，由加拿大生产；中间 5 孔架设 32 米长的下承半穿式钢质桁架梁，为英国军用产品（舟桥部队专用）。桥面铺设 1435 毫米轨距的单行铁路线。为了能行驶汽车，又用木板铺设 3 米宽的行车道；两侧各设 0.8 米宽的人行道。因木材较多，桥上布设消防系统，桥两端设岗亭派兵值守。因系单行线，两端又有专人执旗指挥车辆。

1963 年青铜峡水利枢纽工程竣工后，此桥不再通行火车，水电部第三工程局将铁便桥移交地方作为公路桥梁使用，供汽车、行人来往使用，由青铜峡水力发电厂管理，资产净值 182 万余元。1971 年 2 月 8 日又移交自治区交通局吴忠养路段管理。由于当时宁夏段黄河仅此一桥，虽为单行线，昼夜交通量接近 1000 辆。到 1988 年我去调查，上年统计交通量日均 1828 辆，最高的 8 月 15 日，高达 3358 辆。桥面的木板每年都要更换，桥墩的木笼基础也经常被水流掏空，因此维护耗资多。这座桥虽不是永久式桥，毕竟是宁夏黄河亘古以来第一桥，使用了 50 多年，现仍存在，旅游部门错误地宣传为"英国人所建"。由于 6 个桥墩全部是片石木笼，河水掏空笼底，每年要多次大量抛石护基，后改为片石铅丝笼围护。至 1984 年，所有木笼均呈悬空状态，笼底与河床悬空尺度最小为 0.77 米，大者过 1 米，故列作危桥。此后 10 年，每年耗资数十万元维修，也为物资流通发挥了重要作用。1991 年青铜峡公路大桥通车后，禁止大型车辆通行。2000 年后，禁止一切机动车通行，现已列为市级文物保护单位。

宁夏第一座永久式黄河公路桥

即叶盛黄河桥。它也是宁夏"第一座"黄河大桥，但必用"永久式"加以界定，才算科学、严谨。此桥也是宁夏人自行设计、施工的首座黄河大桥，连接当时的包（头）兰（州）、银（川）平（凉）、银（川）西（安）、叶（盛）军（渡）四大公路干线，其意义远比青铜峡黄河铁桥重大。此桥由自治区交通局公路处设计，下部为钢筋混凝土灌注桩基础、柔性墩，其优点是适应战备需要，一孔被炸塌，不会导致他孔连锁反应。上部采用中国传统的双曲拱结构，其优点是线型优美，在保证过水断面的前提下，大幅减轻桥梁自重。1969 年 9 月 5 日成立宁夏黄河公路大桥修建指挥部，10 月开工。施工以自治区公路处为主，另调集建工部七局八公司及十公司、自治区建筑公司等 5 家建筑公司参加"会战"。此桥建成后，使 109 国道、211 国道、307 国道及 101 省道改渡为桥，经济效益巨大。设计寿命 40 年，实际使用达 50 年。2020 年后，禁止大中型车辆通行。

叶盛黄河桥的长度　1985 年，我在宁夏交通厅史志办工作时，发现公开出版物中，对叶盛黄河桥的长度有多种说法。查通车典礼之日，《宁夏日报》头版头条的报道记为 591 米。1979 年交通部组织的第一次全国公路普查汇编资料为 503 米。找到设计图纸，又是另一个数字。孰是孰非，很难界定。我只好带着两位懂行的资深工程师到现场反复丈量，结果和设计图纸一样：452.7 米。现场对照，此桥共 10 孔，每孔跨径 40 米，加上 10 个桥墩的尺度，也和此数吻合。于是将此数认定下来，并以简报形式知会各方。分析报刊出错的原因，是因"叶盛黄河桥工程项目"还包括另两座桥：西河桥，长 138.4 米；包家河桥，长 79 米。有的报刊将 3 座桥误加到一块，有的将两座桥加到一块。但是，此后出版的其他著述，仍将叶盛黄桥的长度写错。如 1998 年出版的大型画册《宁夏公路》第 90 页，用的是 502 米。此数从何而来，让人捉摸不透。

叶盛黄河大桥的通车时间　2000 年，开展第二次全国公路普查，将普查的成果，汇编成《公路普查资料》，于 2002 年 5 月出版。将叶盛黄河大桥的通车时间误记为 1970 年 10 月。准确时间应为 1970 年 12 月 26 日。这天是毛主席的生日，通车时间选在这天，以示对他的敬意。所有的文件、新闻报道都可证实，活着的建桥人至今记忆犹新，不会出错。此桥的桥头建有岗楼，通车后派兵瞭望值守，到 1981 年才撤出。

附录

网上杂议

关于修史的三点感悟

一、秉笔直书

文天祥的《正气歌》，有"在齐太史简"一句，说的是齐国太史不怕杀头秉笔直书之事：大臣崔杼弑齐庄公，齐太史乃记："崔杼弑其君"，因此而被杀。太史的两个弟弟先后继任史官一职，也如实记载，都被崔杼杀了。崔杼告诫太史四弟："你必须把庄公之死写成暴病而亡，否则，你的下场也是死。"太史四弟正色回答："秉笔直书，史官职责也；失职求生，不如一死。"此后，"秉笔直书"，成为史官的职业道德。史官要如实记录皇帝每一天的一言一行，称《实录》。按规矩，皇帝是不能看《实录》的。

二、《实录》不实

唐太宗是中国历史上少有贤明之君，最可贵的是能听取批评意见，善纳谏，远佞臣。但唐太宗办的一件傻事，就是破坏了不看本人《实录》这个规矩。当时由魏徵写《实录》，唐太宗要看，魏徵不让看，并解释说："史官不虚美，不隐恶，帝见必怒，故不敢呈览。"唐太宗说，我与前世帝王不同，记我坏事绝不怒。魏徵遂呈《实录》。帝阅，见未记杀其兄建成、弟元吉之事，令魏补记。然而，此后帝王皆以此为据，阅删《实录》。故宋代以后，《实录》不实，正史不正，"秉笔直书"成为史家幌子。如《明实录》《清实录》，对皇帝多是溢美之词，绝无贬语。

三、当代能不能修史？

对此，学术界有不同观点。认为当代可以修史的，主要论据是司马迁系汉代人，而《史记》写到了汉武帝执政。但是，对《史记》稍有研究的人都知道，其中写汉武帝的《孝武本纪》，并非司马迁亲撰，而是他人补写，其中多数摘自《封禅书》。司马迁遭汉武帝迫害受腐刑，实为奇耻大辱，估计是他不愿带着恩怨写史。也就是说，司马迁回避了"当代"帝王。从隋代以后，所有正史都是后代人编修的，当代修志，后代修史，也就成为惯例。为什么当代不能修史？最重要的原因是不能客观记实、秉笔直书。其次，很多重大历史事件，要经过历史的检验，才能作出正确的结论。

（2022年7月6日发"今日头条"）

民谚"宁夏有天下人,天下无宁夏人"

明清至民国年间的"宁夏",是指今天的宁夏平原及周边,还不包括贫瘠甲天下的西海固地区。宁夏平原得黄河灌溉之利,旱涝保收,又有许多荒地待垦,只要肯出力,就能让全家吃饱穿暖,不必逃荒求生。所以流传一句民谚:宁夏有天下人,天下无宁夏人。

实行改革开放后,宁夏贫困山区各县组织劳务输出,大批农民来到银川及内地、沿海打工。但宁夏平原各市县,由于自然环境、经营环境较好,又吸引了全国各地的人口到此定居。比如银川市,20世纪80年代,修鞋、擦皮鞋的全是浙江人,做家具的为江浙人,做豆腐的为湖北人。1998年后,我住在兴庆区北塔巷商业步行街的旁边。10多年后,我和街上的多数经营者已经熟悉。整条街中,早市的摊贩、固定的商铺,除经营牛羊肉、饭馆的为本地人,其他都来自全国各地。早市卖蔬菜的,以河南、四川人居多。加工面条的,还有两家餐馆老板,竟然来自我老家重庆市万州区。我曾经用过的3个保姆、2个家政,则全部来自甘肃的贫困县,分别为静宁、泾川、环县。她们现在都已在银川定居。尤其是两位家政,姐妹俩,不但自己挣钱,还将老家的对象也叫来。姐姐在银川干了5年,买了新房,结婚生子。妹妹还在我家干,也买了房结了婚。据她说,她一人每年收入都过10万元,超过大学毕业生的水平。每年冬天,丈夫所在工地停工,夫妻一起干家政,仅春节前1个月擦玻璃，活多得应付不过来，两人收入近3万元。我很纳闷，这些活，为什么本地人都不干？

（2022年6月4日发"今日头条"）

民谚"天下黄河富宁夏"

黄河是中国第二大河流，泥沙含量大。在古代，因泥沙沉积，导致干流改道、决口，常给下游的河南、山东省带来水患灾害。但是，黄河流经宁夏397公里，却给这里带来巨大的好处。一是泥沙沉积，造就了卫宁平原和银川平原（合称宁夏平原），形成数十万顷沃壤。二是自然地理条件，提供了得天独厚的自流灌溉优势。黄河在卫宁平原的上游有黑山峡，在银川平原上游有青铜峡；利用峡谷与平原的落差，人们可以在峡谷的出口两岸开渠引水，惠及整个平原地带。宁夏现有的十大干渠，其中8条开凿于古代，按时间顺序为秦渠、汉渠、汉延渠、唐徕渠、美利渠、七星渠、惠农渠、大清渠。另二条开凿于当代，即西干渠、东干渠。干渠之下，又有支渠、斗渠、毛渠，将河水引到田间地头，形成沃野千里、谷稼殷实的局面。清同治十年(1871年)，左宗棠在给朝廷的《筹办金积善后事宜疏》中说，宁夏"古称沃壤，秦汉两渠，因时灌溉"，"各渠分流引水，水土适均，所以有天下黄河富宁夏之谚也"。

清水河有 320 公里长吗

清水河是宁夏第二大河,黄河一级支流。对其长度,各种著述都写作 320 公里。经查家中藏书,这个长度始见于 1985 年《宁夏风物志》。权威著作 1992 年版《宁夏水利志》、1998 年版《宁夏百科全书》亦用,遂成定论。我在各种著作中,也都使用这个数据。到 2018 年写《宁夏地名志》,才对这个数据有疑问。

清水河发源于固原市原州区开城镇的黑刺垴沟,其南侧为开城梁,是黄河流域上游与中游的分水岭;向南为泾河水系,经泾川等地入关中汇入渭河;向北为清水河水系,至中宁县城之西的泉眼山汇入黄河。宁夏公路的 101 省道,即沿清水河布设:开城梁到固原市为 24 公里,固原市到中宁为 183 公里,合计 207 公里。河道与公路,在局部地段都有绕弯现象,河道略长,但相差不会超过 15 公里。但清水河长 320 公里这个数字,比公路多出 113 公里。要知道,从开城梁到银川才 357 公里,如果减去清水河口到银川的 140 多公里,只剩 230 公里左右。

笔者认为,清水河的长度,应在 220 公里左右。但这只是估计数,没有依据,也不能使用。由于清水河在宁夏的地位相当重要,相关部门应该将其长度认真核定,以便社会各界使用。

(2022 年 5 月 11 日发微信朋友圈)

丝路小辞典

丝绸之路的得名　在20世纪60年代，中国国内还没有"丝绸之路"一说，学术界都称"中西交通线"，如张星烺著有《中西交通史料汇编》共6册。1868—1872年，德国地理学家李希霍芬（1833—1905年）先后7次来中国旅行，返回后于1877年写成《中国——亲身旅行的成果和以之为根据的研究》一书，首次把公元前114年至公元127年开辟的中国经中亚到印度的丝绸贸易道路命名为丝绸之路。也就是说，他将张骞出使西域作为丝绸之路的发端。数年后，李氏的同胞阿尔伯特·赫尔曼在所著《中国与叙利亚之间的古代丝绸之路》中写道："我们应该把这个名称——丝绸之路的含义进一步延长到叙利亚……"后来，李希霍芬的著作被译成中文出版，"丝绸之路"一名便不胫而走。

丝路的起点　丝路的起点在哪里？张骞通西域，从长安出发。东汉、北魏都洛阳，隋唐都长安，北宋都开封，元都北京……因此，严格讲，陆上丝路的起点应是古代中原王朝的都城。

西域　狭义上是指玉门关、阳关以西，葱岭即今帕米尔高原以东，巴尔喀什湖东、南及新疆广大地区。西汉时的西域36国即指这一带。而广义的西域则是指指玉门关、阳关以西凡能到达的地区，包括中亚、南亚、西亚各国乃至欧洲的古罗马。

张骞凿空　西汉建元三年（前138年），汉武帝遣张骞使西域，联络大月氏共击匈奴。张骞选百名勇士，经天水、陇西（今甘肃临洮），至河西走廊西部，遇匈奴骑兵，随从被杀，唯张骞与其助手甘父被俘，被扣十年后逃脱，西行经大宛国（今乌兹别克斯坦东部费尔干纳）达月氏。联络月氏击匈奴之事"不得要领"，遂绕道葱岭，沿塔里木盆地南缘返回。途中再被匈奴俘虏服苦役年余，公元前126年逃回长安，历时十三载而开拓西域交通，史称"张骞凿空"。

回中道 西汉元封四年（前107年）十月，汉武帝"通回中道，遂北出萧关"，即下令从长安沿泾河至安定郡（固原市老城）修筑交通大道，因经过回中宫和萧关，故称回中道，宁夏段丝绸之路由此开通。

长安—凉州北道 起自长安，经过今陕西省乾县、永寿、彬县，甘肃省泾川、平凉，宁夏的固原、海原，在甘肃靖远县东北过黄河，经景泰县至武威（凉州），长1600里，因属北线，故名。从西汉元封四年使用至唐广德元年（763年），因原州被吐蕃攻占而停止使用。

长安—凉州南道 起自长安，沿渭河西行，经过今陕西宝鸡市，甘肃的天水、定西、临夏市、炳灵寺石窟至武威，全程1800余里，较北线远200余里，而且山险较多。张骞出使西域即使用南线。唐广德元年（763年），因渭河流域被吐蕃攻占而停止使用。

萧关道 盛唐时对原州境内一段丝绸之路的别称，因置有萧关县（治今海原县李旺镇），故名。唐代著名诗人王维、王昌龄、贾岛等曾写过吟诵萧关道的诗篇数十首流传于世。

灵州西域道 唐广德元年（763年），因吐蕃攻占陇右数十州，长安—凉州南北两道断绝交通数十年，到大中五年（851年）改弦更张，从长安经灵州（治今吴忠市利通区古城镇）入河西走廊至西域各国，故名。使用至元代初期。

河西走廊 今甘肃省的武威、张掖市、酒泉、敦煌等市，因处于丝绸之路的东西走廊地带，故名。

参天可汗道　贞观二十一年（647年）正月，为方便漠北各民族进入中原，唐太宗下令在回纥、突厥间"治大涂"，即修筑交通大道，起自鹈鹕泉之阳，北至回鹘牙帐娑陵水上，取名"参天可汗道"。沿途设立68（一作66）所驿站，预备驿马，供足酒肉，款待到唐都长安的各民族使节。鹈鹕泉向南原有千里驿道接灵州。此即当代学者所称"草原丝路"之一。

一匹丝绸有多长多宽　历朝不一，以隋唐为例，布匹、丝绸长度均为四丈，宽不低于一尺八寸。唐尺合今约30厘米，以此折算，长12米，宽54厘米。现在网上都说丝绸一匹为十丈长，没有根据。

丝绸在古罗马的价格　公元3世纪前，一磅中国生丝价为1.25万罗马银币，一件绸制长袍135万银币。按重量计，大大超过黄金价。

玉门关　王之涣《凉州词》："羌笛何须怨杨柳，春风不度玉门关。"西域的玉石由此进入中原，故名玉门关。很多人认为玉门关就是今天甘肃省的玉门市。其实不然，汉代的玉门关在今敦煌市西北80公里许，即小方盘古城。

阳关　王维送友人出使安西，作诗曰："劝君更尽一杯酒，西出阳关无故人。"现在驴友在敦煌市西郊看到的阳关，其实是假的，系日本人拍电影所造场景。真正的阳关在敦煌市西南70公里南湖乡古董滩附近。

唐玄奘取经是否经过宁夏　玄奘是一人偷偷出发，找到一名秦州僧带路，故走天水。又由凉州僧人带路，走到武威。返回时，《大唐西域记》只记到凉州。有日本学者认为是经过宁夏返回长安。

波斯狮子在高平　北魏建义元年（528年）七月，波斯国王遣使送狮子去洛阳，路经高平。关陇起义军领袖万俟丑奴扣留狮子，僭称天子，置百官，改元"神兽"。狮子在高平供养两年有余。530年夏，万俟丑奴在平凉被俘，与狮子皆"槛送"洛阳。人被腰斩于都市，狮子豢养在华林园中供魏庄帝取乐。

贝叶经书　电视剧《西游记》描写唐僧取经回来过通天河，在晒经石上晒书，特写镜头下，都是宣纸线装书。当时印度无纸，以贝多树之叶晒干，裁成比竹简宽一倍多的长条，在上端及中部各打一小孔，用绳贯连之，多用以写佛经，故称"贝叶经书"。唐代的玄奘、宋代的行勤等高僧，取回的都是贝叶经书。这种贝多树，叶片很大，极像芭蕉树叶，在我国西双版纳森林公园中即有，导游会特意向游客介绍。

唐太宗学酿葡萄酒　中国酿酒历史久远，但3000多年都是粮食酿造的低度酒，到隋朝仍不会酿葡萄酒。唐军击败高昌后，葡萄酒、波斯三勒浆、龙膏酒的酿造技术通过丝绸之路传入中原。唐太宗亲自学习、总结酿葡萄酒的工艺技术。《册府元龟》载："帝自损益，造酒成，凡有八色，芳辛酷烈……既颁赐群臣，京师始识其味。"葡萄酒很快风靡全国，到开元年间，甚至在边塞地带"沙场"也可痛饮到葡萄酒。王翰《凉州词》："葡萄美酒夜光杯，欲饮琵琶马上催。醉卧沙场君莫笑，古来征战几人回？"大约在开元十四年（726年），李白在金陵、扬州等地游览，也写了一首浪漫的《对酒》诗："蒲萄酒，金叵罗，吴姬十五细马驮。青黛画眉红锦靴，道字不正娇唱歌。玳瑁筵中怀里醉，芙蓉帐底奈君何！"

白糖制作技术传入　中国到唐初仍不会加工固体白糖。陆游《老学庵笔记》说，贞观二十一年，摩揭陀国（孟加拉国发祥地）遣使贡白糖，唐太宗问其使人：此何物？云："以甘蔗汁煎。"唐太宗称奇，当即派使臣前往学习制糖工艺。《新唐书·西域上》卷二二一载："摩偈它，一曰摩伽陀，本中天竺属国……贞观二十一年，始遣使者自通于天子，献波罗树……太宗遣使取熬糖法，即诏扬州上诸蔗，拃沈如其剂，色味愈西域远甚。"

玉石之路　丝绸之路因主要商贸物资的不同，又有香料之路、玉石之路、茶马之路等别称。灵州西域道是闻名遐迩的玉石之路。新疆的和田玉，蜚声中外。古代，这里有个于阗国，大量玉石经玉门关输入中原。灵州西域道开通后，更是进入极盛时期。后晋、后汉因进入中原的玉石实在太多，都曾禁止民间私下交易，只许在固定的市场贸易。后周解除禁令，采取"听私下交易，官中不得禁诘"的放任政策，导致玉石及其制品价格暴跌，"十损七八"。

后晋天福三年（938年）十二月，朝廷派张匡邺率使团去于阗册封其国王李圣天。他们从灵州启程，走了两年才到达。高居诲作为判官同行，沿途边走边记："自灵州过黄河，行三十里，始涉沙入党项界，曰细腰沙、神点沙……而山多玉……其河……至于阗分为三：东曰白玉河，西曰绿玉河，又西曰乌玉河。三河皆有玉而色异。每岁秋水涸，国王捞玉于河，然后国人得捞玉。"这个使团返回，携带的大量礼品便是玉石及其工艺品。紧随其后，于阗国王又派使团回访后晋，所带礼品中，光玉石达一千斤，还有玉石制作的印、降魔仗等工艺品。至于回鹘商人入中原，和田玉更是必备商品。他们都走灵州西域道，从灵州到庆州，常遭抢劫。乃至这一带的民间，很多党项人家中都有玉石及玉质工艺品。

怎样过戈壁　在大风的作用下，洪积平原上的细砂和尘土被刮到天空中，其中尘土被吹到千里外的地区，形成黄土高原；细砂被携带到近处，形成沙漠；剩下刮不走的砾石、石块，则在原地形成戈壁。马过戈壁，需做"马蹄木涩"：将木板锯成蹄形，钻四孔；将马蹄亦钻四孔；以细绳贯连之。骆驼蹄则剪牦牛皮包扎。否则，马、驼之蹄皆会被硌坏，或至折损。马蹄木涩，尤其是牦牛皮，要有足够备份，不然过不了戈壁。进戈壁要带足饮水。万一水尽，有窍门可助行人坚持两天：找湿沙地，挖一尺多深的长形坑槽，人赤身躺进，全身覆湿沙，只露面部，睡半个时辰，称"疗渴"。

天马行空　天马，即神马，是西汉时对西域马的誉称。今天人们常用"天马行空"的成语，来比喻才思豪放、超群不凡之人。张骞首次出使西域，乌孙王送来千匹良马。汉武帝把乌孙马取名为天马。张骞再次出使西域，回来呈报：大宛国出产汗血马，比乌孙马更强壮。此后大宛马叫天马，乌孙马改叫西极马。大宛马、乌孙马在对匈奴的作战中立了大功，朝野称颂，于是就留下了许多吟诵天马的文学作品。其中有汉武帝所作两首歌词。一首作于太初四年，载于《史记·乐书第二》，今人称《西极天马歌》：

>天马来兮从西极，经万里兮归有德。
>
>承灵威兮降外国，涉流沙兮四夷服。

《汉书·礼乐志》卷二十二"郊祀歌"亦载这首《天马》歌，其篇幅要长得多。另一首为《太一之歌》，载于《史记·乐书第二》和《汉书·礼乐志》。唐代大诗人李白的《天马歌》，更是把西域马之快形容为"神行电迈蹑慌惚"。

浑脱舞　中亚的浑脱舞，在唐高宗时传入长安，并在皇宫盛行。"浑脱"即全脱，实则裸体舞。舞伎一边跳，还要人往身上泼凉水；尤其是冬天，必感体寒，故亦称"泼寒胡戏"。《新唐书·张说传》载，浑脱舞盛行宫中，连唐中宗李显也乐此不疲，常登楼观看。玄宗登基时，招待各国使团，演出节目单赫然列有泼寒胡戏。宰相张说上疏，说"裸体跳"有伤"盛德"，遂下令禁止，但皇宫外仍有表演者。

胡旋舞　唐代风靡全国的胡旋舞，由中亚传入，特点是在飞速旋转中做出各种舞蹈动作。《新唐书·西域》载，地处中亚的康国、米国、俱蜜等，都曾向唐宫廷献胡旋女。白居易有《胡旋女》诗："胡旋女，胡旋女。心应弦，手应鼓。弦鼓一声双袖举，回雪飘飘转蓬舞……"安禄山奇胖，肚大及膝，竟常和杨贵妃旋转如风跳之，有次手持木瓜，碰伤贵妃乳胸。曹雪芹写贾宝玉进入秦可卿卧室，看到的装饰工艺品中，就有"伤了太真乳的木瓜"。胡旋舞也曾在宁夏流行。盐池县苏步井出土的唐代何氏墓葬的墓道石门，就刻有跳胡旋舞的舞伎身姿。

唐朝本土乐器的"八音"　《新唐书·礼乐志》载，唐朝廷将中国本土乐器按材质分为"八音"：一为金，有镈钟、编钟、歌钟、铙、铎等7种，其中编钟定音律；二为石，有大磬、编磬、歌磬3种；三为土，有埙、大埙2种；四为革，有雷鼓、灵鼓、路鼓等9种；五为丝，有琴、瑟、筝、阮咸、筑5种；六为木，有柷、敔等4种；七为匏，有笙、竽等4种；八为竹，有箫和笛等5种。总计37种。

西域乐器引进 从西域传入的乐器，有上百种之多。如西凉乐是胡乐和中国传统乐的融合体，所必备的竖箜篌、卧箜篌、搊筝、弹筝多来自龟兹。而琵琶和鼓又是龟兹乐的代表乐器，其中鼓类就有腰鼓、答腊鼓、齐鼓等10余种。敦煌石窟中的反弹琵琶壁画，女艺人连奏带舞，表现的是琵琶演奏技法的最高境界，代表的是龟兹乐。龟兹乐何时传入中国？《旧唐书·礼乐志》有明确记载：北周天和三年（568年），周武帝娶突厥皇后，西域"诸国来媵，于是龟兹、疏勒、安国、康国之乐，大聚长安"。其中史书有详细记载的只有龟兹乐队，其乐官为阿史那氏，所领乐工共20人。天竺乐来自印度，乐器丰富，特有的品种是铜鼓、都昙鼓、五弦琴、贝。位于中亚的安国乐伎、康国乐伎，也都各有10多种乐器。

西域音乐引进 五胡十六国的战乱结束之后，波斯、印度、古罗马、阿拉伯国家的音乐、舞蹈、绘画艺术才大量传入中国。南北朝时，西域音乐（包括天竺乐、龟兹乐、西凉乐）连绵不绝地传入黄河流域，并在北方风行。大批西域乐队来到中国，许多著名乐师进入北魏、北周、北齐朝廷，被奉为上宾，有的封王，有的开府。北周、隋朝宫廷所定乐曲，有管弦杂曲数百首，全部为西凉乐；鼓乐、舞曲，全部为龟兹乐；只有一些老琴工，能凭记忆演奏祖辈传下的"楚汉旧声"和清调，包括汉代蔡邕的5首、楚调4首，时称"九弄"。这说明从丝路传入的西域音乐已在宫廷音乐中占统治地位。在唐代宫廷中任职的西域大音乐家，最具代表性的是昭武九姓中的曹保、曹善才、曹刚。白居易诗《听曹刚琵琶兼示重莲》："拨拨弦弦意不同，胡啼番语两玲珑。谁能截得曹刚手，插向重莲衣袖中。"从西域传入的乐曲不胜枚举，载入二十四史的就有上百种之多，最著名的有《兰陵王破阵曲》《苏祗婆琵琶调》《鼓舞曲》《葱岭西曲》等。西域音乐富于娱乐性，新颖动听，表演风格各异，因而从民间到宫廷广受欢迎，使传统清商雅乐受到冲击，退而居其次。在隋唐之际，以西域音乐为主，融进黄河流域关陇旧声、民俗之风的燕乐体系形成，并很快风行全国。到隋朝，音乐被朝廷予以规范成为"国乐"，称《九部乐》，即燕乐、清乐、西凉乐、天竺乐、高丽乐、龟兹乐、安国乐、疏勒乐、康国乐。唐朝增加高昌乐，遂成著名的《十部乐》。其中，燕乐是经改造后的西域音乐。清乐即中国传统的清商雅乐，到隋朝灭亡时，曲谱大量佚失，仅存63首曲子。西凉乐出自西河走廊，追溯其源，大量亦来自西域。龟兹乐和疏勒乐出自南疆。其余都来自遥远的异国。唐朝皇帝都酷爱音乐。《新唐书·礼乐志》说，唐宣宗在位时，太常寺的专职乐工多达5000余人，还有属于民间艺人之类的"俗乐"1500余人。宣宗每开盛宴，备百戏，待群臣，必亲作新曲教女伶上百人演唱，"衣珠翠缇绣，连袂而歌"。《新唐书·礼乐志》又说，"东夷乐有高丽、百济，北狄有鲜卑、吐谷浑、部落稽，南蛮有扶南、天竺、南诏、骠国，西戎有高昌、龟兹、疏勒、康国、安国，凡十四国之乐，而八国之伎，列于十部乐"。

回鹘装 盛唐时胡人大量入居长安，京城民众在其熏陶下，尚着胡服：女装上襦下袴、窄袖、低胸露乳、细勒腰身；男装则仿中亚、波斯服饰，贯头衫，身着折襟外衣，足蹬乌皮靴、六合靴。唐诗中描写年轻女子穿胡装的诗句有许多，如"细毡胡衫双袖小""红裙画衫缠婉出"。《全唐诗》第十册载有花蕊夫人的《宫词》："明朝腊日官家出，随驾先须点内人。回鹘衣装回鹘马，就中偏称小腰身。"更有白居易的《时世妆》，说当时的胡服已成为一种时尚："时世妆，时世妆，出自城中传四方。时世流行无远近，腮不施朱面无粉。乌膏注唇唇似泥，双眉画作八字低。"

僧商遇劫 史书上记载的官派取经队伍，阵容庞大，有时一行僧众多达数百人。如北宋乾德二年（964年），宋太祖赵匡胤派东京天寿院高僧王继业赴天竺取经，同行僧人达300人。过了两年，赵匡胤又派出157人的取经队伍，首领为行勤，与300名回鹘商人同行。人数如此众多，在西凉府仍遭吐蕃抢劫。丝路的安全问题，与社会治理及民族关系的好坏密切相关。唐贞观至开元、天宝年间，社会安定，民族和睦，丝路上行旅清谧如流，行万里不持尺刃，所以唐玄奘敢于偷偷一人上路远赴印度。但这种和平环境并不常有，人们只好数百人结伴而行。从事抢劫的，都是与朝廷为敌的党项、吐蕃部族，时称"生户"。尤其是唐末五代，灵州西域道沿线多是"生户"，商旅行必以兵护送，否则必遭抢劫。抢劫的目标首先是商人的钱财及货物，劫持的青壮年则卖到其他部落当奴隶，以换得牛羊。那些归顺朝廷的少数民族，则称"熟户"，商旅可在其家食宿，但要照价付钱，俗称"打当"。

里程碑 时称"堠"，即"封土为坛，以记里"。故路程称堠程。每五里筑一堠。唐五里只堠、十里双堠。张籍《泾州塞》诗："道边古双堠，犹记向安西。"这是描写丝路上的里程碑。韩愈《路傍堠》诗："堆堆路傍堠，一双复一只。"明代称墩堠，仍是五里一堠。

蚕种西传 古代养蚕技术属绝密，到初唐才传入于阗国。《新唐书·西域上》："于阗……初无桑蚕，丐邻国，不肯出，其王即求婚，许之。将迎，乃告曰：'国无帛，可持蚕自为衣。'女闻，置蚕帽絮中，关守不敢验，自是始有蚕。女刻石约无杀蚕，蛾飞尽得治茧。"唐玄奘的《大唐西域记》载，他取经路过于阗，还曾到寺庙参拜古老的桑树。养蚕技术传到东罗马，与景教徒有关。6世纪末，一景教徒在中国居留已久，熟知养蚕秘密。返回君士坦丁堡时，他将蚕种藏在挖空的手杖中，沿途逃过各国海关查验，终于带回献给东罗马皇帝哲斯丁。第二年春，皇帝派人按所教之法，将"虫卵"置于桑树上，养蚕获得成功。

（从2012年起，在微博、微信上连载）

何谓"牛轭湖"

牛轭湖 自然地理名称。"牛轭"本是指南方套牛犁田用的农具。木质，呈弯弓形，架在牛的肩胛，以拴牵引绳索。凡是平原地区的河流，弯曲到一定程度，便会裁弯取直，其故道即变成湖泊，因形如牛轭，故统称牛轭湖。

月牙湖 银川市兴庆区有个月牙湖乡，在黄河东岸。乡内有个月牙湖，不知何年何因黄河改道而形成，也属牛轭湖。其水域形如新月，故名。

岛嘴湖 明清黄河改道后遗存的湖泊，在银川市兴庆区掌政镇之东1.5千米处，东距黄河约4千米。也属牛轭湖，但看陆地，则如岛嘴，故名岛嘴湖。1996年修建银古一级公路，将岛嘴湖截成南北两半。北半部于2003年开发湿地公园，截取"两个黄鹂鸣翠柳"诗句，更名为鸣翠湖。

（2022年6月在朋友圈发表）